闽台

族谱文献研究

林 艳◇著

基金项目：国家社会科学基金重大项目"两岸关系族谱资料数据库建设"阶段性成果（项目批准号：17ZDA214）

九州出版社 JIUZHOUPRESS ｜全国百佳图书出版单位

图书在版编目（CIP）数据

闽台族谱文献研究 / 林艳著. -- 北京 ：九州出版
社，2022.1
ISBN 978-7-5108-3474-5

Ⅰ．①闽… Ⅱ．①林… Ⅲ．①氏族谱系－研究－福建
、台湾 Ⅳ．①K820.9

中国版本图书馆CIP数据核字(2022)第020805号

闽台族谱文献研究

作　　者	林 艳 著	
责任编辑	肖润楷	
出版发行	九州出版社	
地　　址	北京市西城区阜外大街甲 35 号（100037）	
发行电话	(010)68992190/3/5/6	
网　　址	www.jiuzhoupress.com	
印　　刷	北京九州迅驰传媒文化有限公司	
开　　本	720 毫米 ×1020 毫米　16 开	
印　　张	15.25	
字　　数	230 千字	
版　　次	2022 年 1 月第 1 版	
印　　次	2022 年 1 月第 1 次印刷	
书　　号	ISBN 978-7-5108-3474-5	
定　　价	58.00 元	

序

习近平总书记在《告台湾同胞书》发表 40 周年纪念会重要讲话中提出，要"深化两岸融合发展，夯实和平统一基础"，"两岸要应通尽通"。这一政策主张蕴涵着深刻哲理和丰富内涵，既包含"经贸合作畅通、基础设施联通、能源资源互通、行业标准共通"，也包含两岸人心相通，实现同胞心灵契合。两岸同胞民心相通、心灵契合，是推动两岸关系持续向前发展的重要纽带，是确保两岸关系行稳致远的必要条件。深化两岸经济社会文化和情感融合，夯实和平统一基础，这是海峡两岸同胞义不容辞的责任和使命。

俗话说"参天之木，必有其根；怀山之水，必有其源"。在漫长的历史长河中，"宗谱""宗祠""祖墓"都是宗亲的共同记忆。福建与台湾仅一水之隔，目前台湾 2300 多万人口中，80% 祖籍地是福建。闽台两地同宗共祖，根脉相连，乡村"聚族而居"以"宗族观念强""宗族本位"而著称。闽台"草根性"宗族文化，是两岸交流"不可或缺"的介质与纽带。加强闽台宗族血缘文化挖掘与研究，强化宗族文化资源的挖掘、整理、研究、保护和利用，对凝聚中华民族的向心力具有重要的现实意义。基于目前两岸关系发展的现实，当务之急要深化闽台宗族血缘文化和草根性文化交流，化"血缘"优势为交流合作优势。记载姓氏家族子孙世系传承的家谱、族谱，是中国特有的文化遗产。闽台各族姓都非常重视家谱、族谱的编修，宗族姓氏修谱活动传统是"三十年一小修，六十年一大修"。在明清两代，福建各地各姓氏编修族谱时，移居台湾的宗亲都会派人参与编修。闽台宗亲合修、统修的传统保留至今。

俗话讲"宗亲越走越亲",没有参与就没有认同,编修族谱是闽台族姓内部重要事务。闽台谱牒文献研究,是闽台宗亲族谱对接与交流的基础。谱牒对接,是闽台宗亲"血脉""根脉"世序的接续,是彰显闽台之间血肉、手足之情的重要介质,是闽台宗亲进一步深化交流内涵、实现两岸融合发展的重要手段。

感谢林艳同志给我先睹为快的机会,在《闽台族谱文献研究》即将面世之际,写下一点感想,权当序言。

福建社会科学院　刘传标

2018 年 5 月 18 日

目 录

概　述

　　家谱，是一种记载一个以血缘关系为主体的家族世系繁衍及其重要人物事迹的特殊图书形态。它产生于上古时期的商朝，完善于封建时代。3000 多年来，家谱在不同时代显现出不同的形态，发挥着不同的作用，其价值与特色非常值得我们研究和探讨。谱牒，又称族谱、宗谱、家乘、家谱、家传等，是记录家族迁徙、发展的轨迹和家族人物的世系、传记的史书，与国史、地方志构成我国三大志书。

　　家谱，有大宗谱、宗谱、家牒、房牒、支谱之分。中华谱牒旨在通过载祖德、立族规、明宗支、分族从，一方面借以增强"木本水源""敬宗睦族"的思想感情，一方面弘扬家国文化、宗族伦理精神，让族权的绳索结得更加牢固。虽然族谱产生于远古社会，成熟于封建社会，记述的是以男性血缘为脉络的宗族世系之书籍，受到历史局限性影响，带有封建性的消极因素，但是，谱牒所承载的家族史，包含了民族的缘起、姓氏来源、家族的兴衰、人口的增减、家族文化、族群的迁徙与播衍、社会变革、民俗习惯、人文地理，还有族人的政治、军事、经济、文化活动，内容丰富，涉及历史学、地名学、人名学、社会学、考古学、政治学、经济学、人口学、民族学、遗传学、社会语言学、民俗学、文化史学等多种学科，丰富多彩，其来源浩繁庞杂，具有不可忽视的史料价值。

　　家谱就是一个文化学。中国自古以来国有正史，地方有志，家有族谱。自古就有"治天下，以史为一鉴，治郡国者以志为鉴"的思想。中国家谱从先秦起源一直到现在和中国历史紧密相联，和我们中华民族文化紧密相联，到魏晋南北朝进入世家，唐宋日臻完善，宋代以后走进寻常百姓家，数千年来卷帙浩繁，是其他文献典籍都无法比拟的。家谱文化底蕴厚重，资源丰富，记载族属成员出生、配偶、地域、简历等，是对研究人口增长、寿命、性别比例、文化、婚姻状况及人口迁徙、疾病发生等有参考价值的资料，是其他文献史籍所不及的重要信息。对社会学而言，对人口、优生、民族史、家长制、家庭和妇女问题及婚丧习俗的研究提供了原始素材。谱学理论随着唐代政治体制的变革引起社会重视，宋代张载、欧阳修、苏洵的积极实践，推动族谱走下神坛，逐步变官修为民修，在朱熹"家礼"理论确立后定型。中国谱牒早在明代就已经引起国外学者的重视，他们开始在中国大量收集族谱，研究中国族谱。因此，在史学界研究中华民族史中，已经大量求助于官修和私修谱牒资料。可惜由于明清以来，特别是近代中国逐步沦为半殖民地半封建社会，社会问题频出，失去了文化自信，对族谱全面否定，给谱牒研究带来不少负面影响，许多阴影至今依然存在。谱牒理论依然处在边缘化状态。

随着中原士族移民福建，族谱开始在福建产生与发展。唐代以后，福建编修族谱兴起。宋代以后，随着政治、文化中心的南移，福建的家族制度趋于完善，谱牒文化的体系也基本确立，体例也趋于完备。明清以后，福建人大量迁移台湾，台湾谱牒兴起，又形成了闽台同根同祖的谱牒文化。由于家谱具有"尊祖、敬宗、收藏"的功用，历史上各个时期闽台民众都很重视它。从中原移迁福建的家族和从福建迁垦台湾的家族，他们几乎从迁垦新地域时就开始编修族谱，不论社会发生什么变化，不论编撰族谱的阻力多大，都没能阻止民间族谱编修的热情。台湾光复以后，大陆改革开放以来，海峡两岸兴起修谱高潮，对促进海峡两岸民间交流起到了很大作用。海峡两岸联合修谱，闽台族谱的对接，提高了海峡两岸中国人对祖先的认同、民族的认同，从而增进了祖国认同感。

从闽台两地谱牒资料初步调查看，福建的可知族谱达到五六万部以上，台湾族谱也有近二万部。闽台族谱存量十分丰富，历史悠久，其种类数量繁多，记载的史料翔实，是研究闽台文化非常难得的历史文献。

从这些现存的闽台族谱文献看，具有以下特色：（一）福建族谱最早的始修于汉晋时期，相当一部分始修于唐宋时期，多数的族谱修撰于明清时期（高峰在清康熙乾隆年间），改革开放后又是一个编撰族谱的新高峰；而台湾族谱最早是明清时期编撰，最多的是台湾光复以后（高峰在 1960—1980 年之间）修撰。（二）涉及海峡两岸家族的族谱始修于明清时期，大多都是海峡两岸宗亲共同编撰的。（三）闽台族谱文献都从海峡两岸地缘、人缘、文缘、族缘关系等各个方面展现，两岸家族联系都比较紧密。（四）闽台大宗谱在编撰形式、体例、内容方面有许多惊人的相似，主要采用苏式和欧式；宗谱体例一般都有谱序、姓氏来源、世系衍派、规约训戒、风尚习俗、人物传记以及家族这些组成部分；小支谱主要是记载世系；海峡两岸同宗族谱昭穆辈分几乎相同，只是上下一脉相承的区别而已。（五）族谱的管理模式基本一样，主要是祠堂负责、长老管理和家庭收藏为主，机构收藏为辅；30 年一小修，60 年一大修。（六）闽台族谱文献在历史学、地名学、人名学、社会学、考古学、政治学、经济学、人口学、民族学、遗传学、社会语言学、民俗学、文化史学等许多方面弥补了闽台地方志资料的缺失，都引起学者专家的重视。

闽台两岸谱牒由于历史的原因，在历史上都发生过多次的中断修撰的问题，20 世纪五六十年代后在台湾开始复兴，80 年代改革开放以来，随着海外华人归乡"寻根热"的出现和中华民族传统意识的复兴，福建谱牒文化重新兴盛。

以闽台族谱文献之内容为依据，我们可以看出闽台两地之间，在血缘与地缘方面之关系相当密切。在现有各姓氏家族所编修之族谱中，可以找到有关两地深厚关系之佐证数据，包括姓氏人口结构、血缘宗族组织、裔孙寻根谒祖，还有住民移出与迁入之地域、堂号与墓碑之题名。

几百年来，闽台谱牒已经成为海峡两岸以及海外侨胞各个家族的精神得以世代传承的重要基础，其丰富的内容不仅为血缘文化的重要图腾，亦为两岸同胞追根问祖最直接的依据，家谱既可以提供一个姓氏寻根资源，又可以吸引成千上万的台湾同胞、海外华侨回乡回国寻根，我们的寻根文化资源——家谱的潜力是无穷的。尤其是福建的谱牒文化成为海峡两岸血缘认同的重要依据，引起各个民间团体和收藏机构的重视。他们举办培训、开展论坛、收藏族谱。

现存的这些闽台族谱，有少量被闽台两地的图书馆等专门机构收藏，多数散落在民间，被收藏爱好者、谱牒文献研究人员、各个姓氏家族长老以及各个家族的祠堂收藏。而且海峡两岸的族谱由于地缘、人缘、文缘、族缘等因素，有着密不可分的内在关系。事实上，从这些家族史料中，可以证明闽台在历史发展及地理联结上，两地确实具有无可取代的方便性与必然性。

20世纪90年代以来，我国网络建设在各地逐步开展起来，国家图书馆、闽台缘博物馆和民间交流机构在网络上建立谱牒交流平台，家谱资料开始在网上可以检索、资源共享，在各地经济文化建设方面发挥着越来越重要的作用。在"盛世修谱"传承文明的今天，闽台两岸共修族谱越来越多，也越来越普遍，逐步使网络可以为正在修谱或准备修谱的氏族提供可贵的信息和资料。

但是，闽台族谱虽然是海峡两岸的三大文献之一，由于历史的原因，也存在不少问题有待于我们去收集、研究，去伪存真，去帮助它们逐步规范，帮助它们提高存史价值。

族谱受到中华儿女广泛关注，大家有序地、充分地利用家谱提供的资源，积极开展工作，在各地产生了良好的经济效益和社会效益。族谱的作用也更加凸显，许多家族通过向海外侨胞、港澳台胞赠送家谱，使他们了解家乡和祖国的变化，联络乡情、亲情，吸引他们在家乡投资建设；通过帮助他们查找原籍，寻根问祖，团结炎黄子孙为祖国发展做贡献，并推动祖国和平统一大业。简而言之，谱牒研究是民族文化认同的重要核心内容，具有相当的凝聚力，对海峡两岸和平发展和祖国的和平统一大业有重要意义。

第一章
闽台族谱文献收藏情况调查

　　家谱，是一种记载一个以血缘关系为主体的家族世系繁衍及其重要人物事迹的特殊图书形态。它产生于上古时期的商朝，完善于封建时代。几千年来，家谱在不同时代显现出不同的形态，发挥着不同的作用，其价值与特色非常值得我们研究和探讨。谱牒，又称族谱、宗谱、家乘、家谱、家传等，是记录家族迁徙、发展的轨迹和家族人物的世系、传记的史书，与国史、地方志构成我国三大志书。为了全面了解闽台族谱，我们在三十多年的闽台族谱收集、研究中积累了大量闽台族谱和资料，对这些族谱文献进行整理、分析、研究。福建的可知族谱达到五六万部以上，台湾族谱也有近两万部。闽台族谱存量十分丰富，历史悠久，不仅其数量巨大、种类繁多，而且记载的史料翔实，是研究闽台历史文化非常难得的历史文献。

第一节　闽台族谱是最丰富的闽台历史文献

　　中华民族五千年来都十分重视谱牒文献，创造了独特的国史、方志、族谱三大文献。尤其是族谱，根植于中国宗法社会，深入到社会最底层，她伴随着民族文化产生而产生、发展而发展，是民族文化的宝贵遗产。汉代司马迁曾经说："谱乃家之史，史乃国之谱也。谱不立则昭穆混，渊源惜，人不知祖何异禽兽？家之有谱，犹如国之有史。"清代史学家章学诚论道："且有天下之史，有一国之史，有一家之史，有一人之史。传状志述，一人之史也；家乘谱牒，一家之史也；部府州县，一国之史也；统纪一朝，天下之史也。比人尔后有家，比家尔后有国，比国尔后有天下。"因此国有史，地方有志，家有谱，构成了中国历史大厦的三大支柱。对东迁南移的中华家族、播迁海外的华人华侨来说，他们更加重视族谱文献。因此，谱牒记载着姓氏源流、家族世系以及衍派播迁的重要记录，向来为国人所重视，成为中国三大历史文献之一。

唐宋以来，族谱由贵族的专权逐步变成普及到士族的文献，再进一步走向民间。特别是朱熹的《家礼》，让《周礼》走下贵族神坛，让民间可以建立祠堂，让族谱走进了百姓家，成为中国民间，特别是东南沿海家喻户晓的文献。明清以来，民间的家族、家庭修撰族谱得到普及。通过编修族谱载祖德、立族规、明宗支，对东南沿海地区的整个社会经济文化发展起到了一定的促进作用。族谱成为百姓必备的家庭书籍，曾经被朱熹称赞为"家宝"。

中华族谱旨在通过载祖德、立族规、明宗支、分族从，一方面借以增强"木本水源""敬宗睦族"的思想感情；一方面弘扬家国文化、宗族伦理精神，让族权的绳索结得更加牢固，是中国人精神的"圣经"。中国人不论走到哪里，都要携带族谱，不论走得多远，都一定要想方设法回故乡寻根谒祖，对接族谱，延续世系。所以国人都把这个称为"认祖归宗"，这种意识形态超过西方的宗教信仰，根深蒂固。虽然族谱产生于远古社会、成熟于封建社会，记述的是以男性血缘为脉络的宗族世系之书籍，难免受到历史局限性影响，带有封建性的消极因素，但是，谱牒所承载的家族史，包含了民族的缘起、姓氏来源、家族的兴衰、人口的升降、家族文化、族群的迁徙与播衍、社会变革、民俗习惯、人文地理，还有族人的政治、军事、经济、文化活动，内容丰富，涉及历史学、地名学、人名学、社会学、考古学、政治学、经济学、人口学、民族学、遗传学、社会语言学、民俗学、文化史学等多种学科，丰富多彩，其来源浩繁庞杂，具有不可忽视的史料价值。

福建与台湾都是特殊的省份，由于在南方各省中开发比较晚，因而其居民主要由黄淮流域的中原地区移民构成。此后在长达数百年的时间内，随着人口的剧增，航海事业的发展，福建又成为人口移迁的中转站，不断地向海峡东岸的台湾播迁，进而向南洋、向世界各地播迁，成为中国移民史上一道特殊的风景线。历史上多少台湾同胞经常冒着横渡台湾海峡的黑水沟的危险，寻找机会回到福建续谱。从台湾现有族谱目录资料显示，台湾有半数以上的族谱是海峡两岸共同编撰的。

随着中原士族移民福建，族谱开始在福建产生与发展。汉代、晋代入闽的家族就有不少士族将族谱带到福建，他们开始续修族谱。唐代以后，编修族谱在福建兴起，当年的建阳麻沙、清流四堡都是著名的刻板印刷中心。宋代以后，随着政治、文化中心的南移，福建的新士族家族制度趋于完善，谱牒文化的体系也基本确立，体例也趋完备。明清以后，福建人大量迁移台湾，台湾谱牒兴起，又形成了闽台同根同祖的谱牒文化。由于家谱具有"尊祖、敬宗、收藏"的功用，历史上各个时期都很受重视。从中原移迁福建的家族和从福建迁垦台湾的家族，他们几乎从迁垦新地域时就开始编修族谱。由于家谱的内容丰富，对于研究地方史、伦理史、教育史、风俗史、社会史、经济史等，均是不可多得的珍贵资料。历来治地方史，编纂方志时，大量采家谱资料入志，以补正史和官方所掌握的资料之阙，这是十分正常的。在全国的地方史志编纂中情况均是如此。

福建省由于开发比较晚，第一部地方志《淳熙三山志》，在南宋淳熙九年（1182 年）才成书，是福建最早的志书，也是全国现存最早的志书之一；而后才逐步有福建地方志。现存福建省图书馆的古籍善本 4000 多部，其中至清末的地方志数量有限。在福建地方志中，对闽台关系的记载也很有限。台湾的地方志编撰，始于康熙二十二年（1683 年）台湾统一，康熙帝在台湾设一府三县——台湾府和台湾、凤山、诸罗三县，隶属福建省。于清康熙二十三年（1684 年）编撰《澎湖台湾纪略》、康熙五十六年（1717 年）编撰《诸罗县志》和康熙五十九年（1720 年）编撰《台湾县志》，至清末只有 60 多部台湾地方志。而且地方志作为综合性志书，和族谱记载的是两个不同侧面，因此，依靠地方志了解闽台两地移民史学、人名学、社会学、人口学、民族学、遗传学、社会语言学、民俗学是很不够的。

而福建的族谱不少始修于汉、魏晋和南北朝，大量始修于唐宋时期，福建第一部族谱文献和福建第一部地方志《三山志》在时间上相差 1000 多年。这些族谱虽然已经经过多次修撰，虽然学界对族谱文献有这样那样的争议，认为族谱文献资料存在一些缺陷，但是在族谱中保留下许多地方志中没有纳入的宋朝以前的历史资料。这些都是十分难得的宝贵历史文献资料。到明清时期的族谱，福建移民台湾的历史和闽台民间交流都有比较精确的记载，这是任何一部地方志所不能及的。更何况历朝历代编修地方志的基础都是当地的族谱，只是当时交通不便，社会的局限，所能利用的族谱极为有限，同样也给地方志的编撰带来许多局限。

历史上基于闽台移民社群需要，闽台各个家族对本家族的播迁是十分重视的。有时候他们不惜千辛万苦找寻族谱、抄录家谱、编撰族谱，犹未足以接续历代世系，找出家族宗支派衍关系，换言之，前后数据无法对接，各自谱系仍旧连贯不起来，成为修撰族谱的大忌，闽南话这问题叫"烂肚仔"，意思说前祖不接后人，是谱牒追根究底的一大瓶颈。当然我们也不排除族谱师为帮助他们对接清楚，采取制造攀龙附贵的一大流弊。再者，趋炎附势与趋吉避凶，自古以来是人的本能天性，古代有一句俗话"秦桧以后耻姓秦"，所以姓秦的人鲜少承认系出宋朝奸臣秦桧，此乃人之常情而无可厚非，不过就事论事，论谱系出身，这可是俗话说的套谱行为，人际关系是乱套交情，此人伦关系则专套谱情，利己不损人也就无所谓了。但是应该承认多数家族更重视自家族谱的真实性。

千百年来，历代所修家谱是难以计数的，族谱只有重修，没有再版，因此这其中绝大部分因年代久远，已经湮没于历史的长河之中。闽台地区能够留传至今的新、旧家谱，十分浩瀚，据初步估计至少在七八万种，分布在闽台各地的每一个不同区域，记载着当时当地的社会和家族的历史，这是一大笔十分难得的宝贵的财富。家谱收藏的主要机构是本族的宗亲机构和祠堂。但是由于民间缺少保藏族谱的条件，族谱收藏过程中损坏很严重，许多族谱善本没有很好地保藏下来。闽台两岸民间到底有多少族谱，没有人能够做出完整的统计。

闽台族谱在图书专业机构收藏是有限的。因为族谱具有密不见人的特性，没有特殊情况族谱是不会随意流落社会的，分藏于海内外各类公藏机构和私人手中，只是流落出来的极少部分，其中公藏虽然占有主导地位，但是数量甚微；私藏族谱潜在深处，是不容忽视的，私藏肯定大大超过公藏。据有关消息说，当前全世界各大图书馆收藏的中国家谱，总数只有 34000 多种。

族谱记载着一个家族、家庭的方方面面，包括历史沿革、世系繁衍、家族兴衰变化、人口变迁、婚姻、事业、科举官封、族规、家法、祖训以及文物、风情、名胜等等，虽然是记载一个家族的变迁，但是依然不失其重要的经济和社会价值。所以，闽台族谱中有许多内容涉及海峡两岸，其内容丰富，资料充实，是研究闽台两岸关系中十分难得的宝贵史料。连横在编撰《台湾通史》时就大量引用台湾族谱资料，研究了台湾开垦、族群迁徙、社会经济文化发展等等，为我们研究闽台族谱开创了很好的先河。当今，海峡两岸专家学者都把闽台族谱研究当作显学，研究两岸关系。尤其是台湾学者，在 20 世纪 50 年代就开始大量收集、研究台湾族谱，保护了大批的族谱善本，出版了一批研究著作，并且把族谱的收藏与研究纳入文献会的重要工作内容，这些措施都值得我们学习和借鉴。

为了研究闽台族谱文献，我们将对闽台两岸机构和民间私人收藏族谱情况做些简要梳理。

第二节　福建省内族谱文献收藏情况

一、机构馆藏族谱文献情况

中国闽台缘博物馆：位于福建泉州，是反映福建与宝岛台湾历史关系的国家级专题博物馆。集收藏、展示、研究、交流和服务等功能为一体，是中宣部直接授予的爱国主义教育示范基地，馆藏两岸族谱 126 个姓氏 5326 册，文献资料 517 种 880 册。

福建省图书馆：位于福建福州，是国家开办的综合性省级公共图书馆，面向社会公众开放，提供图书、报刊借阅和参考咨询等多功能的学术性服务机构。特藏部为中文古籍及地方文献阅览室。古籍、地方文献、谱牒等近 40 万册，闽人家谱 858 种。其中古籍善本 4000 多部，占全省现藏古籍善本 50% 以上，居全国第 11 位。现收藏有上千种各种版本的族谱文献，其中有很多的闽台关系族谱、福建与东南亚关系族谱，可为台湾同胞和海外华人寻根访祖提供第一手资料。

福建省档案馆：位于福建福州，主要收藏有 1949 年以前的历史档案，1949—1966 年中共福建省委、福建省政府及各直属机关、群众团体所形成的档案，"文革"期间省军管会、省革委会、福建生产建设兵团、省"五七干校"以及省级各临时机构和撤销机关的档案。截至 2003 年底，共有 270 个全宗，500824 卷档案，上架排列总长度为 4963 米。馆藏族谱百余种。

福建师范大学图书馆：福建师范大学是福建省历史最为悠久的一所高等院校，滥觞于 1907 年陈宝琛先生创办的福建优级师范学堂。福建师范大学图书馆的创建、发展，基本上与学校同步。1951 年，私立福建协和大学、私立华南女子文理学院、福建省立师范专科学校、福建学院等合并成立福建师范大学，随之各前身校的图书馆（室）藏书一并归入福建师范大学图书馆，总藏书量达 30 余万册。其中线装古籍 1.9 万多种、20 余万册，属元、明、清旧椠及稿本、精抄本等善本古籍近 900 种、1 万余册，目前已有 25 部典籍选入《国家珍贵古籍名录》。福建古代地方文献及闽人著述的收藏最为丰富，其中福建省、府、州、县、镇志基本完备，清代以前的闽人别集 600 余种，闽人家谱百余种。

福建泉州海外交通史博物馆：是中国唯一以海外交通史为专题的博物馆。它的外型像一艘扬帆起航的大海船，内设有"泉州海外交通史陈列馆""泉州宗教石刻馆""泉州民俗文化陈列馆"和"中国古代船模馆"等 4 个展馆。20 多年，收藏 150 多部、近 2000 册涉及泉州人迁台族谱。

福建省漳州市漳台族谱对接馆：馆内收集了漳台两地民间近 700 册族谱，其中漳州族谱有 600 余册，来自台湾的族谱有 68 册。大多数族谱为古旧刻版或手写、墨书原谱的影印本，还有两岸祖像、昭穆宗辈、碑铭、牌匾等珍贵文物；漳人迁台移民路线及分布图、台胞祖祠照片、台胞寻根拜祖等资料，是台开基祖及其在台后裔的世系族谱与漳州祖地世系族谱的续接，为来漳寻根谒祖的台湾同胞提供了许多线索和依据。

福建省晋江市谱牒研究会：晋江市谱牒研究会成立于 1997 年。从事闽台谱牒的收集、整理和学术研究及其社会实践工作，架设起台胞、侨亲与晋江的"乡情之桥"。协会成立 15 年来，帮助了数百名侨胞"认祖归宗"，实现他们的人生夙愿。收藏闽台和海外华人华侨族谱 580 多部 71 个姓氏。定期不定期举办"谱牒研究与海洋晋江"、海峡两岸"谱牒研究与海丝文化""晋金谱牒文化、家训家规书法联展"等研讨会。2007 年，金门县宗族文化研究会和晋江市谱牒研究会也正式建立交流合作关系，加强族谱学术文化交流。

福建省上杭客家谱馆：专门收藏和开发利用客家姓氏谱牒文献，从事谱牒收集、整理、研究和读者服务工作。是一所为海内外客家裔孙寻根问祖以及为客家学专家、学者从事客家文献的学术研究工作提供客家家族姓氏史料服务的文化事业机构。谱馆收藏客家族谱 116 个姓氏，1600 种，上万册族谱史料，是闽粤赣客家金三角地区收藏客家族谱最多的公共图书馆。

福建省连城客家方志馆：占地面积 6800 平方米，范围 3 万多平方米，是国内规模最大、资料较齐、功能较全的方志馆。馆内设"史志""族谱""名人""文艺""珍品"等 5 馆室，所藏物品均渊源客家，是研究客家历史、文化、风俗重点的场所。客家民系源于中华民族，迁徙过程中形成自身特色，并涌现许多卓越的人才。馆内实物从皇帝圣旨到民间用物应有尽有。全球各地人们欲了解客家历史，弘扬客家人艰苦创业精神，追本溯源，光宗耀祖无不以此为信息库。馆藏族谱 160 多种。

福建连江县档案馆：成立于 1959 年 2 月。目前馆藏档案近 13 万卷，其中文书档案近 7 万卷，公证、婚姻等专门档案 6 万多卷；资料 1 万多册；政府公开信息近万件。馆藏族谱 150 多种。

福建两岸信息技术有限公司：是以文献资源开发应用为核心的软件企业，是集信息资源产品、信息增值服务和信息处理方案为一体的综合信息服务商。福建两岸信息技术有限公司依托强大的数据采集与分析能力，自主研发的文献资源人工智能加工系统，应用大数据分析技术，提供高质量的数字文献信息资源产品。公司独立开发了"两岸关系数据库""观书堂家谱数据库"信息资源平台以及 20 余种专题数据库产品。先后联合科研机构申报"国家社科基金重大项目"课题有

"两岸关系族谱资料数据库""两岸现代中国散文学史料整理研究暨数据库建设"。收藏谱牒文献共 2 万种，60 万余册，其中台湾存谱 6700 多册，福建存谱 4300 多册。

福建省姓氏源流研究会：是一个福建省民政部门登记的民间社团，专门从事姓氏文化研究，是为台湾同胞和海外侨胞、华人寻根谒祖提供帮助的非营利组织，成立于 1989 年，目前有分支机构 60 多个。该会部收集 300 多部海峡两岸族谱和姓氏研究文献资料。

福建省客家联谊会：是一个福建省民政部门登记的民间社团，从事客家文化源流和客家文化研究，开展海内外学术交流，拓展海内外宗亲联谊，是以促进祖国和平统一为宗旨的学术研究与海内外交流并重的非营利性社团组织，1993 年成立。在龙岩、三明、漳州等地还有地方性的客家联谊会，收藏一些客家族谱和客家研究文献资料。

厦门市姓氏源流研究会：是一个福建省厦门市民政部门登记的民间社团，专门从事姓氏文化研究，是为台湾同胞和海外侨胞、华人寻根谒祖提供帮助的非营利组织。有"闽台姓氏源流网"网站，5000 多册相关研究资料。

此外，如泉州师院、泉州华光学院等也都刚成立了族谱研究中心或族谱室，也在一定程度上收藏了一些族谱。福建全省各个市县的档案馆、图书馆大都有少量的馆藏族谱，主要是"文化大革命"初期，破四旧时作为文史资料保存下来的，只是数量较少，也没有去做统计，这里不做分析研究。

目前，福建图书档案机构和研究机构已知的馆藏族谱数量有 22700 多部。

二、民间收藏族谱情况

1. 福建各个姓氏机构和宗亲机构收藏的族谱：福建省有 2300 多个姓氏，蔡干豪在从事闽台姓氏研究 30 多年的调查中，了解到全省的 200 多个人口较多的姓氏都有自己的族谱，他在《闽台寻根大典》中已经对闽台 200 多个姓氏的寻根做了叙述；已知有 100 多个的姓氏组织了宗亲机构或祠堂管理机构，都有一些本族历代编撰的谱牒。各个姓氏宗亲会以及他们各个民间机构掌握的族谱，收藏族谱情况几乎与人口多寡、重视程度成比例。全省至少 200 多个姓氏有自己的族谱，大约情况如下：

据我们对福建省姓氏源流研究会的五六十个姓氏组织机构以及祠堂管委会等相关宗亲组织的了解，他们掌握的族谱：陈氏 1300 多部、林氏 1400 多部、王氏 1000 多部、黄氏 1200 多部、吴氏 800 多部、张氏 600 多部、李氏 700 多部、刘氏 680 部、杨氏 500 部、郑氏 500 多部、萧氏 500 多部、蔡氏 400 多部、谢氏 360 多部、许氏 240 多部、方氏 200 多部、朱氏 200 多部、范氏 200 多部、魏氏 200 多部、郭氏 200 多部、丘邱氏 160 多部、冯氏 150 多部、徐氏 149 部、孙氏 140 多部、庄氏 130 多部、苏氏 124 部、潘氏 120 多部、卢氏 100 多部、曹氏 100 多部、廖氏 100 多部、龚氏 100 多部、周氏 100 多部、雷氏 90 多部、梁氏 80 多部、赖氏 80 多部、董氏 70 多部、高氏 66 部、严氏 60 多部、蒋氏 60 多部、丁氏 60 多部、余氏 50 多部、戴氏 50 多部、简氏 50 多部、颜氏 36 部、邓氏 30 多部、彭氏 30 多部、毛氏 40 多部、池氏 30 多部、伍氏 30 多部、连氏 20 多部、施氏 20 多部、曾氏 20 多部、康氏 10 多部、洪氏 10 多部、饶氏 10 多部、赵氏 10 多部、蓝氏 10 多部、上官氏 10 多部、鄢氏 13 部、史氏 20 多部。这些民间宗亲机构收藏族谱有 13578 部。

此外，我们调查已知：鲍、车、出、储、褚、崔、杜、房、符、甘、葛、辜、关、管、韩、侯、胡、花、华、纪、姜、揭、经、孔、练、凌、留、柳、龙、陆、罗、骆、吕、马、茅、梅、缪、穆、倪、念、聂、宁、裴、蒲、秦、裘、瞿、阙、任、阮、邵、佘、盛、石、史、世、宋、汤、唐、滕、田、童、贴、万、汪、危、温、翁、邬、巫、夏、项、辛、熊、修、薛、晏、姚、易、阴、应、游王、于、俞、喻、袁、粘、詹、章、真、钟、诸葛、祝、邹等 100 多个姓氏，都有各自的族谱，有不少姓氏出于人口较多，族谱数量也很多。总数量全少有几千上万部。

2. 收藏家和谱牒编修印制机构、族谱收藏爱好者都不同程度地收藏族谱，情况：董家高（泉州）2500 部、陈美光（龙岩）1800 多部、林云开（福州）1400 多部、林炳森（泉州）1000 多部、卢承志（泉州）700 多部、缪品梅（宁德）600 多部；其余陈举金、许新生、陈恒、方港水、邱盛良、江艺平、蔡允中等都有收集数百部族谱。这类族谱估计有 10000 多部。

　　3. 游嘉瑞的立雪书院也收藏了一些族谱。其他姓氏文化研究的专家掌握族谱，如卢美松、蔡沧洲、蔡干豪、林伟功、李焕朝等一批研究专家，每人都收藏有数百部族谱。这些族谱总数超过 2000 部。

　　以上宗亲机构族谱收藏估计总体数量在 55000 多部。

三、祠堂和农村家庭的族谱

　　福建省民间祠堂超过三四万座，每个祠堂都有收藏本宗族的族谱。祠堂收藏的族谱许多年代久远，册数很多。南平有一个祠堂收藏的族谱一部就达到 170 多册，连江有个祠堂收藏的本族族谱 102 册。由此可见，民间散存的族谱至少超过万部，数万册。我们暂时不做计算。

　　总结以上机构馆藏族谱，包括福建省各图书馆、档案馆、博物馆和民间机构馆藏族谱和民间组织机构收藏族谱的总量达到 55000 部（册）以上。我们目前可以通过各种渠道阅读的族谱文献大约有 4 万至 5 万部。

第三节　台湾岛内族谱收藏情况

一、机构馆藏族谱文献情况

　　台湾图书馆：位于台湾新北市中和区。前身系日据时期"台湾总督府图书馆"，1915 年创馆，1948 年，改属台湾省政府教育厅，更名为"台湾省立台北图书馆"，后又隶属"教育部"，1973 年改称"国立中央图书馆台湾分馆"。馆藏特色为清代和日据时期台湾资料、东南亚资料以及视障服务。设有采访编目组、阅览典藏组、参考服务组、推广辅导组、总务组、会计室、人事室、秘书室，另有任务编组单位，包括亲子数据中心、视障数据中心、台湾学研究中心及图书馆事业研究发展委员会、台湾学研究中心咨询委员会。藏书已逾 130 万册。馆藏族谱 377 种 713 册，微卷 15 卷 916 册。

台北故宫博物院图书文献馆：位于台北市士林区故宫博物院内，系博物院行政大楼右侧独幢建筑。1996 年 4 月对外正式开放图书文献馆。该馆以中国历朝善本古籍、清代档案文献闻名于世。收藏善本古籍以文渊阁《四库全书》、武英殿刻本、内阁大库等藏书最有名，约有 18 万册。清代档案，包括朱批三折、内阁大库档案、军机处档案等，逾 40 万件。丰富的缩微家谱文献是该馆收藏的重要特色之一。台湾《联合报》于 1996 年 3 月捐献给该馆的缩微家谱资料，共 3132 卷，分中国族谱与韩国、琉球族谱两部分，前者计 9970 种，后者 192 种，共 10162 种。这些族谱以汉族为主，也包括少量满族及其他少数民族的族谱。在世界上收藏缩微中国族谱数量仅次于美国犹他州家谱图书馆。台北故宫博物院图书文献馆馆藏闽台族谱 265 种，微缩 3131 卷 9356 种。

台湾民族学研究所图书馆：位于台北市南港区研究院路。1955 年 9 月成立，建筑面积 200 平方米，藏书 15.9 万册。收藏重点为民族学、社会学、心理学、台湾研究、宗教天空、华侨研究等以及其他相关学科的资料。藏书特色为日据时期的台湾资料、宗教调查资料、寺庙台账、土地申告书、古文契书、善本书等。该馆收藏有缩微胶卷 1100 余卷，主要是中国家谱的缩微件，有数千种。系台湾地区收藏缩微家谱资料较多的单位。"中央研究院"民族所馆藏族谱 249 种 554 册，微卷 903 卷 7411 种。

台湾省文献馆：位于台湾台中市南屯区黎民新村勤政楼。1948 年成立，前身是台湾省通志馆。馆藏有大量族谱、家乘、祭祀公业资料，570 种 822 册，另有微卷。编辑有《同宗同乡关系与台湾人口之祖籍及姓氏分布的研究》等姓氏研究专著，有《台湾文献》期刊。1955 年以来，台湾文献会就着手调查各县市居民之姓氏状况，并按各姓氏人口之多少来排序。排定的结果是：陈、林、黄、张、李、王、吴、蔡、刘、杨、许、郑、谢、郭、赖。统计国学文献馆现藏中国族谱资料目录，发现各姓族谱的数字和文献会统计的姓氏材料，极其相似，尤其是前面 7 位基本相同。但其中又以陈、林两姓家谱居多。台湾省文献会所拥有的陈姓入台资料十分丰富，据该会考证，第一个到台湾来的陈姓人是随延平王收复台湾的陈泽，他的后裔迄今还在台南繁衍。据一些家谱记载，（如清乾隆二十年台南陈鼎丕编的《银同碧湖陈氏族谱》）从永历十年到三十五年间，就记有陈元等20余人来到台湾，或随军，或垦荒。1953年，台北县文献委员会进行了一次抽户调查，共得家谱60余种，其中包括手抄稿本及简册。目前所典藏族谱约有570种822册。

"中央研究院"：位于台湾台北市南港，傅斯年图书馆，因纪念傅斯年而得名。馆藏总计717225册，期刊报纸3928种，现刊1139种，馆藏范围以史学、文字学、考古学、人类学以及文籍考订之学为主，有关中国古科技史文献、生命医学文献亦甚丰富。馆藏族谱有912种，微缩1675种。

史语所傅斯年图书馆：纸本912种，微缩资料1675种。

民族所图书馆：纸本249种，554册；微缩资料7411种，903卷。

人文社会科学联合图书馆：纸本345册。

台史所档案馆：纸本31件，数字数据12件。

台北市文献委员会：台北市文献委员会成立于1952年6月，其主要工作为整理运用台北市相关历史文献与文物以及编纂有关台北市的文献记录。台北市文献委员会以委员会制，初期直属台北市政府，1973年7月改属于台北市政府民政局，1999年11月后属台北市政府文化局。馆藏族谱853种1203册，无微缩资料。

台湾宜兰县史馆：宜兰县史馆位于宜兰市县政北路，成立于1993年，是台湾第一座县市级地方史料馆，新馆典藏政府公文书、日据时代教育史料、宜兰人家谱等文献。现藏家谱、族谱477册（件），65姓。其中最多的姓氏有林姓72册、陈姓38册、李姓37册、游姓37册、黄姓35册、张姓28册、邱姓20册。本馆亦收集讣闻对象，作为广义的家族史、谱系文献资料，目前已逾20000件，无微缩资料。

台湾高雄市客家文物馆：位于台湾高雄市三民区二号公园内。1998年10月竣工，是台湾地区首座针对客家族群而成立的文物馆。文物馆以珍藏保存及展示客家文物为主，并有客家文学、史志方面之学术研究书籍设备，不定期举办客家文化活动，研究客家传统风俗，是客家文化活动中心。经营目标为整合成为客家文化园区，弘扬特有的客家文化。2002年12月设立客家图书馆，有典藏瑰宝"百家族谱"，成为岛内首座客家图书馆。

台湾姓氏研究学会：位于台中市复兴路二段 71 巷 23 弄 14 号。成立于 1981年。主要工作是收集族谱，编辑和续接族谱。福建与台湾渊源关系最紧密，台湾有大约 1900 个姓氏，大部分都是从福建传过去的，台湾仍保留着寻根问祖的传统习惯。帮助由于各种原因而断掉的姓氏根脉续起，工作量大，都是义务劳动。该研究会有近 300 会员。创办的《台湾源流》期刊，每期印发 3500 本，发往世界各地，其中有 250 本送往大陆，馆藏族谱 500 多种（原有 445 种 576 册）。

联合时报文化基金会国学文献馆：位于台北。《联合报》是在台湾发行的中文报纸，由王惕吾于 1951 年 9 月 16 日创立。前身为《民族报》《全民日报》《经济时报》在台北联合成立的"联合版"，是台湾岛内三大报系之一。其黄金时期曾先后拥有 12 家报纸。如 1976 年在纽约创刊、全美发行的《世界日报》，其后在巴黎创办《欧洲日报》、在曼谷接办中国国民党《世界日报》，台湾《联合报》文化基金会为了收集中国家谱，不惜花费巨金，从美国、日本、英国等地各大图书馆摄制中国族谱微卷带回台湾，将近 2000 种，收藏在其国学文献馆。其中台湾族谱约 415 种。编辑出版有《国学文献馆现藏中国族谱资料目录（初辑）》《国学文献馆现藏中国族谱序例选刊》《第三届亚洲族谱学术研讨会会议记录》。

二、民间收藏族谱情况

台北廖庆六"万万斋"：廖庆六，1916 年生于云林斗六，现居台北市文山区。获淡江大学文学学士及辅仁大学文学硕士，从事族谱研究 30 多年，2011 年自动退职服务于新加坡寻根网（www.chineseroots.com）及美国祖先网（www.ancestry.com）。藏族谱其中普通本有 900 种 1350 册，古籍本 450 种 6000 多册。

台湾宜兰陈永瑞"问心斋"：馆藏族谱有 1266 种，族谱论著 380 种，姓氏书 345 种，2014 年刊印有《问心斋珍藏族谱目录》。

此外，台湾地区还有许多低调的藏谱家，大多没有公开自己的收藏。如金门的许金龙，2016 年他给闽台缘博物馆就捐献了 500 多部电子族谱。

台湾各个姓氏宗亲会、各祠堂也都收藏本族族谱。台湾 300 多个宗亲会，几百个祠堂收藏族谱的信息本课题没有去收入。

台湾出版了两部族谱目录,基本上概括了台湾馆藏族谱的面目。

《台湾区族谱目录》(1987年出版),"台北故宫博物院所藏族谱简目"(2001年出版),是台湾地区两大最著名、收录最齐全的族谱目录,二者都收录一万余部族谱。《台湾区族谱目录》1974年开始,1985年终于完成台湾全省各县市的家谱采访工作。共计拍摄缩微胶卷800余卷,家谱原件达10600余种,遂正式出版《台湾区族谱目录》,共收入家谱1063种。但以新谱为主,而且有不少是属于内容仅有数页的抄本,同时私家收藏者所占之比率也不少。

"台北故宫博物院所藏族谱简目",陈龙贵编,2001年出版,精装841页,台北故宫博物院发行。这也是一本微缩影卷族谱目录,它以联合报和国学文献馆捐赠给台北故宫的微缩影卷族谱为主,加上一部分馆藏的纸本族谱目录。本书目共收3156盒、10300部微卷族谱,其中包含198件韩国及琉球的族谱资料。本书著录项目,有书名、编者、年代、册数、微卷号、原藏者、地域别名等族谱资料。

因此,台湾馆藏具有万种大大小小的族谱,成书的也有二三千种以上,可惜的是尚缺乏一个全地区性或北、中、南三个地区性的公家机构去做统筹搜藏整理与深入研究的工作。台湾各大公家机关藏谱的成绩不如私家;公家机构藏谱的数量分散,不够集中;公家机构藏谱未经数字化,私人参考与学者引用不便,以上问题均企待加强改进,才能蔚为大用。台湾公家藏谱最丰的单位为"中央研究院",藏有超过1000种族谱,其次台北市文献会835种,"国史馆"台湾文献馆与台北故宫博物院图书文献馆各200多部,不如私人藏谱家的积极与用心,美国犹他家谱学会在台湾搜集到10000余种家族谱,并拍成微卷胶片;台北廖庆六"万万斋"藏有1250部6000多册;宜兰陈永瑞"问心斋"则藏有1500种左右。据台湾专家估计台湾族谱的数量有20000部左右。机构可以收集到的数量有10000多部。

第四节　中国家谱在海内外的馆藏情况

一、其他地区收藏闽台族谱情况

目前海内外中国族谱馆藏单位很多，比较大型的有国家图书馆、上海图书馆，而且很多都编撰了族谱书目数据，我们可以利用族谱文献的门径，寻找到各地图书馆或私人的族谱典藏概况，著录数量从数千至一万多部的族谱目录不等。最有代表性的族谱书目，除了《台湾区族谱目录》"台北故宫博物院所藏族谱简目"以外，还有《中国家谱综合目录》《上海图书馆馆藏家谱提要》《美国家谱学会中国族谱目录》《中国家谱目录》《浙江家谱总目提要》。此外，日人多贺秋五郎编著的《中国宗谱研究》，书中分别著录中、美、日三国所典藏的族谱概况。这些书目反映出中国族谱典藏之现况，正是帮助家族寻根及学者研究的好工具。

《上海图书馆馆藏家谱提要》王鹤鸣等主编，上海古籍出版社 2000 年出版，该书收录上海图书馆馆藏线装族谱兼及部分其他装订形式的旧修家谱，以具有家族世系的谱牒为主，包括 328 个姓氏，11790 种族谱。收录 319 个姓氏、提要内容，除基本书目数据外，另含始祖、始迁祖、迁徙路线、卷次内容等有价值之数据。家庭居地涉及全国十多个省和直辖市，每部家谱均有内容提要，用来说明该族的流源、迁徙路线、始祖、始迁祖及繁衍分支情况等。条目著录参照《古籍著录规则》（GB3792.7—1987），并结合家谱的特点制订。条目内容包括书名、篡修者、版本、载体形态、附注、装订形式、内容提要和馆藏信息（馆藏号）等。内容提要书写格式为：始祖、始迁祖、迁徙路线、卷次内容、有价值资料等。书后附有"名人""地名""堂号"等索引，便于读者检索。

上海图书馆 2000 年至 2008 年间主编了《中国家谱总目》，近日由上海古籍出版社正式出版，它首次在全世界范围内将中国家谱汇编成目，是中国谱牒学上的一项盛举，也是 21 世纪初的一项重要的文化工程。该目录共计收录中国家谱 52401 种，计有 608 个姓氏，是迄今为止收录中国家谱最多的专题目录。

《中国家谱综合目录》，国家档案馆二处、南开大学历史系等编，1997年由中华书局出版。本目录收录族谱，以现存为限，编纂年代截至1949年，大陆及台湾、香港、澳门地区的家谱。著录范围，包括各种未刊稿本、抄本、单行刊印本及丛书、文集本。典藏单位包括大陆400多家图书馆、文化馆、文管会、博物馆、纪念馆、档案馆、文物商店等藏书单位以及文化局、档案局等主管机关。该书共收录中国族谱14719种，对每种家谱按姓氏笔画依次编列顺序号，著录书名与卷数、纂修朝代与纂修人、纂修时间、出版时间、版本、册数、藏书单位以及备注等项目，书后附有"地区索引"和"报送目录单位名单"。这是迄今反映中国家谱收藏状况最重要的一部书目，是全国400多图书、档案、博物、文化等部门在家谱目录方面开展大协作取得的丰硕成果。

《中国家谱目录》，山西省社科院家谱资料研究中心编，1992年由山西人民出版社出版。本目录收录该中心所藏微缩胶卷族谱776盘，涵盖族谱24562册，著录姓氏251个，族谱2565种。该中心从1989年即开始研究与拍摄族谱，近年还接受美国犹他家谱学会委托，继续拍摄很多典藏于中国各地的族谱文献，但是新拍的微缩胶卷族谱目录，却未见刊印新的书目。

《浙江家谱总目提要》，浙江图书馆编，浙江人民出版社2005年版。著录1950年至1979年这30年内的家谱，除了1953年、1961年、1964年、1970年、1971年、1973年这6年外，其他的24年，都有家谱修纂的记录，收录1.2万种，省内收藏占一半左右。总数达到154部之多，其中有木活字印本105部，钞本37部，铅印本、石印本、油印本12部。

上海图书馆目前藏有中国家谱近2万多种，20余万册，共计365个姓氏，是国内外收藏中国家谱原件最多的公藏机构。上图家谱的收藏离不开老馆长顾廷龙，在他的带领下，上海图书馆家谱收藏历时半个多世纪，除20世纪30年代合众图书馆的旧藏外，20世纪50年代顾老冒着风险，组织队伍从造纸厂的化浆池前，从废旧物资商店中抢救出的家谱，占现今总藏量的2/5。从20世纪60年代开始，上图利用多种渠道收购补充，并接受社会各界捐赠。1996年在国内图书馆界率先开设了家谱阅览室，向社会公众服务。

此外，还有山西社科院编《中国家谱目录》（山西人民出版社 1992 年出版）收录家谱缩微胶卷谱 2565 种。

以上这些家谱目录是有重复的，一是原件与缩微件重复，二是原件有复本。常建华先生曾对其核实过的 5254 种族谱目录做过统计，重复率为 40%。如按此比率推算，再考虑到犹他家谱学会收藏的主要是家谱缩微件，扣除复本，则上述四部目录的孤本可能接近 3 万种。

闽台家谱收藏在国内这些图书馆的情况如何？就馆藏来说，目前从大陆图书馆公布的资料看很少藏有台湾家谱。例如，山西省社会科学院家谱资料研究中心藏有大陆家谱 2565 种，但台湾地区的家谱一本也没有。《上海图书馆馆藏家谱提要》收录家谱万余种，也无台湾家谱。全国已经出版的族谱目录对福建族谱的收藏也是极少。

二、国外收藏中国族谱情况

而与此同时，境外对于家谱的收集，也悄然兴起。总部设在美国犹他州盐湖城的犹他州家谱学会，"在 1971 年便开始以缩微胶卷形式收集有关中国人的家谱资料，从来没有间断。学会亦注重在民间收集族谱，例如从 70 年代中开始便花了 10 年的时间在台湾各地区进行了田野调查及收集工作，先后共得到了最少10000 种族谱"（1999 年上海古籍出版社《中华谱牒研究》：钱正民《美国犹太家谱学会介绍》）。

《美国家谱学会中国族谱目录》，该目录 1983 年由台湾成文出版有限公司出版。这是一本微缩影卷族谱的目录，书中著录 3109 种中国族谱，收藏地点涵盖美、日、英及港台地区。主要收录了美国犹他家谱学会收藏的家谱缩微胶卷的目录。犹他家谱学会 1894 年正式成立家谱学会图书馆，以搜集和保存各国死亡者的资料为宗旨，1938 年开始雇 100 余人到世界各地采用缩微技术拍摄死亡者的档案资料。目录按姓氏笔画编号排顺序，著录姓氏、地别、书名、卷册数、编者、编印年代、版别、编号、散居地、始祖以及备考等项目，全书共收 3140 种中国家谱缩微件。书后附"区域分布姓氏索引"和"谱名索引"。该书收录的主要是中国大陆以外的中国家谱收藏单位的目录，如哥伦比亚大学 950 种，东洋文库790 种，日本国会国立图书馆 420 种，东京大学东洋文化研究所 200 种，犹他家谱学会图书馆 200 种，香港大学 150 种，美国国会图书馆 120 种，哈佛燕京图书馆 100 种，加州柏克莱图书馆 60 种，日本京都大学 50 种，芝加哥大学图书馆 50种等。1974 年以后，犹他家谱学会派员到台湾，与台湾"中华学术院"谱学系研究所等机构合作，深入台湾各县乡镇先后共计拍摄台湾地区家谱 1 万余种。与此同时犹他家谱学会还到中国大陆，与各地图书、档案部门联系，共拍摄中国大陆各地区中国家谱数千种。截至 1998 年统计，犹他家谱学会图书馆共拍摄保存中国家谱缩微件 17099 种。

日本国会图书馆藏有 173 部，东洋大学藏有 500 部，日本东洋文库收藏中国家谱最多，有 816 部。日本收藏的中国家谱中去除重复者，约 1228 部。

美国哈佛燕京图书馆也藏有中国家谱，但数量很少，不足 20 部，美国国会图书馆藏有 20 种左右。海外机构收藏中国家谱较多的是哥伦比亚大学图书馆，收藏了近千种。

美国家谱学会藏有大量中国家谱，其中有地区可考的约 2747 种。

韩国、越南、新加坡、法国、英国等地也有中文家谱，可惜无统计数字。

海外收藏的闽台族谱数量有限，美国犹他家谱学会收藏的家谱最为突出，其中台湾族谱占有一定数量，但是多是与台湾合作编制族谱资料时复制的微缩族谱。

第五节　闽台流落在海外族谱的分析

国外收集中国族谱应该在明清时期就开始，最早是日本。蔡干豪先生在整理福建省民主人士的传记资料时，从清末民初留学日本的爱国民主人士的回忆录档案资料中就曾经发现，日本人很早就开始收集中国的族谱、地方志，分析了解中国国情、地方人情风俗、地方风物。这些清末留学日本的学生，日本政府也有他们的完整历史档案，当日军每占领一块中国的领土，就会在第一时间到留日学生家中"拜访"，动员他们出来担任维持会职务（参阅福建省头号汉奸林赤民档案）。

其实，从目前公开发表的文章中我们就可以看到当年日本人寻觅太平天国洪秀全的族谱故事，不论这个故事的因果如何，都可以看到日本人对中国族谱的重视。而后才是欧洲人开始收集中国族谱。据台湾专家估计，流失在海外的中国族谱"当在4千部以上"。中国族谱流落在国外的应该多是明清时期的善本，值得国人惋惜，这么多宝贵的财富流落他人手中，应该引起我们对民族文化宝库资料收藏的重视。

海外收藏的闽台族谱的总量很少，台湾家谱还相对多一些。美国家谱学会馆藏中国族谱资料中，台湾家谱约198种，仅占总数的7%。台湾《联合报》文化基金会为了收集中国家谱，不惜花费巨金，从美国、日本、英国等地各大图书馆摄制中国族谱微卷带回台湾，将近2000种，藏国学文献馆。其中台湾族谱约415种。这些已经收回的中国族谱，在《台湾区族谱目录》（1987年出版）和"台北故宫博物院所藏族谱简目"（2001年出版）中多有收入。

台北海内外这些族谱中的闽台族谱，与闽台族谱现存的7万多部相比，占总的比例相当少，而且福建省的族谱收入其目录的比例也很少，对以上这些族谱目录，本课题不作为重点研究。例如，山西省社会科学院家谱资料研究中心藏有中国家谱2565种，闽台地区的家谱存量很少。《上海图书馆馆藏家谱提要》收录家谱万余种，福建地区的家谱只占少量。美国的族谱牵涉台湾的，在台湾的两部族谱目录中大多已经体现。因此，要研究海外的闽台族谱，只要重点分析《台湾区族谱目录》（1987年出版）、"台北故宫博物院所藏族谱简目"（2001年出版）以及福建省内的主要存谱。

为什么福建族谱流落社会比较少？因为隋唐以后到清朝末年，族谱都作为学子参加科举考试的依据，也是国家分配考试名额的依据，族谱怕被冒姓，影响本家族统一分配的科举名额，所以家谱像其他所有私家家谱一样，是家族的生命线，是十分神圣的文书材料，密不见人。而且是福建多山区，改革开放前几乎没有工业，城市化比例低于各省。因此，福建人依然保留把族谱看得是家庭家族的传家宝习俗，家族中要看族谱，要沐浴焚香，征得先祖同意才可以开箱阅读。即使在"文化大革命"中，红卫兵要收缴族谱，许多家族的族长宁可被抄家、宁可牺牲自己，都要保护族谱安全，不肯交出族谱。在清代、在台湾日据时期和"文化大革命"时期，都有许多宗亲长老保护族谱的故事。如，清顺治十八年（1661年），南明政权亡，清兵打到闽南，董酉姑与百姓一道逃到台湾，别人都是携金带银，唯有董酉姑抱着郑氏族谱和祖先的牌位去台湾，让郑成功深受感动。又如，福建霞浦三沙镇的一位蔡襄后裔，为了保护蔡襄族谱，先后被抄家三次、被游街批斗多次，家里地上地下被翻过几遍，都没有把族谱交出来。只有在城里宗亲结构已经基本不存在，对族谱不怎么看中的情况下，才会把族谱丢弃。从现存族谱看，福建省民间撰修族谱，在"文化大革命"中并没有中断。统计资料显示，福建民间族谱编撰不会因为政治因素中断，"文化大革命"10年中编撰的族谱是"文化大革命"前17年的3.8倍多。

每当家谱30年一小修，60年一大修后，旧的家谱除留下极少几套保存在宗祠或族长手中外，其余都要全部销切，而代之以新的家谱。这种特殊的风俗习惯，当然为古老家谱的保存制造了人为障碍。不过，尽管如此，家谱作为生活轨迹的记录，仍有不少被保存了下来。至于散落在民间的家谱，无疑还有更大的数量。清袁一相《睢阳袁氏（袁可立）家谱序》："（袁赋诚）於其暇中念家乘散失，无以示后，辄与开美（袁赋正）诠次而谱之。"

总而言之，海峡两岸的族谱收藏十分丰富，总量可能达到70000部以上，其中福建省可能查阅的超过40000多部以上，台湾族谱达到10000多部，总量约50000多部。对这些闽台族谱的研究对闽台两岸有着极其重要的意义。

第六节　闽台馆藏族谱种类分析

一、福建族谱文献收藏分析

（一）福建家谱的始编年代概况

福建是北方汉人南迁的主要聚居地之一，传承修撰族谱有着悠久的历史。从目前所见族谱资料看，最早的在汉代福建人就开始编撰族谱；唐宋时期始修的福建族谱就有相当的数量，大量的族谱修撰于明清时期。由于民间族谱管理条件的局限，目前保留下来的族谱，宋代的族谱善本只有极少量，元代的族谱善本也很少，明代的族谱善本就比较多，最大量的族谱善本是清代和民国修撰的，民国初年的族谱也比较多。

福建是宋代朱熹故里，也是朱熹倡导民间撰修族谱的主要得益地区。所以，宋元明清的每个历史盛世都有撰修族谱的高峰期，即使在元代和清初朝廷明令禁修族谱，现存的族谱中依然有元代和清初的善本。新文化运动和"文化大革命"破四旧等情况下，全国各地对族谱的冲击都很大，福建的城市里民间收藏和编撰族谱虽然也受到一些冲击。但是，民众的宗族观念较深，地方图书馆、档案馆也会将红卫兵没收来的族谱以文史资料名义收藏部分；许多民众宁可牺牲自己的一切，也要保护族谱。福建霞浦一个蔡襄后裔，为了保护清同治年间修撰的蔡襄族谱，被红卫兵抓去挂牌游街批斗多次，家里地面被翻了4遍，也不肯交出蔡襄族谱。而且福建地处山区，改革开放前交通极不方便，山区农村的祠堂很多没有受到波及，因此民间的存谱仍然很多。2007年，福建省姓氏源流研究会举办首届海峡百姓论坛暨闽台族谱展时，从各个地方送到福州参展的族谱看，山区收藏的族谱不乏明代以前的善本。如，闽侯曾氏的收藏本家族历代编撰的族谱108部。

过去编撰族谱的周期很长，由于交通不便，没有现代的通信设施，缺少现代的编撰工具，所以一般修撰一部族谱要耗费好几年甚至十几二十年的时间。许多族谱的编撰工作都跨世纪跨朝代。如，民国初期编竣的族谱，有不少使用清光绪的年号，1950—1952年间编竣的不少族谱依然使用"民国"的年号，这是正常的。今天的电子编辑时代，大大缩短了族谱编撰的周期，一部族谱编撰只要一年或几年就可以完成，很大促进了族谱的编撰工作进程，所以改革开放以来，族谱编撰出现较大飞跃，这也是正常的。这就是民间所说"盛世修谱"。

闽台共修族谱，历来是海峡两岸同胞共同的愿望和实践。台湾同胞从迁垦台湾的那天开始都是不忘家乡，有的带去家乡的族谱，有的在台湾发族以后就不辞千辛万苦，设法回到家乡续修族谱，就是死在台湾也要把台湾的埋葬墓地在家乡族谱中注明。大陆宗亲在编撰新谱时也是牵挂远在台湾的族人，都必须通知本族宗亲回家续修族谱。

中日甲午战争，日本强行割据台湾。在日据时期，台湾同胞也是冒着生命危险，想方设法回大陆续修族谱。现存台湾族谱中，有很大一部分就是当时编撰的，台湾的雾峰林氏族谱就是当时编撰的最大的一部族谱。台湾光复以后，两岸宗亲交流又进一步加强，也开始恢复海峡两岸共修族谱。

1949 年以后，泉台人民被人为隔绝来往。但是台湾同胞回乡寻根谒祖没有中断；特别是 1979 年以后，由台湾取道其他国家和香港、澳门返乡探亲的台胞逐渐增多。如，1981—1984 年，返惠安探亲的台胞即达 614 人。1985 年，来晋江地区探亲谒祖和开展商贸活动的台胞达 1533 人次。1986—1987 年 10 月，增至 3000 多人。1987 年 11 月起，台湾当局正式开放民众到大陆探亲。台胞纷纷踏上"人寻根，神（佛）寻祖"之路，每年均有数以万计甚至数十万的台胞来泉州寻根谒祖。

因此，改革开放以来，福建民间修谱又兴起一个高峰期。闽台两岸的宗亲共修族谱成为一种普遍现象。闽南地区经济发展较好，编修族谱成为时尚。自 20 世纪 80 年代起，中华大地出现了"寻根热"。这是在新的历史时期中华民族文化凝聚力和文化向心力的表现。在台湾同胞、海外侨胞的寻根热潮推动下，福建省民间的姓氏文化机构不断涌现出来，各地祠堂成为编修族谱的主力军。为了满足台湾同胞、海外侨胞寻根谒祖编撰族谱的需求，1989 年，福建省姓氏源流研究会应运而生。福建省姓氏源流研究会下属的各个委员会成为指导族谱的重要机构，并主导各个姓氏修撰区域性族谱。一些姓氏研究专家也成为族谱的收藏家。

2007 年，福建省姓氏源流研究会等民间社团联合举办闽台两岸首届海峡百姓论坛暨闽台族谱展，当时福建省姓氏源流研究会只有 19 家分支机构，在几天内就调集了福建省内 1200 多部族谱在福建省美术馆展出，其中古善本占半数。

（二）福建族谱编撰年代分析

1.唐宋元明清以前的善本，其中有钞本、刻板本，以钞本为多数，明清善本为多数。早期善本主要深藏民间，图书馆、档案馆只有极少量，这些都是"三反""五反""四清"运动和"文化大革命"中抄家上缴的。如连江县档案馆的馆藏族谱都是当时在火化"四旧"物品时，一些县领导安排档案馆和图书馆管理员到现场收集回来的。以福建两岸信息技术有限公司馆藏数字看，宋代 2 部、明代 19 部、清代 236 部，占其全部族谱数的 21.325%。

2. 民国时期的善本，其中有钞本、刻板本、印刷本，以钞本为多数。主要也是收藏在民间祠堂和私人收藏家手中。图书馆、档案馆只有极少量，他们收藏的也是历次政治运动中收缴来的族谱，极少数是个人捐献的。以福建两岸信息技术有限公司馆藏族谱数字看，民国族谱有 209 部，占其全部族谱数的 17.3%。

3. 改革开放前的族谱，以钞本为多数。图书馆、档案馆只有极少量，他们收藏的也是历次政治运动中收缴来的族谱，极少数是个人捐献的。以福建两岸信息技术有限公司馆藏族谱数字看，"文革"前族谱有 66 部，"文革"中族谱有 64 部。占其全部族谱数的 1.07%。

4. 改革开放后的族谱，其中有钞本、刻板本、印刷本、电子排印本，种类多数量也大。改革开放后，福建民间适应台湾同胞、海外侨胞回来寻根谒祖的需求，悄然兴起编撰族谱的热情。几乎所有的家族都编撰新谱。一些新成立的族谱收藏机构，如闽台缘博物馆成立以来，2011 年第三届海峡百姓论坛与族谱展在馆内召开，而后又组织召开了三次海峡两岸民间谱牒论坛，吸引了海峡两岸的宗亲捐献族谱的热情。十年来，收藏的族谱达到 5000 多部。各地图书馆、档案馆收到捐献的族谱数量也明显增加。福建两岸信息技术有限公司馆藏的新族谱达到 590 多部，几乎是其馆藏族谱的半数，达到 48.8%。

下面以福建两岸信息技术有限公司馆藏的 1206 部福建族谱的编撰年代进行分析：

1206 部福建族谱情况分析表

单位：部

	宋 代	明 代	清 代	民 国	改革开放前	改革开放后	时间不详
数量	2	19	236	209	130	590	23
占比	0.16%	1.57%	19.5%	17.3%	10.74%	48.8%	1.9%

（三）福建馆藏族谱涉台状况分析

中国（泉州）闽台缘博物馆，馆藏两岸族谱 5000 多部，6000 多册，3000 多册涉及闽人迁台族谱，超过半数。其中台湾地区族谱 500 多册。

福建省图书馆馆藏闽人家谱 870 余种，主要是明清善本。福建师范大学图书馆馆藏闽人家谱百余种，主要是明清善本。各个档案馆族谱主要是明清时期的善本。其中相当一部分族谱涉及台湾。

福建泉州海外交通史博物馆馆藏家谱 150 多部，近 2000 册，绝大多数涉及泉州人迁台族谱。福建省晋江市谱牒研究会，收藏 580 多部族谱，其中闽台和海外华人华侨族谱 470 多部，占 80%。

福建省漳州市闽台族谱对接馆馆藏漳台两地民间近 700 册族谱，其中漳州族谱有 600 余册，占 87%。来自台湾的族谱有 68 册。

福建上杭客家谱馆收藏客家族谱 116 个姓氏，1600 种，上万册族谱史料，是闽粤赣客家金三角地区收藏的客家族谱，部分涉及闽人迁台族谱。福建省连城客家方志馆馆藏族谱 160 多种，500 多册，部分涉及闽人迁台族谱。

福建省姓氏源流研究会及其分支机构的族谱和祠堂管委会族谱，虽然有 15000 部以上，但是属于民间收藏形式，保存条件比较差，主要是收存在研究人员和业余爱好者以及各地祠堂中。研究人员和业余爱好者收藏的比例较大，许多个人收藏都在二三百部，最多的个人收藏达到 2500 多部。有半数以上涉及闽人迁台族谱。闽南地区的族谱中大部分是涉及台湾的族谱。

（四）福建馆藏族谱分析

1. 福建两岸信息技术有限公司馆藏族谱

公司主要从事计算机软硬件技术开发、技术服务、计算机网络工程设计，收集了大量族谱文献资料。公司收藏的族谱主要有两大部分：福建族谱 1209 部，台湾族谱 6464 部。

福建 1209 部族谱姓氏分布状况

单位：个

族谱姓氏	数量	族谱姓氏	数量	族谱姓氏	数量	族谱姓氏	数量	族谱姓氏	数量
安	2	官	1	留	4	世	1	严	3
白	7	郭	34	柳	1	宋	1	颜	3
蔡	48	韩	3	卢	3	苏	26	杨	25
曹	3	何	21	罗	8	孙	12	姚	4
曾	34	洪	21	吕	9	汤	2	叶	5
常	2	侯	2	马	5	唐	10	易	1
陈	159	胡	15	毛	1	滕	1	应	1
成	1	华	1	梅	1	童	1	尤	5
池	1	黄	109	穆	1	涂	2	游	9
崔	1	纪	3	倪	13	万	2	余	11
戴	7	季	2	欧阳	2	汪	4	俞	1
邓	3	简	13	潘	4	王	177	粘	4
丁	8	江	20	裴	2	魏	8	詹	6
董	2	姜	1	彭	3	温	3	张	98
杜	1	蒋	2	蒲	1	翁	8	章	2
范	6	金	2	浦	1	巫	5	赵	13
方	5	康	3	丘(邱)	34	吴	92	真	1
冯	1	柯	13	任	2	伍	7	郑	50
傅	3	赖	16	阮	5	武	1	钟	9
盖	1	蓝	10	萨	7	肖	1	周	15
甘	1	雷	1	上官	4	萧	15	朱	10
高	12	李	70	邵	2	谢	21	祝	1
葛	1	梁	7	沈	6	熊	1	庄	28

续表

族谱姓氏	数量	族谱姓氏	数量	族谱姓氏	数量	族谱姓氏	数量	族谱姓氏	数量
龚	10	廖	11	施	51	徐	20	卓	2
古	1	林	145	石	1	许	73	邹	5
关	1	刘	41	史	2	薛	2	祖	2

台湾6464部族谱姓氏分布状况

族谱姓氏	数量	族谱姓氏	数量	族谱姓氏	数量	族谱姓氏	数量	族谱姓氏	数量
阿	1	柯	19	孔	3	潘	28	武	1
艾	1	柯蔡	1	赖	90	盘	1	夏	3
巴	1	甘	1	赖林	1	彭	102	冼	1
白	13	高	54	蓝	17	蒲	1	向	3
柏	1	高顾	1	劳	1	钱	3	萧	169
鲍	1	葛	2	雷	5	乔	1	谢	100
蔡	180	龚	8	黎	12	秦	2	辛	1
蔡陈	3	辜	2	李	317	丘（邱）	109	熊	7
蔡郭	1	古	33	李陈	1	区	1	徐	115
蔡柯	2	顾	3	李林	1	阙	4	许	134
蔡李	1	关	1	李张	1	饶	3	许张	1
蔡刘	1	官	7	利	1	任	3	薛	13
曹	8	管	2	连	10	阮	9	严	1
曾	86	郭	99	廉	1	阮翁	1	阎	1
曾张	2	郭赖	1	梁	25	三	1	颜	27
查	1	郭王	1	廖	65	沙	1	杨	251
常	1	韩	3	廖王	1	山崎	1	杨张	1
陈	606	何	46	廖张	15	商	1	杨郑	1

续表

族谱姓氏	数量	族谱姓氏	数量	族谱姓氏	数量	族谱姓氏	数量	族谱姓氏	数量
陈洪	1	何黄	1	林	494	邵	1	姚	7
陈林	6	贺	1	林姜	1	畲	1	伊藤	1
陈罗	1	洪	92	林卢	1	畲涂徐余	2	易	2
陈潘	2	洪林	1	林施	1	沈	26	殷	1
陈丘（邱）	1	侯	14	林宋	1	施	25	鄞	1
陈唐	1	侯刘	1	林翁	2	石	12	尹	5
陈吴	1	胡	20	林吴	2	史	1	应	1
陈徐	1	花	4	林严	1	丝	1	尤	5
陈许	1	华	1	林游	1	宋	17	游	49
陈朱	1	黄	353	林周	1	苏	60	于卜	1
成李	1	黄王	1	凌	3	苏许	1	余	27
程	3	黄萧	1	刘	330	苏周	1	余郑	1
程吴	2	黄姚	1	龙	5	孙	14	虞	1
池	1	黄周	2	娄	1	谈	1	袁	1
褚	4	吉	1	卢	15	谭	7	翟	1
崔	5	纪	3	鲁	1	汤	16	粘	2
戴	25	纪姜卢	1	陆	5	唐	16	詹	35
邓	17	季	1	路	2	滕	1	湛	1
丁	8	冀	1	罗	74	田	8	张	373
东	1	简	61	骆	3	童	1	章	4
董	6	简曾	1	吕	57	涂	10	长泽	1
杜	12	简江林	1	马	8	万	3	赵	20
端木	1	简林	1	毛	1	汪	8	郑	94

续表

族谱姓氏	数量	族谱姓氏	数量	族谱姓氏	数量	族谱姓氏	数量	族谱姓氏	数量
段	2	简张	3	梅	1	王	233	郑钟	1
樊	3	简张廖	13	孟	1	王萧	1	钟	67
范	46	江	67	苗	3	王游	1	周	95
范姜	1	江刘	1	明沙	1	危	1	朱	34
方	34	姜	6	缪	2	韦	3	祝	1
房	1	姜林	1	磨	1	魏	23	庄	39
费	1	蒋	8	莫	2	温	46	卓	8
冯	16	焦	2	牟	1	翁	19	宗	1
符	1	解	1	牛	1	巫	12	邹	4
傅	15	金	5	欧	6	吴	194	左	2
傅赖罗	1	荆	1	欧阳	5	伍	7		

2. 福建省图书馆馆藏家谱目录分析

福建省图书馆馆藏家谱共 858 部，113 个姓。其中福建省各地的族谱占 90%多，台湾和外省的族谱约占 8%，少数几部是满族、蒙古族族谱。族谱主体是明清时期的善本。

族谱姓氏构成状况

族谱姓氏	数量	族谱姓氏	数量	族谱姓氏	数量	族谱姓氏	数量
爱新觉罗	1	他塔拉氏	1	潘	1	修	2
白	4	季	2	钱	4	徐	16
鲍	1	简	11	爱新觉罗	2	许	5
蔡	16	江	9	邱	11	薛	1
曹	6	蒋	2	阙	1	严	5
曾	16	揭	3	饶	2	颜	1

续表

族谱姓氏	数量	族谱姓氏	数量	族谱姓氏	数量	族谱姓氏	数量
陈	56	金	2	阮	5	杨	19
程	1	康	3	萨	6	姚	12
戴	3	柯	6	上官	1	叶	10
邓	4	赖	12	施	1	应	3
丁	5	蓝	8	石	5	尤	1
董	4	雷	8	宋	3	游	3
窦	1	李	19	苏	7	余	5
杜	2	连	1	孙	3	粘	3
范	2	梁	4	唐	7	詹	4
方	8	廖	10	汪	3	张	28
封	1	林	61	王	21	章	5
冯	3	刘	34	危	3	赵	6
傅	1	留	3	魏	8	真	1
甘	2	柳	2	温	4	郑	18
高	10	卢	3	翁	4	钟	4
葛	2	罗	24	吴	31	周	4
关	1	吕	1	伍	4	朱	16
郭	16	马	1	项	1	庄	30
何	11	博尔济锦	1	萧	15	卓	1
胡	4	苗	1	肖	2	邹	2
华	1	倪	1	谢	15	祖	1
黄	36	欧阳	2	熊	2		

3. 福建省晋江市谱牒研究会族谱文献馆藏

晋江市谱牒研究会的馆藏族谱主要是以晋江为主体的泉州各市县族谱。晋江族谱共 660 多部，78 个姓氏。由于晋江是台湾同胞的主要故乡，所以晋江族谱

80% 以上都是海峡两岸共修或涉台族谱。

晋江 668 部族谱姓氏分布状况

族谱姓氏	数量	族谱姓氏	数量	族谱姓氏	数量	族谱姓氏	数量	族谱姓氏	数量
安	2	洪黄	1	罗	1	汤	1	尤	1
白	1	侯	2	吕	2	唐	4	游	1
蔡	39	胡	1	马	1	万	2	余	2
曾	23	黄	58	穆	1	王	34	粘	3
常	2	蒋	1	倪	12	魏	5	詹	2
陈	39	金	1	欧阳	2	吴	61	张	20
戴	1	柯	9	彭	2	伍	7	赵	10
丁	6	柯蔡	2	浦	1	肖	1	郑	22
董	1	赖	2	邱	12	萧	3	周	4
范	2	李	26	阮	3	谢	6	庄	13
方	1	梁	1	上官	1	徐	1	庄严	1
高	1	廖	1	施	48	许	10	卓	1
龚	6	林	50	史	1	颜	1		
郭	15	林李	1	世	1	杨	7		
何	4	刘	9	苏	16	姚	2		
洪	10	留	3	孙	7	叶	5		

二、台湾地区家谱文献的收藏分析

（一）台湾家谱的收藏情况

台湾收藏的家谱一般有五种情况，一是由大陆携带来的旧版族谱，数量很大，体例整齐，虽然年代较早，但保存较完好；二是旧谱（一般是清代原谱）翻印或依旧谱体例加以续编重印；三是手抄旧时分支家谱以成一新谱，这类谱体例不齐；四是来台后重编之新谱；五是从美国、日本等处翻印翻拍而来的。

关于台湾家谱的收集工作，日据末期，台北"帝国大学文政学部"曾举办一次农村调查，调查项目中就列入"有无族谱"一项。调查发现，台湾民间藏有不少此类文献。

1945 年台湾光复，台南陈仁德曾经发起和创立了台湾族谱学会，为了调查和收集现存的台湾族谱，四处奔波；他从台南跑到台北归绥街轩辕教的庙宇里，访问有关族谱资料。不久因经费短缺而不了了之。

1953 年，台北县文献委员会进行了一次抽户调查，共得家谱 60 余种（包括手抄稿本及简册在内）。这仅仅是一个县的数字，而台湾当时有 5 个省辖市和 16 个县、一个管理局，即使按 16 个县统计，平均每个县有 50 种家谱，台湾约有家谱 800 种左右。

1956 年，台湾文献委员会开始着手对民间收藏的台湾家谱进行一次普查，在工作开展之前进行了抽查，先从马、白二姓氏着手，以后又由宗亲会派人调查或纂修，如 1957 年台中赖姓宗亲会就派人出来收集资料和撰写家谱。台北有位陈医生，也花力气收集了大量陈氏族谱。

在收集家谱的过程中，台湾民众也很重视专家的作用，台湾有些社会人士还请著名历史学家戴炎辉教授出面，组织台湾地区的宗亲谱系学会，以此来推动台湾地区族谱的收藏与研究。

与此同时，台湾各县市的文献会也把收集私家谱谍的工作提到议事日程上来，各县市在编制县市志民族篇时，把家族史料列为重要内容之一。卫惠林教授曾建议省文献会，是否花精力去收集台湾较完整的 100 种族谱，集中在省文献会，以此作为权威，但此事并未做成。

以上一些数据都是根据图书馆的公开统计而知道的，并不包括民间收藏。那么台湾地区公、私两家究竟藏有多少家谱呢？据有关调查资料所得出的结论，民间收藏的台湾家谱约有万余件。1974 年，美国摩门教会开始台湾族谱的收藏，找台湾家谱收藏研究专家王世庆先生商谈，双方约定在所有收集的资料拍照之后，须留一份在台湾。先从台北市郊开始做起，3 年间收集了 1200 多件。以后由中国文化大学接手，与摩门教共同合作，共收集了万余件家谱，拍成 800 多卷微卷，分藏在中国文化大学图书馆、"中央研究院"民族研究所、《联合报》国学文献馆等单位，美国摩门教图书馆也藏有部分家谱。

《台湾区族谱目录》，台湾区姓谱研究社（台湾各姓历史发展研究会）出版，陈美桂主编，1987 年出版，精装 10000 多页。所载，台湾约有 10600 种族谱，这个数字同上述统计基本相同。

该目录 1987 年由台湾区姓谱研究社发行。1974 年开始，1985 年终于完成台湾全省各县市的家谱采访工作。共计拍摄缩微胶卷 800 余卷，家谱原件达 1 万余种，遂正式出版《台湾区族谱目录》，共收入家谱 1063 种。每种家谱均列出姓氏、地名、书名卷册数、编者、编印年代、版别、编号、散居地、始祖以及备注等项目，书后附有"姓氏索引"和"区域分布索引"。这是台湾地区最完整的一部家谱目录，收录的大多是近四五十年来编修的家谱。《台湾区族谱目录》的问世，充分说明台湾地区人民自古就与大陆有着骨肉相连的亲密关系，尽管海峡两岸人为分隔已经 50 年，但台湾人民以积极编修家谱的形式反映了他们寻根问祖、心向大陆、回归祖国的强烈愿望。

"台北故宫博物院所藏族谱简目"台北故宫博物院出版，陈龙贵主编，2001年出版，精装 841 页。

2003 年至 2014 年，各单位收藏家族谱增加之数量计有："万万斋"增加 375种、傅斯年图书馆增加 477 种、台湾文献馆增加 320 种、台湾图书馆增加 240 种、台北故宫博物院图书文献馆增加 32 种、宜兰县史馆增加 38 册（件）、台北市文献委员会没有增加（因为未提供新数据之故）。

《台湾区族谱目录》（1987 年出版），"台北故宫博物院所藏族谱简目"（2001年出版），是台湾地区两大最著名、收录最齐全的族谱目录，二者都收录 10000余部族谱。分析如下：

	收藏总数	微卷总数	姓氏总数
《台湾区族谱目录》	10613 种	915 卷	251 姓
"台北故宫博物院所藏族谱简目"	10300 种	3156 卷	295 姓

（二）台湾族谱编撰年代分析

第一时期（明代）：家谱收藏最少，仅2种。

第二时期（清代）：清政府对台统治期间，比较重视对地方志的收集和编撰，而疏忽了家谱的工作。上述两馆共藏55种。

第三时期（日据时期）：日本占据台湾后，妄图割裂台湾同祖国的文化联系，并在台湾推行"皇民化"运动，企图改变汉人姓氏，当然不会提倡修谱之事。但民间有部分迁台支族，各自偷偷修谱，也有一定数量，如，台湾文献会盛清沂调查所得的4种，即1921年编的《临濮施氏族谱》、1933年编的《刘氏族谱》、1935年编的《雾峰西河林氏族谱》、1936年编的《鸿儒蔡氏族谱》；其中尤以1935年编的《雾峰西河林氏族谱》较好。两馆所藏该时期台湾家谱共82种。惜因缺乏直接资料，人手不足，调查未明，因陋就简，该时期所编家谱体例欠缺，不成体系。

第四时期（1946—1982年）：台湾光复初期也出版了数种家谱，其作者大致有3种，一是宗亲会所作，一是坊间匠工所编，一是族中个人自修族谱。自20世纪70年代以后，台湾编谱又掀高潮，编谱200多种。两馆现藏465种。

1975年至1978年，美国犹他家谱学会在台湾第一次大规模的族谱调查，结果为台湾共有族谱1218种，其中属于清代编修的有117种，属于日据时期编修的有240种，属于光复之后编修的有861种，由此可见属于移民世界的台湾人对于祖籍族谱的高度怀念与重视，台湾才有此丰富珍贵族谱的存在。

编撰年代	清代	日据时期	光复之后	合计
族谱（种）	117	240	861	1212

（三）台湾两大族谱目录的姓氏分析

1.《台湾区族谱目录》的族谱分析

（1）《台湾区族谱目录》中的9000多部族谱有200多种

族谱姓氏	数量	族谱姓氏	数量	族谱姓氏	数量	族谱姓氏	数量	族谱姓氏	数量
陈	1082	林	767	张	615	黄	599	李	570

续表

族谱姓氏	数量	族谱姓氏	数量	族谱姓氏	数量	族谱姓氏	数量	族谱姓氏	数量
刘	485	王	375	吴	348	杨	347	萧	285
蔡	266	许	214	郑	201	邱	188	徐	161
曾	160	赖	157	谢	151	郭	149	彭	140
周	130	叶	130	洪	125	江	118	游	116
钟	115	廖	111	罗	105	孔	97	詹	86
苏	81	庄	81	何	81	简	74	吕	73
胡	68	朱	65	柯蔡	65	温	58	戴	56
余	45	赵	43	颜	41	古	42	潘	40
宋	35	任	34	张廖	34	邓	34	魏	33
汤	33	翁	30	施	31	卢	25	孙	24
张廖简	24	欧阳欧	24	巫	22	薛	21	蓝	20
谭	19	涂	19	唐	19	董	19	冯	18
侯	18	尹	17	粘	16	邹	16	马	16
阮	15	杜	15	符	15	柯	14	汪	14
纪	14	蒋	13	曹	12	石	12	伍	12
卓	12	韩	12	姚	11	向	11	蒲	10
田	10	骆	10	白	10	连	10	姜	9
官	9	区	9	俞	9	尤	8	华	7
黎	7	龚	7	阙	7	熊	6	童	6
饶	6	程	6	秦	6	花	6	姜林	6
陆	6	龙	6	范姜	5	雷	5	孟	5
樊	5	赖罗傅	5	倪	4	钱	4	甘	4
池	4	韦	4	关	4	葛	4	崔	4
左	4	辜	4	季	4	金	3	练	3
谈	3	缪	3	麦	3	段	3	万	3

续表

族谱姓氏	数量	族谱姓氏	数量	族谱姓氏	数量	族谱姓氏	数量	族谱姓氏	数量
严	3	阎	3	夏	3	章	3	张廖	3
商	2	阿	2	管	2	毕	2	殷	2
焦	2	苗	2	莫	2	盘	2	梅	2
苏周连	2	包	1	鲍	1	才	1	常	1
初	1	东	1	费	1	顾	1	贺	1
黄林	1	吉	1	靳	1	荆	1	兰	1
劳	1	利	1	楼	1	娄	1	鲁	1
路	1	毛	1	茅	1	明	1	牛	1
乔	1	让	1	沙	1	邵	1	三	1
佘	1	史	1	丝	1	水	1	危	1
闻	1	冼	1	辛	1	偕	1	胥	1
宣	1	易	1	天	1	鄞	1	应	1
袁	1	虞	1	宗	1	诸	1	褚	1
祝	1	曲	1						

（2）《台湾区族谱目录》中的复姓谱和联谱

陈蔡	陈吕	陈林	陈许	陈王刘官	陈潘
陈罗	陈吕	陈沈	陈吴	陈王刘官	陈萧
陈张	陈洪	陈吕	陈唐	刘唐杜范侯金留钱	刘唐杜
赖罗傅	林辜	郭赖	韩何	何麦	韩蓝何
黄王谢	黄俞	黄蔡	黄周	张简廖	张简
姜林	范姜	黄王谢	柯蔡	赖罗傅	赖郭
赖江	苏周连	廖张	张廖简	陈王刘官	林翁
林曾刘	罗陈	董童	董杨	欧阳欧区	潘陈
陈黄	田唐	苏周	沈陈	余徐涂畲俞	王游尤沈

林王	徐王	王游	王游尤沈	姚虞陈胡田	黄王谢
翁林	陈萧	黄王谢	陈许	洪江翁方龚汪	杨郑
庄严	张吴	张简	张曾	王游尤沈	黄俞
陈朱	朱庄严				

（3）《台湾区族谱目录》中族谱的编撰年代

《台湾区族谱目录》族谱编撰时间大多为 1949 年以后，少数为日据时期和清代族谱。目录中的族谱主要是台湾编撰的族谱，大陆的族谱占少数。大陆族谱主要是早期从闽南、粤东带来的。目录是按照各个姓氏族谱的祖籍地分门别类。《台湾区族谱目录》的族谱大约有四分之一为 50 页以下的版本。

2.《"国立故宫博物院"所藏族谱简目》族谱分析

《"国立故宫博物院"所藏族谱简目》前 24 个姓氏族谱数（部）

族谱姓氏	数量	族谱姓氏	数量	族谱姓氏	数量	族谱姓氏	数量
陈	951	王	370	徐	174	邱	131
张	600	吴	327	周	156	叶	114
林	594	杨	247	郑	150	郭	112
李	504	萧	194	曾	140	廖	106
黄	483	蔡	190	谢	134	赖	108
刘	446	许	180	朱	131	高	106

从以上 24 个姓氏族谱的数量看，与《台湾区族谱目录》的前 24 个姓氏族谱的数量比例基本相似，台湾人口多的姓氏编撰的族谱数量也较多。人口较少的姓氏族谱较少。而且也是复姓谱和联谱数量较多。

"台北故宫博物院所藏族谱简目"共收录 10300 部族谱简目，全书前面有 43 部为《万姓统谱》《元和姓纂》等一类的"通谱"，最后部分有 196 部韩国族谱和 2 部琉球族谱，余下 10043 部中国族谱。中国族谱其中 3000 多部是大陆地区的族谱，台湾地区族谱实际只有 7000 多部。在 10043 部族谱中，海峡两岸共修的族谱有 5170 部，占 73.86%。大陆族谱多为书本式，而且一种含有数册甚至百册的版本。

第二章
闽台族谱与族群的综合分析

　　闽台族谱记录了闽台每一个族群的信息，闽台族群由于地理、历史的缘故有共同的特性，全面审视可以透过族谱看到海峡两岸的地缘、族缘、血缘、神缘、文缘关系。历来治地方史，编纂方志时，大量采家谱资料入志，以补正史和官方所掌握的资料之阙，这是十分正常的。在全国的地方史志编纂中情况均是如此。台湾史学家连雅堂《台湾通史》自序："洪维我祖宗，渡大海，入荒险，以拓殖斯土，为子孙万年之业者，其功伟矣。"就是告知台湾的发展根基，是福建台湾祖先移民所奠定。

第一节　闽台族谱的共同特色

一、闽台家谱反映了闽台地区姓氏血缘

　　闽台族谱大多数是祖谱与分谱的关系，每一部台湾族谱和祖国大陆族谱，特别是闽粤族谱都有对应的接点。台湾同祖国大陆有着密不可分的血缘关系，各姓先民渡海赴台，开山垦荒，或聚族而居，或分散各地。从姓氏的迁徙聚集，可以进一步考察台湾的社会发展和演变。

　　根据 1926 年台湾人口祖籍构成统计，汉族人口计 375.16 万，占总人口 89%，其中祖籍福建的为 311.64 万，居汉族人口的 83.1%。而祖籍福建者中，泉州府 168.14 万；漳州府 131.95 万；永春州 2.05 万；汀州府 4.25 万；龙岩州 1.6 万；福州府 2.7 万；兴化府 0.93 万。位居闽南的祖籍泉、漳、永春三府州人口合计达

302.14 万，占福建籍总人数的 97%。台湾前几大姓氏来自闽南，其中来自晋江的大姓有施、许、蔡、张、黄等。

1934 年台湾有 768 姓，居前十位姓的依次为陈、林、黄、张、李、王、吴、刘、蔡、杨，合计占总人口数的 50% 多。居前十位的姓与福建省的陈、林、黄、张、李、王、吴、刘、郑、杨，前十大姓氏的序位基本相同，只是蔡姓退到第十一位，福建排名第十一位的郑姓进到第九位。

到 20 世纪 50 年代，台湾文献会就着手调查各县市居民之姓氏状况，并按各姓氏人口之多少来排序。排定的结果是：陈、林、黄、张、李、王、吴、蔡、刘、杨、许、郑、谢、郭、赖。统计国学文献馆现藏中国族谱资料目录，发现各姓族谱的数字和文献会统计的姓氏材料，极其相似，尤其是前面七位基本相同。但其中又以陈、林两姓家谱为多。

到 2007 年，由台湾政务部门所编印出版的《"全国"姓氏要览》里，胪列全台总共 1542 姓中，前十大姓依序为：陈、林、黄、张、李、王、吴、刘、蔡、杨，约占总人口数 53%。

闽台民众都有强烈的根亲理念，我们世系如何？先世出身为何？从何而来？谁是得姓祖？始迁祖？开基祖？各姓家谱绵延可说一览无遗，各家世系瓜瓞绵绵也一目了然。福建族谱如此，台湾族谱也如此。随意列举台湾早迁垦台湾之黄、陈、高、郭四姓先祖，台湾的族谱全都有记载从中原古光州固始（今河南固始）来，他们族谱都记载了最初开台祖出身。闽台族谱都一样记载，他们民族大迁徙中出发点亦皆固始，经过闽粤繁衍再辗转入垦台湾。据最近统计的台湾百大姓人口数，占台湾总人口数达 97%，追溯其中先祖十之八九，又系从中原一带辗转迁移而来。"固始乃全台中国人根亲祖地"，兼从姓氏源流、族谱世系考据，俱证此言不虚。福建学者蔡干豪的《闽台百家姓》（海风出版社）《闽台姓氏地图》（海风出版社）和《闽台寻根大典》（中国华侨出版社）都分别对闽台的 200 多个姓氏迁台情况做了许多叙述，这里重点列举几个姓氏进行深入分析。

闽台陈姓是两岸第一大姓氏，福建有 4600 多万人口；台湾有 2600 万人。早在唐宋陈姓就开始迁台，从明朝永乐年间到清代是迁台高潮。陈永华，明代泉州府同安县人，"弃儒生业，究天下之事"，投奔郑成功迁台。在台南承天府宁南坊择建造圣庙学院并亲任主持。所以陈姓有 2600 多万人口，排名第一，约占全台人口总数的 12%，家谱数量排在首位。台湾陈氏有开漳圣王派、南院派、漳浦派、惠安派、晋江陈埭派、安溪高美祖派、闽西霞鰲派、义门派等 30 多支派，以台北、彰化、台中、嘉义、台南、屏东等县地人口最集中。他们在台湾修建众多宗庙，有台北"德星堂"、台南"颍川宗庙""德聚堂"等。如果我们细心的分析一下，发现即使在家谱文献上，也割不断台湾和大陆的血缘关系。就以福建省来说，陈氏自唐宋以来就是当地望族，陈姓族谱明代就已成规模，明代文豪王世贞曾为陈氏族谱写序。就国内所收藏的族谱而言，陈姓族谱也是较多的。如山西省家谱资料研究中心藏谱 2565 种，陈姓 126 种，但是他们没有迁台的族谱。福建虽然没有形成族谱总目，但是从福建的任何一个馆藏族谱中陈姓族谱都是总量第一；就是已经查明的民间团体收藏的族谱中陈姓族谱数量也是第一。台湾文献会所拥有的陈姓入台资料十分丰富，据该会考证，第一个到台湾来的陈姓人是随延平王收复台湾的陈泽，他的后裔迄今还在台南繁衍。如族谱记载，台湾民进党前主席陈水扁是祖籍福建诏安县，1737 年，进贤公的第六代孙陈乌从白叶村的星斗自然村到了台湾，传到陈水扁已是第九代。高雄市市长陈菊，祖籍福建漳浦县赤湖镇。台湾《琅玕陈氏族谱》陈其寅修纂，共 2 册 40 余万字。始祖安东公来自河南固始，宋末入泉，至惠安南方四十瑞安头乡落籍。清康熙年间禁海解除后，还乡无屋可居者相率往台州石塘镇，有琅玕陈氏四镇兵追随郑成功入台；柘山房兴透公携眷定居台湾笨港。清咸丰九年（1859 年）举家迁至台湾鹿港，其父于光绪十四年（1888 年）再由鹿港迁往基隆。十四世祖于道光年间，赴台经商，居沪尾（今台湾淡水）经营粮食，甲午战乱后先祖弃业回闽，辗转后居基隆市。据现存闽台家谱都有不少记载，如，清乾隆二十年台南陈鼎丕编的《银同碧湖陈氏族谱》从永历十年到三十五年间（1656—1681 年），就记有陈元等 20 余人来到台湾，或随军，或垦荒。《浯阳陈氏家谱》是同安和金门共同编纂，2003 年出版。始祖陈达，号松岗，随王审知入闽，后裔镇同安浯洲盐场，浯阳堂号。

其次是林姓，据福建省姓氏源流研究会统计，林姓是福建第二大姓，有 3800

多万人口。林氏旧谱，世传出于唐林蕴之手。然观各宗刻本，其首皆弁以温彦博之序。彦博为太宗从龙之臣，而蕴实贞元朝士，则旧谱不始于蕴明矣。独恨温序不言此谱得自何人，来自何地；由今思之，贞观之初，以海内一统，再定族望，意其时必尝征郡国名家之谱，使上之中书，故温乃得见而序之耳。自尔以来，谱学特盛、林宝尝萃之以著《元和姓纂》；今谱中有"古仕籍考"一篇，记载简当、而引据又多秘籍，殊非后人所能；则宝与蕴二人者或居其一欤！宋、明迄今，修辑日繁，顾卷帙虽多，而名篇转少；试覆而校之，除"仕籍考""世系表"而外，其足资考证者，仅有《林氏世纪源流》及明林志《晋安世谱校正序》二篇。而所谓"世纪源流"者，既阙撰人名氏，又琐碎不成片段；于是林志一篇，乃益为凤毛麟角矣。台湾林姓人也大都来自福建，有200多万人口。东晋，林姓渔民航海到达澎湖、台湾等地，唐代开始入台经商。明清时期，随郑成功收复台湾和施琅平台，多次兴起迁台高潮，台湾林姓的始祖是明永历五年（1651年）的林朝和，他来台后定居台南，以后又有一批人随郑成功来到台湾，迁往嘉南，如林凤。林姓人多了，就有了编家谱的背景，早在清道光二十七年（1847年），林士坚就编了《万华林姓族谱》。林姓来台后即在岛上落根发芽，和新的住地融化一体，他们的修谱着重于先辈来台后的事迹，这从家谱的名称上也反映了出来，如《雾峰林氏族谱》《台湾世瑶公派下林氏族谱》等都是台湾著名的族谱。现在有国民党前副主席林丰正，先后七次回漳浦石榴镇攀龙村祭祖，族谱记载他是晋安林九牧二房藻公后裔。

又如，许姓虽然台湾排名未进入前十名，但是根据史料记载，其祖先抵台开基，从明朝末年开始。明末永历年间，有许点飞初居今台南市，后移垦台北淡水；许友仪、许源兴、许盛森等人，入垦今嘉义新港；还有郑成功部队许某入垦今云林县。清朝初年，则有泉州人许连光入垦于今云林县麦寮乡许厝寮；许志远建太子宫堡在今台南县太子宫；许希典、声良父子入垦今台南佳里；许时遇迁居今高雄市；许式生入垦今台北新庄；许帝德入垦今云林麦寮；许哲栖入垦今台南市，其后分传南投、高雄；许征入垦今东港；许九入垦今东港；许侃德入垦今佳里；许士德入垦今台南七股；许苍入垦今高雄桥头。待到清朝中期与后期，许姓祖先从福建泉州府、漳州府与广东潮州府、嘉应州等各地陆续拥入全台各地区，根据史书和族谱记载，不下百起，详情可参考杨绪贤先生《台湾区姓氏堂号考》（1979年版）。这里其他姓氏就不再一一叙述。

台湾早期移垦社会的建立，特别重视血缘、地缘关系，因彼此间的关系形成同乡聚居的村落，他们不仅团结力量象征为其特色，并把思乡情绪寄托在新开拓聚落地名上，使台湾出现不少冠以大陆原乡的地名，即所谓的籍贯地名，保有地缘特性，在这些乡亲聚落的地名，多数以泉州厝、同安寮或形成聚落存在为一大特色。

兹依据《重修台湾省通志·地名沿革篇》统计以及《堂号姓氏考》比例举出，台湾各地冠祖籍地名，约有130多处，并散见于台湾各地，由此可见台湾同宗同名村地名攸关原乡情怀，并赋有其特殊关系与文化历史背景。这些台湾的姓氏聚落都有宗亲会组织机构，都建有祠堂，数百年来都不断回到福建的祖籍地续修族谱，祭祀祖先。闽台两地人民同是中华炎黄子孙，有着撰、续、藏族谱的传统。历代谱牒蕴藏大量地理、经济、人文、社会等诸方面的资料，尤其是姓氏、宗族源流的资料为台胞到祖国大陆寻根访祖提供了方便。

二、闽台家谱反映了与海峡两岸宗亲会的关系

近代台湾家谱的兴盛，同宗亲会在台湾的兴起有很大关系。台湾的姓氏宗亲会很早就形成，到日据时期日本在台湾推行"去中国化"的殖民措施，祠堂家庙受到破坏，宗亲会被禁止也自然消亡。抗日战争胜利台湾光复以后，台湾民众的民族情结得到了抒发，台湾族谱编修开始复兴。特别是20世纪50年代中期，台北就有8家大姓祠堂，以后又有重修、重建之举。而到了80年代，宗亲会的组织更有了大规模的发展。台湾的"宗亲谱系学会"曾在大众媒体上大力呼吁，希望台湾的文人学者多制作一些现代家谱。据统计，截至1980年12月，台湾全省约有317个姓氏宗亲会，会址遍布全台湾。每个宗亲会设有理事长和总干事，绝大部分为本族中人，也有少数是外姓人，大的宗亲会有自己的祠堂。并不是一个宗亲会就是一个姓氏，一个姓，尤其是大姓，有好多个宗亲会，如丘姓，台湾就

有 11 个宗亲会。分布在台北、宜兰、新竹、台南、台东、基隆等八九个县。又如台湾大姓林姓，就有 11 个宗亲会，分布在台湾各地。人口较少小姓也成立联宗宗亲会，他们不一定有祠堂。但是，不论大小宗亲会，都会努力去组织宗亲编撰族谱，回福建寻根谒祖。这样一来，台湾地区编撰族谱之事就兴起了，成了历史的高点。

以许姓为例，许姓在台湾人口中排名第 11 位，全台各地有十几座许氏宗祠（祖庙），分别位于金门、高雄、台中、台南七股乡、彰化秀水乡、澎湖湖西乡、台北县金山乡、新庄市、深坑乡和台北市信义区。其中又以坐落台北市信义区松山路 656 巷 26 号的"台湾许氏大宗祠"，规模最大，占地最广。全台各地包括基隆、台北、桃园、新竹、台中、彰化、嘉义、台南、高雄、澎湖、金门等县市，亦均设有许氏宗亲会。2015 年 6 月，金门许氏宗亲会会长许金龙先生，在第二届海峡两岸民间谱牒交流论坛上，就将他们收集到的台湾许氏族谱 300 多部赠送给闽台缘博物馆。由此可见，台湾民间族谱数量是相当丰富的。

宗亲会有一条宗旨是相同的，就是收集或编撰族谱。当时虽然海峡两岸还不能够自由交流，台湾同胞就通过华侨关系，设法收集大陆的族谱进行对接。尤其是海外侨胞，因分居在世界各地，以宗亲关系联络情谊、结集同姓侨民，通过华侨回大陆探亲、投资的机会帮助台湾同胞收集家乡的族谱。而且许多海外宗亲早在二三十年代以前都设置了许多姓氏宗亲会组织。如 1873 年美国至德三德总公所成立，它联系了世界吴、周、蔡、翁、曹、辛、柯、洪、方、龚、汪、江十二姓，20 世纪 50 年代又把总会迁回香港；菲律宾柯蔡宗亲总会在 1911 年就成立。海外的这些宗亲会组织在 19 世纪 50 年代对台湾地区的宗亲会成立起到了推波助澜的重要作用，他们到台湾帮助和指导宗亲会的成立，为台湾宗亲会成立提供经济和文化帮助。还帮助台湾成立了许多冠名"世界"的宗亲总会，联络世界各地同姓宗亲，帮助他们转道回大陆寻根谒祖。20 世纪 20 年代，海外纷纷成立"六桂堂"社团组织，形成特有的宗亲文化，其旨在团结互助，排忧解难，兴办公益事业，造福社会。我国闽南侨乡在海外侨亲的推动下，40 年代开始在南安、晋江等地也相应建立"六桂堂"组织，以和海外宗亲侨胞对接联谊互动。据不完全统计，目前在菲律宾、新加坡、马来西亚、泰国、美国、日本等国家和我国的台湾、香港及国内各地有以"六桂堂"为称号的宗亲组织 67 个，包括一些以六姓中的单姓组成的宗亲会 105 个。

此类宗亲会长期以来收集族中资料，编印会刊，亦每有关于该族源流氏系以及其族先代人物的专志，如新加坡邓氏总会 1952 年所编印的《南阳半年刊·族谱专刊》，香港陈氏宗亲总会所编印的《沩内年鉴》第一、第二、第三各辑，亦载有与谱系有关资料。有些宗亲会为编族谱，还组织族谱编辑委员会，共同出资、出力，如台湾郭氏宗亲会就于 1966 年成立族谱编委会，编辑了《郭氏族谱》；吕氏宗亲会也在 1967 年成立编委会，编辑了《吕氏族谱》，如此等等。台湾许氏宗亲会编撰有《台湾许氏宗谱》，据资料统计台湾许氏宗谱附录，收录全台各地宗亲提供的宗谱世系表 68 种。在这 68 种世系表当中，出自泉州的占了大半，有 40 种；出自漳州的有 12 种；出自广东各地的有 10 种。

1960 年至 2000 年，除了专业编谱出版社与个人独立编谱外，各姓宗亲会、宗祠与祭祀公业也是台湾编谱的主要动力之一。依据陈永瑞所著《问心斋族谱目录》所载，台湾各姓宗亲会共编有 62 部族谱，各姓宗祠 14 部，各祭祀公业 14 部，全部 90 部，据此可知台湾各姓宗亲会、宗祠与祭祀公业编谱以 1960 年至 1990 年代最盛。兹亦列表统计如下：

编撰年代	1960	1970	1980	1990	2000	合计
宗亲会	3	17	21	13	8	62
宗祠	1	1	4	5	3	14
祭祀公业	1	2	3	4	4	14
小计	5	20	28	22	15	90

三、台湾族谱的联宗合谱与福建关系

我们常见的族谱是一家一姓一谱牒，这是常态，但福建闽南和台湾也有一种新态势，有两家族甚至多家族和合，共成一谱传为家乘，这种情形叫作合谱或联谱；换句话说，合谱意味着同姓氏却不同宗支的，抑或是异姓在特殊因缘下共拥

有一合谱。福建闽南的泉州、厦门、漳州地区有少数姓氏有联谱和合谱，但是台湾联宗情况就很普遍，如柯蔡联宗、苏周连联宗、张廖简联宗，甚至还有四姓五姓联宗的，如王尤游沈联宗、虞姚陈胡田联宗，有些地区还出现了新复姓，如张廖、廖简、范姜等，这也是联宗后的一种现象。一些家谱也反映了联宗的情况，如《苏周连氏族谱》，这是三姓名联宗，它将三姓的始祖苏益公（唐）、周氏可安公（元）、连氏法进公（明）联合在一起叙述，该谱由台湾基隆成光出版社出版。

经深入考证和研阅更多资料，找来 2019 年大陆学者项超修正文《富顺项氏与长寿项氏合谱过程析》，再行刊出证实：富顺、长寿两地项氏合一谱，在历史上只一次，即民国八年（1919 年）合谱，而非之前的有两次说。

该文证称：长寿项氏第一次族谱，是清咸丰乙卯年（1855 年）版"项氏宗谱"，该版"项氏宗谱"并未与富顺项氏合谱（也未与祯祥公在贵州、云南的后裔合谱）。在该版"项氏宗谱"中，由宝树公撰写的序（三）中说："因华、淳两公远迁，支派难备考钦""耳后有肖子贤孙，不惮跋涉，俾前人所未竟者，合淳、华两公子孙，与吾族共成一谱，重而修之"。可见，在 1855 年长寿项氏第一次重修族谱时，并未与居住富顺上西路（今自贡沿滩）伯淳公后裔合谱。造成有第一次合谱错误的原因是，民国八年版长寿项氏合谱篡改铺公文内容所致。在民国八年版长寿项氏宗谱，第六卷即第五篇伯淳公首页，载有富顺谱盛公第十三世孙项铺，于乾隆四十九年（1784 年）写的短文，其中说："乾隆甲申岁，余访川东……是以不惮焦思积虑，合川东共成一谱，传为家乘"。

合谱在今日台湾同样存在，例如：在桃园新屋范姜复姓、范姓、姜姓有合谱，也有合祠"范姜祖堂"，范姜复姓在我国姓谱中更独创一姓。再如：金门洪、江、翁、汪、龚、方六姓有联宗合谱，系六桂堂派下分衍金城西门里的六桂家庙和烈屿（小金门）东坑的六姓宗祠，两地六桂联芳家族共享一谱。三如：由欧阳柳主编，世界欧阳、欧、区、阳氏宗谱篡修委员会印行，1983 年出版的《世界欧阳、欧、区、阳氏宗谱》，亦为典型之大宗合谱，全面涵盖了全球各地，这四姓联宗人家衍生的世系联谱。

联谱实即合谱，连氏族谱简称连谱，对连家人来说，连谱就是联谱。此前，时任国民党荣誉主席连战先生在台北，见了福建省连氏宗亲会会长、漳州市长泰连氏宗亲会会长连文成，同姓兄弟煮酒话亲情，连会长当场送给永平宗长的见面礼，是用《江都连氏族谱》《中华连姓》季刊等结缘，连战以先祖连横（雅堂）著《台湾通史》回赠。

当天，时任国民党荣誉主席连战翻阅着族谱喜孜孜表示："一家人，一家人，我就是佛保的子孙啊！"原来马崎连氏始祖佛保，于明初至龙海市榜山镇长洲马崎（旧称岐山）社肇基，迄今已有500多年历史，连氏宗祠始建于明万历年间（1573—1620年），毁于清初"迁界"，康熙三十一年重建，嗣于2003年再由族人捐资大修。

祠堂正门上悬"连氏宗祠"木匾，石门柱有重镌古祠联云："前起龙山伫看凌云在迩，后环珠水快睹照象连翩"。前堂、左右庑廊为宗亲祭祀活动之所；后堂梁上悬清代重镌木匾，祖龛上悬"思成堂"匾，龛侧悬挂马崎连氏昭穆联句："肇式昭宗德鸿基振有功臣，徽声宣奕世长发永兴昌"。

据连雅堂20岁前后书写的《家乘》称"系出连山氏，望出上党"，故尊连南夫为鼻祖。宗祠供祀宋宝文阁学士、广东经略安抚使、霞漳连氏鼻祖连南夫及连南夫的第10代孙、岐山始祖连佛保。马崎村的连氏大宗祖龛内，安放着连佛保的神位牌；而赴台之连兴位，是连佛保10世孙，村中的连氏宗祠，正是台湾连兴位及其后裔的祖庙。

连文成也据谱载回话，连氏得姓于齐国大夫连称，堂号"上党"，现福建有10多万宗亲，台湾也有3万多宗长。两岸宗亲在长泰县枋洋镇江都村，又合资于祖地上新修了宗祠，连战曾携家人到此寻根祭祖，大家凝聚在光宗耀祖的姓氏下，认同"连"这个好字眼，足以团结宗谊，连接四面八方、五洲四海，既可连成一条线，也可接成一条龙，想连多远就有多远；因而几年前，我们合办两岸将军文化节之前，还邀请连前"副总统"题词"两岸连缘"，祝愿因此连缘两岸和平发展，百姓人家广结善缘和谐共处。

第二节　谱牒记载了汉晋以来闽台族群形成历史

一、闽台族谱中早期汉人入闽的记载

福建省的第一部地方志《淳熙三山志》，南宋淳熙九年（1182 年）成书，是福建最早的志书，也是全国现存最早的志书之一。编者采择北宋庆历三年（1043年）林世程纂修的福州志资料，并增入庆历三年至淳熙九年计 139 年事，共 40卷，分地理、公廨、版籍、财赋、兵防、秩官、人物、寺观（末附山川）、土俗九门。所记部分五代十国事迹，可补正史的缺失。

而福建的族谱不少始修于汉、晋和南北朝，大量的始修于唐宋时期，福建第一部族谱文献和福建第一部地方志时间上相差 1000 多年。这些族谱虽然已经经过多次修撰，虽然学界对族谱文献有这样那样的争议，认为族谱文献资料存在一些缺陷，但是在族谱中保留下许多地方志中没有纳入的宋朝以前的历史资料。这些都是十分难得的宝贵历史文献资料。到明清时期的族谱，其中有许多内容涉及海峡两岸，内容丰富，资料充实，是研究闽台两岸关系中十分难得的宝贵史料。族谱记载着一个家族、家庭的方方面面，包括历史沿革、世系繁衍、家族兴衰变化、人口变迁、婚姻、事业、科举官封、族规、家法、祖训以及文物、风情、名胜等，虽然是记载一个家族的变迁，但是依然不失其重要的经济和社会价值。闽台族谱以其血缘文化的显著特征，为我们探究闽台渊源关系提供最科学、最可靠和最永久的证据。尽管族谱和地方志一样，都是时代的产物，产生在封建时代，都难免带有封建色彩，族谱记载的是一个家族，也难免有其局限性，但它追溯姓氏渊源，探索宗族演变，记录传承脉络，也是中国文化尊重生命、尊重历史、尊重传统的体现。同时谱牒中的序文、祖训、族规等，大都倡导孝敬祖先、尊重老人、友爱兄弟、团结和善、诚信正直、乐善好施、勤俭持家、劝诫耕读、勿为坏事等，弘扬中华民族的传统美德。

闽台两地历史上同属一个省域，都是移民为主的省份。福建人的主流是中原

移民，打开闽台的族谱，几乎都可以看到先祖来自"河南光州固始"，说自己是"河洛人"，说的是河洛话。特别是福建族谱是台湾族谱的祖谱，每一个家族都明明白白在族谱中记载本家族从中原入闽的原因以及子孙迁徙台湾和海外情况。虽然由于天灾人祸的原因，再加上年代久远，不少民间族谱或散失或毁弃，加上族谱的神秘性，闽台两岸保存下来的族谱仍有部分不易见到。但是保存下来的族谱依然十分浩瀚，从目前可见到的族谱看，家族迁徙的原因与国史、地方志的记载基本符合，具有很高的史学价值，对史学可做有力补充。由于族谱数量浩瀚，下面列举部分加深对福建民间族谱的了解。

连横《台湾通史》里，有《台北县虎丘林氏族谱》称："先世固始人，祖有林一郎者，仕客，于光启乙巳迁福建永春桃源大杉林保"。《台湾通史》载列姓黄人家各个宗谱，有如：《黄氏族谱》《东石檗各氏族谱》《闽杭黄氏族谱》《虎丘义山黄氏世谱》以及《金敦黄氏族谱序》，其始迁祖完全一致，皆称先祖来自光州固始。台湾《陈氏大宗谱福清陈氏宗谱》，称其开基祖来自固始，至三世祖迁至长乐之江田。台北市文山区木栅一带，世居台湾的高氏家族的《安平高氏族谱》，称其入闽始祖为固始人高钢，唐末避黄巢之乱挈眷居闽侯县凤岗。而新北市汐止区《蓬岛郭氏家谱》，尊固始人郭嵩为入闽始祖。

闽台族谱中始修比较早的族谱，形成"大宗谱"或"宗谱"，"大宗谱"和"宗谱"一般体系都比较完整，有族源考，上附三皇五帝、西周列国、秦汉魏晋门阀世家、隋唐历史名人，记载本族郡望、家声。阐述或"五胡乱华、衣冠南渡"入闽，或随开漳圣王陈元光入闽，或随开闽王王审知入闽，或因官因故入闽，有明确的入闽始祖或开基祖。台湾族谱有明确的开台始祖。族谱中最大篇幅是族谱"世系"，也称"谱系"。记述家族世系及登谱入列人物生平简介，这是家谱最主要内容之一，成为族谱中最核心、最重要的部分，通常都占到谱内篇幅一半以上。如何看谱查谱诀窍在此，要先了解如何井然有序地展示这些历代族人传承关系和事略简历。世系设计是一套适宜之科学格式，此种统一格式就称之为体例，闽台族谱的体例主要是苏式和欧式，也有兼宝塔式。族谱都有凡例、谱例，主要是阐明家谱的纂修法则，一般在每次修谱前，都会先订出若干条规则，凡适合社会潮流与需要皆加考虑，以作为修谱时必要遵循的原则，各姓谱牒记述世事时，才足以一体通适用，而避开可能差别性。

闽台族谱中对入闽始祖、迁台的开台祖的纪实是比较可靠的，是研究闽台族群迁徙十分重要的依据。海峡两岸专家学者都做过大量的研究，出版过大批的著作。如台湾文献委员会《同宗同乡关系与台湾人口之祖籍及姓氏分布的研究》（台湾文献委员会，1987 版）；林永安、许明镇《姓氏探源——台湾百大姓源流》（台北大康出版社，2009 版）；蔡干豪、林庚《闽台百家姓》（福州：海风出版社，2011 版）；蔡干豪、林庚《闽台姓氏地图》（福州：海风出版社，2016 版）；蔡干豪、林庚《闽台寻根大典》（中国华侨出版社，2017 版）。

闽台族谱根系中原祖根，台湾族谱联结福建。千百年来，闽台民众不忘祖根，特别是台胞不顾万顷波涛，跨越台海到大陆寻根，把自己的姓氏和族谱视为命根子代代相传。

下面我们列举一些族谱，了解以下闽台族谱对迁徙记载的基本状况：

莆田《黄氏古谱世系》，汉宣帝黄龙元年（公元前 49 年）始修，黄霸主修并作序。含序、源流、世系、墓葬、宗祠等。谱载，光州固始黄道隆弃官入闽，迁居仙游，后裔迁居惠安。

《林氏开族统汇图谱》，东晋已编纂林氏宗谱成集，唐贞观六年（632 年）中书令温彦博撰写《林氏源流总序》，唐贞元间林蕴从国史馆获国家重要史料，续修宗谱《绥庆图》，唐宪宗时林宝《元和姓纂序》宗谱日臻完整。宋、元、明、清四朝，林氏宗谱均有大规模编修。明代以前谱牒大部失散。1985 年重修本，定名为《闽林开族千年谱》分五集出版，入闽始祖林禄。第一集自黄帝至唐九牧，第二集《阙下林家》，第三集《九牧林家》《游洋林家》（迁台的部分），第四集《雾峰林家》，第五集《闽林总集》。载入闽始祖林禄，原籍济南，东晋明帝太宁三年奉勒守晋安郡。林氏入闽衍派世系谱图载至十七世九牧。上溯的有：长林衍派世系四十五世，林氏发源帝系图三十四世。民国十三年（1924 年）粤东广传垂远刻本。现存广东省中山纪念图书馆，装订：线装，索取号：25.6/0632。

莆田《江夏黄氏族谱表》，唐咸亨元年（670 年）始修，黄禹锡主修。含序、源流、世系等。

惠安《锦田黄氏族谱》，唐建中二年（781年）始修。宋天圣元年（1023年）黄宗旦二修。宋宝佑四年（1256年）黄岩孙三修。康熙元年（1662年）黄煜四修，清光绪三十三年（1907年）黄玉赞续修。含序源流、世系、人物、墓葬、宗祠等。现存清光绪三十三年线装钞本，无卷次。

《古田苏氏族谱》钞本一册，唐僖宗年间（874—879年）苏昌始修，北宋年间（961—1126年）苏照二修，南宋年间（1127—1279年）苏彬三修，南宋末四修。谱载，古田苏氏源流、分布等。现存古田县苏田祠堂。

福安《藻鏖黄氏族谱》钞本，唐光化元年（898年）始修。宋嘉熙元年二修，黄有秋主修。明万历（1573年）三修，水患流失，雍正八年四修，陈改野主修。乾隆元年（1736年）五修，乾隆五十一年六修，李光斗主修，钞本。道光十四年七修，余伦光主修，钞本。光绪九年八修，李继征主修。民国十九年九修，陈昌颐主修。1990年十修，黄可培、黄璋主修。含序、源流、世系、人物、艺文、墓葬、宗祠等。

莆田《延寿徐氏族谱》，徐宣始修于唐光化二年（899年），续修于宋崇宁五年（1106年），明、清续修，今本为清乾隆二十七年（1762年）仙溪徐氏祠堂刊本，26卷首1卷末1卷共18册，缺8卷即卷10、13、16、19、24至26、末卷。卷首有新旧序、弁言、跋言、凡例、目次。卷1有未入闽人物列传，卷2载已入闽人物列传，卷3至4为列传，卷5至21刊各房世系，卷22选举入闽人物，卷23载建置。世系始记于一世祖务，止于四十世。谱载徐氏原籍浙江衢州，唐天宝八年（749年）入闽莆田崇仁里徐州村，始祖徐务，子三人迁岩麓，长子徐珍迁居延寿，为延寿始祖。

福安高岑《河东郡三廉薛氏宗谱》，始修于唐代，历代修撰，道光七年（1827年）重修，顺治十四年（1657年）续修，同治九年（1870年）续修，宣统元年（1909年）续修。谱辑序文、庙文、执事纪名、行派、例言、家训、祠规、族诫、祠图、坟茔、世系等纪事，子孙分派莆田、闽南、金门及台湾和海内外。谱载廉村薛氏开基祖光禄大夫薛贺于梁天监年间（502—515年）入闽辗转定居矶津（廉村），其六世孙薛令之（683—756 年），号明月，唐神龙二年进士，玄宗授他左补阙兼太子李亨侍讲，后弃官回乡隐居，深居简出，以廉洁著名。肃宗"敕命其乡曰'廉村'，溪曰'廉溪'，岭曰'廉岭'"。补阙祠始建于唐光化二年（898 年），历经盛衰，至清乾隆十八年（1753 年）重建。道光二十八年（1848 年），咸丰八年（1858 年）重修。主祭唐补阙薛令之。族谱存于祠堂。

同安《苏氏族谱》钞本，五代天福七年（942 年）由苏益始修，北宋年间苏颂二修，南宋苏玭三修，开禧年间（1205—1206 年）苏汉四修。明嘉靖三十四年（1555 年）苏澜五修，清康熙年间（1772 年）苏奇六修，乾隆年间七修，嘉庆年间八修。谱载同安苏氏源流、繁衍、分布以及人物等。现存康熙版、嘉庆版于同安芦山堂。

永春《闽桃源魁源尤氏族谱》，南唐保大年间（约 950 年），尤芳首修谱；宋代，尤天麟二修；明洪武四年（1371 年）三修；明弘治庚戌年（1490 年）四修；明正德乙亥年（1515 年）五修；明万历戊戌年（1598 年）六修；明万历丁巳年（1617 年）七修；清顺治己亥年（1659 年）八修；康熙甲子年（1684 年）九修；清雍正二年（1724 年）十修，清雍正乙卯年（1735 年）十一修；清嘉庆丙寅年（1806 年）十二修；清道光乙未年（1835 年）十三修；清光绪乙酉年（1885 年）十四修；民国二年（1913 年）十五修；2003 年，永春县魁源、魁兜、蓬莱合修。谱载：尤氏始祖尤宗，字上主，号思礼，随王审知入闽，娶王郡主，唐皇赐姓，封驸马都尉，始着尤氏。尤宗五世尤杨于宋朝太平兴国元年（976 年）迁居永春县魁源，长子尤炅、次子尤烟等。自始祖开始，传 39 世。（谱为印刷本 57 册，谱存永春县蓬壶镇魁园村）

德化《龙浔泗滨颜氏族谱》，北宋开宝年间（968—975 年）始修，三山王元炽主修、作序；南宋孝宗淳熙八年（1181 年）二修，颜三锡主修；明洪武十五年（1383 年），颜腾祖主修；明成化十八年（1482 年）四修，颜俊高主修；正德十一年（1516 年）五修，王毅主修；清雍正三年（1725 年）六修，颜天元、颜权、颜严良、颜友桂、颜友梅主修；清光绪十六年（1890 年）七修，颜蕴章、邦佐、为邦主修；民国十六年（1927 年）八修，颜应时、和光、明时、履泰主修；

民国十七年（1928 年），颜震主持合修族谱，由 12 卷增至 13 卷；1998 年九修，颜清滥主修。现存族谱为民国十七年（1928 年）合修本 13 卷；1998 年九修版木，石印本 13 卷缩印成《泗滨志》2 卷。内容有谱序、谱例、肖像、山坟图、传赞、杂记、昭穆行次排列与世代对照表、历代世系图等。现保存于德化泗滨颜氏开基祖祠。

闽清《虎丘六叶黄氏宗谱总谱》，宋太平兴国年间（977—984 年），黄元晊始修。宋庆元三年（1197 年）黄怀德再修。访宗盟，订谱牒，嘉泰三年（1203 年）历七载谱成。宋末黄敬所三修，并录入宋丞相文天祥为黄氏撰写的世宦谱序。1992 年黄拔灼四修，2002 年秋五修，黄拔灼主编，黄步銮、黄启权监修。

《寿宁县武溪乾坪孙氏族谱》，宋天圣八年（1030 年）始修，孙恢绪主编。后于明洪武十一年（1498 年）、嘉靖十九年（1540 年）、万历三十八年（1610 年）续修，清代至民国又五次续修。1961 年和 2004 年再次续修。谱载：谱序、源流、世系、宗谱、宗祠、辈行、文献、祖训、族规等。

《霞浦县禅洋孙氏族谱》宋淳熙十六年（1198 年）始修，孙国政主修；庆元元年（1195 年）二修，孙震作序。明代三次重修。清代三次重修。民国二十一年（1932 年）续修，1985 年再次续修。谱载：谱序、源流、世系、迁徙、宗谱、宗祠、辈行、墓葬、人物、文献、祖训、族规等。谱为钞本。

建宁《芦田黄氏族谱》钞本，宋端拱元年（988 年）始修。乾道四年（1168 年）二修；明永乐元年（1403 年）三修；万历一十二年（1594 年）四修；清康熙五十年（1711 年）五修；乾隆三十六年（1771 年）六修；嘉庆四年（1799 年）七修；道光八年（1828 年）八修；道光二十九年（1849 年）九修；光绪四年（1878 年）十修；宣统二年（1910 年）十一修；民国三十七年（1948 年）十二修。1992 年，在江西上饶与其他派合作十三修。含序、源流、世系、人物、墓葬、宗祠等。

《仙溪罗峰傅氏族谱》，仙游傅氏族谱，宋康定二年（1041 年）傅衡始修，历朝续纂，民国十五年（1926 年）傅密修撰石印本，共 18 卷首 1 卷 18 册。卷首辑谱序、跋、凡例、摄影、目次；卷 1 刊历代修谱序、跋、敕诰、记文；卷 2 列科举、题名、名录、仕迹和坊、匾还有诸项列传、行状等；卷 3 刊列传、行状、志铭；卷 4 载墓图；卷 5 集图说、像赞及仙术、典礼、祭规；卷 6 艺文；卷 7 至卷 18 皆述世系。其中记述列祖功德颇详，如宋进士龙图阁少师傅楫、宋进士直龙图阁傅淇、明宝钞提举傅启等。谱载唐末，始祖傅实随王潮自光州固始入闽，择居泉州东湖；实传三世至瑞，徙仙游罗峰肇基一脉。

《南安曾氏族谱》系曾公亮始修于宋皇佑元年（1049 年），庆元六年（1200 年）重修，明清续修，今为光绪年间增补钞本。不分卷共 9 册。第一册载列修谱序文、凡例、科第恩荣盛事以及一世至十世传录等；第二册录曾氏分派入籍各地名录及一世至十世吊图并简记；第三册、第四册刊祠堂记、开基祖像并赞文及八世至二十四世世系图、坟图等；第五册至第八册为世系部分，其中第五册载录二十一世至三十三世，第六册为学尚公派，第七册为学元公派，第八册为道合公派，第九册为道果公派，皆自三十三世始，迄载于咸丰年间世次止，增补的系次迄于清光绪年间世次止。谱载明贤入闽始祖曾延世为闽泉州团练副使，娶王潮之妹；宋昭文馆大学士，鲁国公曾公亮等一门四辅相，曾峤、曾穆、曾会"一门封赠三公"等。入闽始祖曾延世，唐末由光州固始迁泉州番江，传下八世至宋曾俅，迁居南安碧石（今白石），肇开白石曾氏一族。

《忠懿王氏族谱》，开闽王氏的家族总谱，始修于北宋熙宁九年（1076 年），明景泰四年（1453 年）继修，历代增修，清咸丰六年（1856 年）纂成合族谱，不分卷，共 8 册分谱序、复闽祀祖记、德政碑、重修王氏家乘跋、诸公纪事、琅邪王氏入闽记、大明景泰四年重修系、仕闽通谱、先世系考、族谱世次、增修族谱序纪、命字序次、诸支派世系、宗祠丁男名册等 72 部分。内载远祖周灵王太子晋，传至王审知五世祖唐宰相王琳，子曰晔，晔玄孙审知，入闽建国称闽王、传三世、六帝、立国 37 年。此谱记忠懿王支派世系、有德生公支派、宗弼公支派、同定公支派等共 24 个支派世系。裔孙遍布东南沿海、台湾及海外。

建阳《书林余氏重修宗谱》，书林乡余氏宗族所修谱牒，余昭攀编撰。始修北宋元祐二年（1087 年），南宋隆兴元年（1163 年）余大亨续修，元至正十九年（1870 年）余省三重修，光绪二十二年（1896 年）余振豪等重修，今本为民国间据清光绪钞本，不分卷共 12 册。第一册辑录新旧谱序、世代源流考、族禁、族规、恩命录、历代履历事迹、仕宦、祠图、地图、历代祖像和墓图、修谱执事名录、领谱字号和递世行序等项纪事。第 2 册至 12 册为世系图部分，载列上自第一世余焕，下迄清光绪二十二年第五十四世各房世次。内载入闽始祖余青，于南朝大通二年（528 年）自河南固始而仕闽，任建阳县令，其八子随同来闽，后因侯景之乱，而定居建阳，八子或以出仕、贸易而往异地，散处各州郡，长子焕迁古田县，递传至南宋，其十四世孙同祖，解组后游历至建阳书林，遂定居，创建阳宗祠，余青为始祖。

政和赤溪《鲁国序谱》，全称《鲁国郡颜氏桃源鲁国序谱》，宋元祐三年（1088年），浙江宁海知县颜时举创修钞本。清康熙七年（1668 年），颜增凤等重修，兵部司务吴如公作序。光绪三十一年（1905 年）颜登所等倡议六修，举溪庠生吴淇编录。1984 年续修，共 6 册 9 本。谱载颜常山公像，颜时举序赞颜真卿像、颜虬松像。有族谱条例图、颜氏世系图、颜氏支派世系图、颜真卿之子支派图、祁公第三子支派图、科贵公之子支派图、六公之子支派图等。

沙县《沙阳曹氏宗谱》，始修于南宋隆兴元年（1163 年），时朱熹作序；庆元元年（1195 年），曹羽等重修；元大德九年（1305 年），曹桂发等增修；明嘉靖二十二年（1543 年）重修，曹诚作序；明隆庆五年（1571 年）重修；清康熙四十七（1708 年），孙曹志坚、曹志圣等为家谱增入"家训凡例二十九条"；嘉庆七年（1802 年）续修，曹允丰等作序；至民国二十七年（1938 年）共有 13 次修谱。内容有总世系，关于姓名、字号及其功用与制定，附世系字辈表，各开基祖世系、世录顺序、祭文、庙祠、人物篇、典故、道德篇、艺文等。

《建阳芹溪邱氏族谱》，钞本，宋淳熙九年（1182 年）始修，由朱熹作序。明宣德七年（1432 年）续修。

《渤海吴氏宗谱》，始修于宋庆元三年（1197 年）。吴如寿、吴世通等重修，民国十六年（1927 年）至德堂锈刻。今本系吴承顺播迁上杭、永定、武平三县后裔联合修谱，16 卷首 1 卷补遗 1 卷，线装 19 册。内容有序言、艺文、传记、祠记、祠图、坟图、像赞、历代世系、补遗、上杭建筑等。共载 26 代。谱载后晋天福元年（936年），始祖吴承顺入闽居龙岩龙门，为闽粤始祖。吴宥传十二世孙吴纲（念一郎），迁永定思贤村开基，传至吴宥二十四世吴胜昌，咸丰六年（1856年）携妻儿离开思贤村，经汕头去台湾桃园开基，吴伯雄为该支后裔。有《延陵黄友族吴氏族谱》泉州吴氏黄龙族谱。始修无考，有朱熹作于宋庆元三年（1198年）序。谱载唐中和二年（882年），仁禄入闽，子孙布居黄龙江滨一带，谓"黄龙族"。

福安《江夏郡凤塘黄氏宗谱》线装钞本，三册，宋嘉定四年（1211年）始修，黄丰主修。清乾隆三十九年（1774年）二修，郑勋主修。道光十八年（1838年）三修，杨鸿主修。光绪十六年（1891年）四修，连学曾主修。1950年五修，缪兰基主修。1984年，六修，章云鉴主修。2012年七修，汤步聚主修。含序、源流、世系。

漳州《陈氏族谱》，陈氏漳泉世联谱。南宋淳祐二年（1242年）陈思据唐代旧谱重撰，民国五年（1916年）陈祯祥据永春、江州、广东、厦门四处族谱考订而成。不分卷，载有真德秀作的序、赐进士出身奏议大夫刑部河南清吏司郎中戴以让作的序等7篇，陈氏世联图，颍川陈氏世系，龙湖公全集，唐高宗年间陈政入闽书，唐列祖传记，陈元光建州县书，南陈世系昌国西园谱，凡例，陈胡像。分为总谱、支谱。总谱分为二部分，自上古易姓至五十四世，颍川陈氏世系以陈实为始祖，分派繁衍专述。

《内㕔镇萧山许㕔村许氏族谱》南宋嘉定二年（1209年）许伯诩首修并撰写谱序；元至元六年（1340年），许宗友二修，并撰写谱序；明洪武十年（1377年），许文麒三修并作序；嘉靖二十六年（1547年），许希缵四修并撰写谱序；清康熙四年（1665年），许后山五修，并撰写谱序；康熙三十九年（1700年），许养溥六修并作序；乾隆四十二年（1777年），许嵩顿七修并作序；光绪二十四年（1898年），许光鉴、许宗份、祖自宽、许天赐八修，并撰写谱序；1990年许派韬、许宗保、许英衬、许是钱九修，许派韬撰写谱序；2016年许宗塔、许先进、许金田十修上下二卷，许初水撰写谱序。谱载历次谱序、源流考、各房世系、分布世系图表、迁徙台湾情况、历代仕宦录、名人录、祠堂楹联、文物古迹、古墓葬、碑记。谱存厦门翔安内厝镇萧山许厝村许氏宗祠。

　　龙海《高氏族谱》为泰国高氏宗亲总辑，始修于宋嘉熙元年（1237 年），明永乐、弘治、嘉靖、永历九年、清顺治年间重修，嘉庆间高岚增补为钞本。本次重辑是以清牒为主，补录高氏衍派闽、粤、台及海外分布情况，共 4 卷。卷前附录有泰国高氏宗亲总会物刊部分篇什、像图；卷 1 至卷 4 系原钞本；卷 1 列诸序文；卷 2 刊世系宗支图；卷 3 辑讳字、昭穆、婚姻、男女、生卒、墓穴；卷 4 载传记、祠记、寿序等文篇。推崇始祖高登，于谱序、像图及传志中多有称颂，并辑录有宋朱熹《乞褒录高登疏》一文。高登为一世始祖，居漳浦；传五世至一举，宋绍定三年（1230 年）迁住龙溪乡山（今龙海海澄）。

　　《三都龟溪高阳许氏入闽世谱》南宋祥兴元年（1278 年）十五世许泾首修，并撰写谱序。元至正三年（1343 年）爱竹翁续修，陈能明撰写谱序。元至正二十三年（1363 年）十九世许昌祖再修并撰写谱序。明正统四年（1439 年）许铎主修。明天顺六年（1462 年）二十一世许宜、许瑄、许铎重修，陈源泗作序，经历次续修，2012 年高阳许氏族谱纂修委员会重修。谱载历次谱序、修祠记、源流考、世系图表、历代仕宦录、名人录、祠堂楹联。谱存闽清三都龟溪高阳许氏族谱编纂委员会。

　　《漳浦高氏族谱》，始修于宋嘉熙元年（1237 年），明永乐十九年（1421 年）及历代续修，现本修于清顺治四年（1647 年），共 4 卷。卷 1 宋明两朝序，卷 2 世系图，卷 3 有讳字、昭穆、婚姻、男女、生卒，卷 4 墓志铭、传记等。世系始记于一世（高登），止于廿世。谱载唐中和元年（881 年），高纲由光州固始避乱入闽居怀安凤岗（今福州）。宋时高登迁漳浦，为漳浦始祖。名人高登（1104—1159 年）字彦先，号东溪，漳浦人，宋绍兴二年（1132）进士，南宋学者，著有《东溪集》。

　　建阳《庐峰蔡氏族谱》，始修于宋代，有宋蔡发（1089—1152 年）修本和嘉定年间（1208—1224 年）蔡希清修撰本，历代增修，民国六年（1917 年）增修，木活字本 16 卷 16 册，有历代修谱诸序，有宋熊禾、清陈宝琛的手稿，录有蔡炉等先祖 26 人的像赞，宋真宗、示熹、真德秀等名人所作的像赞文、序文、墓志铭等诸多篇章，详载宗族谱系图录，各支派分衍情况以及社会名流的赞颂文章。开基始祖蔡炉，为东昌刺史、凤翔节度使，乾宁四年（897年）谪迁建阳县长官，迁麻沙。名人有蔡元定、蔡杭等。

《温陵刘氏宗谱》泉郡晋江祥芝（今石狮）刘氏宗族谱牒。始修于南宋末年，历代续修，明崇祯四年（1631年）十六世刘氏增修，今本为清末祥芝刘氏纂修，残本。不分卷共2册，第一册记述自宋迄明修谱的序，有朱熹、蔡元定、文天祥等人序文，追溯始祖渊源；第二册前叙谱序，载祠庙、祖茔、山川诸项，后刊列世系谱录，载至九世，其后谱本蚀灭原传。载该族为北宋太尉刘明公之后，南宋时其裔孙刘制置肇迁泉州，传至五世刘文聚，迁居祥芝开基一脉，以祥芝为晋江、石狮、同安等刘氏的堂号。

泉州《虹山彭氏族谱》为南宋乾道七年（1171年），六世迪功郎膜公始修，明嘉靖、万历、崇祯、清康熙和民国二十年（1931年）秀春公共7修。2006年，彭国胜、彭德斌等主持第八次重修，3卷共23册，其中卷首1册、宗支卷4册、世纪卷18册。内载虹山彭氏先祖派在汝宁府光州固始，为宣公的后裔。唐僖宗广明元年（880年）黄巢起义战事中，先祖随军过江，初居泉州，后迁南安。自栳公起就迁到晋江中山，珺峰山下居住。由于先祖的世次失传，就以栳公为虹山一世祖。较早迁移台湾二十六世懋彬公，出生于清康熙三十八年（1699年）。以后二十七世5人、二十八世5人、二十九世3人，三十至三十五世也有人相继往台。

古田《甘姓族谱》为甘夔鼎修，宋绍兴时始撰谱牒，明成化十六年（1480年）续修，历清雍正、乾隆、嘉庆、光绪年间四次续修，现存民国二十六年（1915年）六修钞本，已残。不分卷。辑录历代纂修纪事、甘姓门第、字行、序、家政、凡例、传文、人物、名宦、历代世系及开基世系。谱载殷朝盘公为其发祥始祖，至八十世甘得因，于明正统二年（1437年）率弟、子、妇20余人，由浙江景宁迁居古田二十二都九保龙。谱中列龙公开基祖有细存、细旷等12人，本支开基祖为细旷，系八十一世。明清以后，族人多有外迁播衍古田和屏南等县。名人有清福建全省陆路军提督甘国宝等。

始修于闽台地区族谱保存较多，唐宋以来编撰的族谱在民间保留较多，这里就不一一列举。到了明清时期编撰的族谱，旧有许多记载子孙后裔播迁台湾和国内各省以及海外各国的支派。这些族谱虽然已经经过多次修撰，但是其中的历史资料对中原入闽都有许多记载，把族谱和地方志结合起来对研究中原汉人迁徙闽台有其重要价值。

各个姓氏家族入闽或迁徙台湾都是一个很长时间段内的若干批开基祖。仅以福建陈氏入闽为例，据族谱记载从晋至清，陈氏入闽支系繁多，已知从河南入闽的陈氏有 54 支，其中从固始入闽有 40 支，从江西入闽有 33 支，其中义门陈大分迁有 20 支，从河南及北方等地入闽有 18 支，从浙江入闽有 16 支，从江苏入闽有 8 支，还有从陕西、安徽、贵州、湖南、山东、广东入闽各一支。目前福建陈氏是 430 多万人的大家族，脉络盘根错节、支系纵横交错。从福建迁台的也有 80 多支。如果把各个姓氏的族谱资料全部展示，篇幅是十分庞大的。

蔡干豪、林庚在长期积累族谱文献基础上，组织闽台两岸的 70 多位姓氏专家学者，对 108 个姓氏的渊源、入闽、迁台等进行了研究，撰写了 100 多万字，于 2011 出版了《闽台百家姓》。在《闽台百家姓》的基础上编撰 36 万字，绘制了 97 幅闽台族群迁徙的地图，在 2016 年 11 月出版了《闽台姓氏地图》。2017 年，编撰了 120 多万字的闽台 218 个姓氏的《闽台寻根大典》。在这里就不再将各个姓氏的族谱一一展开论述了。

二、族谱文献中中原汉人入闽的族群状况

中原汉人入闽，要追溯到远古时期。随着中华民族的东迁南移逐步进入附近，中原汉人有的从旱路入闽，也有的从海上水路入闽，清董天工在《武夷山志》中记载，自大彭国于武丁四十三年（约前 1380 年）为商朝所灭后，有彭祖携子彭武、彭夷入闽的传说。春秋战国时期，越族逐渐强大，进入福建，建立闽越国，设冶灶，制兵器，有欧冶子，为有史可证的最早姓氏。秦汉时期，福建属闽越国，当时只有贵族有姓，闽越国史料稀少，史载的姓氏只记有驺姓和刘姓、吴姓等。传说有秦时将乐女子李寄斩蛇的故事，汉初何氏兄弟 9 人隐居升仙的遗迹。可见

秦汉之际，中原民众已逐步南下福建发展。汉武帝灭闽越国，徙其民江淮间，闽越人口顿减。东汉末年，北方战乱，民众南迁入闽，丰富了福建姓氏。西汉元封元年（前110年），汉武帝诏徙中州之大族系名簪缨者18姓入闽（时改闽越国为东冶郡）。当时有泰伯之二十六裔孙周公宫（虎贲校尉、中郎将、徐州伯），奉诏从河南光州入闽，居于福州南台，为汉入闽的一支肇基始祖。西汉元狩三年（公元前122年），左翊将军许滢（元亮）"入闽讨越、开辟同安"，在同安45年，为开闽始祖（见《许氏族谱》）。汉献帝建安元年（196年），五次派军队数万人入闽，治郡建安（今建瓯），平定东冶（今福州），设置典船校尉以监督谪徙做工造船。《侯官乡土志》载，福州的一些重要姓氏，就是这时期入迁的，如郑姓"三国郑胄仕吴，为建安郡太守，留闽而居"；詹姓"汉末詹疆与吴将贺齐战死，族姓留居闽"；胡姓"三国吴胡综，固始人，子孙迁闽"。西晋初年，在今福州设晋安郡，大批汉姓人口南下。西晋建兴四年（316年），汝南定阳的江赟善随元帝南渡，徙居福建建阳江墩。裔孙江明出任归化镇临，定居归化（今泰宁）。元徽二年（474年），江淹触怒刘景素，被贬为建安吴兴县（今福建浦城）令。莆田《黄氏古谱世系》记载，汉宣帝年间，黄氏已经入闽定居莆田。这些记载是地方志中不多见的文献资料。

清乾隆《福州府志》载："永嘉二年（308年），中州板荡，衣冠始入闽者八族：林、黄、陈、郑、詹、邱、何、胡是也。以中原多事，畏难怀居，无复北向"。林氏族谱中记载的"林禄"入闽，林禄在正史中也没有记载，引起不少专家学者的质疑，但是林禄在多个姓氏的族谱中都有记载，完全可以弥补史学资料的不足。又据黄冈《詹氏宗谱》载：东晋大兴元年（318年），詹静川仕西安尉，世居南阳，因避战乱，携三个儿子：秉邦、成邦、敬邦由河南邓县渡江向南入闽。据《戴氏宗谱》载：东晋太元年间（376—396年）戴眇入闽任福州太守。据《卓氏宗谱》载：晋永嘉之乱，卓宏公南渡入闽为晋安郡太守，居住福州三坊七巷内，居所被后人称卓公祠，尊为入闽始祖。这在衣冠入闽的正史中也无记载，而各家族谱却记载翔实。据《台湾省通志·氏志篇》载，晋代从中原入福建共13姓，而福建各姓族谱中的记载已知有26姓。萧姓族谱记载，入闽早在南朝齐时，先入温陵（今泉州）。余姓族谱记载，南北朝梁大通二年（528 年），有北方人余烈入闽为官，后来在建阳定居，余氏后代遂散居古田、莆田等地。中原入闽汉人主要聚居在闽北建溪、富屯溪、闽江下游以及晋江流域等交通方便、土地肥沃的地方。同时入闽的还有非贵族的杨、钟、梁、翁、温、卓等姓。此外，蓝、雷等姓的少数民族也在隋末唐初进入闽西南地区。唐总章二年（669 年），闽广交界地区发生"蛮獠啸乱"，高宗以陈政为朝议大夫、岭南行军总管，率领府兵 3600 人，战将 123 人入闽，驻扎绥安县（今漳浦）。陈政在福建进军不利，唐高宗命陈政之兄陈敏、陈敷率军增援，随军的有陈政母亲魏氏及子陈元光。其部众均为光州固始（今河南固始）人。随陈政、陈元光入闽的将士共 8000 多人，史载有 56 姓，族谱可查实有陈、许、卢、戴、李、顾、马、张、沈、黄、林、郑、魏、朱、刘、徐、廖、汤、涂、吴、周、柳、陆、苏、欧阳、司马、杨、詹、曾、萧、胡、赵、蔡、叶、颜、柯、潘、钱、余、姚、韩、王、方、孙、何、在、唐、邹、邱、冯、江、石、郭、曹、高、卜、尤、尹、韦、甘、宁、弘、名、阴、麦、邵、金、种、耿、谢、上官、司空、令狐、薛、蒋等 80 多姓。唐末，北方战乱，光州固始王审知兄弟 3 人随王绪起兵入闽。史载 18 姓随王审知入闽，而闽台族谱的记载却有 50 多个姓氏。据新编《固始县志》考证，随王审知入闽的约 5000 人，有王、陈、李、张、吴、蔡、杨、郑、谢、郭、曾、周、廖、庄、苏、何、商、詹、林、沈、施、卢、孙、傅、马、董、薛、韩、骆、蒋、黄、包、袁、赖、邹等 35 姓。后王审知占据福建，大封诸将，这些姓氏都得到较大发展。当今许多族谱都以随陈政、陈元光和王审知兄弟入闽的人作为入闽始祖，为福建姓氏的重要渊源之一。福建先民闽族和闽越人逐渐融入汉民族中。福建西部客家人从西晋到宋末由北方迁入，因语言、风俗的差异，造成客家人对血缘姓氏家族关系的依赖和重视，因此客家人的宗族观念和家族组织是最强的。永定客家土楼（无论是圆楼还是方楼）居住上百人，都是同一姓氏族人，事无巨细均由同宗相帮解决。宋代政治、经济重心南移，中原人士纷纷入闽，其中以赵、简、游、范、杜、纪、程、姜、田、白、涂、袁、童、饶、华、凌、俞、钱等姓入闽著称，福建人口从 191 万人发展到 625 万人。据估算，宋代福建 10 大姓为陈（13.14%）、林（9.41%）、黄（6.62%）、刘

（4.69%）、李（4.49%）、郑（4.02%）、方（3.53%）、王（3.47%）、吴（2.97%）、张（2.74%），这些大姓基本上奠定福建姓氏的格局。元、明、清三代，福建增加部分少数民族姓氏，如畲族的盘、钟，回族丁、金、马、夏、郭、蒲、田、时、贤、蓝、常，蒙古族的萨、出，满族的粘、溥等。民国时期，很多满族人改为汉姓，满族姓氏因而减少。近现代人口大流动，福建的姓氏也大量增加。许多中原士民都是举家或举族南迁，在迁徙福建以后，各姓氏聚族而居，形成福建姓氏分布的重要特点。并依靠他们的政治地位和家族实力来谋求生产资料和经济利益，因而促进宗族制度的形成和巩固，并在沿海地区形成海商家族。各地由一家一姓定居衍派而成单一村落者极为普遍。它体现了宗族以血缘和地缘关系为纽带的特性，也给许多地名村名打上了姓氏宗族的烙印。如李坊、陈坊、蔡坊、潘屋、萧厝、许厝、黄巷、王庄等村落。邵武谢坊原名绣溪，因宋代祖居此地的谢元明成了望族，南宋时改为谢坊。即便是几姓杂处的村落，也会以一姓一族为主。亲族联合体的村落也占相当比例，长汀五坊村，就是五氏家族共同聚落形成。福建姓氏分布的特点同人口分布是密不可分的，福州、莆田、泉州、漳州等沿海地区人口密度高，也是大姓聚居之地。以福州为例，其八大姓为林、陈、黄、郑、王、张、李、吴，这些大姓在乡村大多数地区是聚族而居。即使是小姓，也显示聚族而居的现象。以泉州市鲤城区为例，浮桥镇主要姓氏有吴、郑、林，其中吴姓为最大姓，在黄石、岐山、坂头、田中、金浦、延陵等村落聚族而居，占人口大多数。城东乡主要姓氏有魏、蔡、林、刘、郭；东海乡主要姓氏有黄、庄、林、陈、张、李、吴；江南乡主要姓氏有杨、傅、吴、蒋、陈；北峰乡主要姓氏有陈、吴、叶、王；河市乡主要姓氏有刘、王、陈、倪、杨；马甲乡主要姓氏有杜、吴、林、谢；罗溪乡主要姓氏有黄、赖、陈；虹山乡主要姓氏为彭。各家族对自己的姓氏源流和先祖荣耀均极重视。在聚落里的风水穴位修建祠堂，组织编修族谱，把族谱与姓氏源头对接，记载祖源、郡望、衍派，记载列祖列宗的家风、家训，建立家规。除族谱记载外，其外化形式即集中反映在家族门楼的门额横匾与宗祠长联上。世家望族为显其祖宗显贵，往往在门匾上刻写"尚书第""大夫第""进士第""五代尚书""亚魁天下"等字样。根据2000年11月第5次人口普查，福建省人口 3471 万，十大姓氏为：林姓 513 万，占 14.78%；陈姓 486 万，占 14%；张姓 229 万，6.60%；王姓 175 万，占 5.04%；吴姓 173 万，占 4.98%；黄姓 135 万，占 3.89%；刘姓 124 万，占 3.57%；李姓 114 万，占 3.28%；郑姓 99 万，占 2.85%；何姓 63 万，占 1.82%。与宋代相比，大姓中只有何姓取代方姓，再就是林姓与张姓的比例有较大提高，究其原因，是林姓与张姓多分布在闽东南沿海一带。这里，经济和人口发展也较快。故闽南一带谓"陈林李许蔡，天下占一半"。福建民间又有"陈林半天下"之说。福建姓氏分布相对集中的特点，为迁出人口寻根谒祖提供便利，历史上祭祖、修族谱等传统，也使姓氏的分布具有相对稳定性。福建姓氏虽多，但大姓特征明显。根据 2000 年 11 月统计，福建十大姓人口 2111 万，占现有福建人口总数 3471 万的 60.82%。自古以来居住在福建的台湾同胞也很多（包括台湾少数民族），他们也把台湾少数民族的姓氏带到了福建，形成海峡两岸姓氏互相交融的特色。

第三节　闽人入垦台湾的早期文献记载研究

闽台两地人民同是中华炎黄子孙，福建人民移居台湾的时间，究竟始于何时，文献上很难找到具体的依据，然而，闽台两地由于地缘接近，闽人到台湾无疑是最早。闽台两地渊源悠久，远古时期闽越人就有迁移台湾的传说，只能从考古遗址文化中去研究。汉武帝时期，闽越国衰亡，闽越人多避居台湾。汉代，东吴在东冶原南部都尉营地（今福州和泉州）置典船校尉，监造船只，在连江设温麻船屯。曾派遣将士，"浮海求夷洲（今台湾）及亶洲（今琉球）"。福建林姓族谱资料显示，东晋时有一批渔民航海到达澎湖、台湾等地，唐代开始入台经营生意。隋代派海师到流球（今台湾），令朱宽慰抚流球（今台湾）。隋唐时期，泉州林氏家族 在金井建有林李渡，专门从事台海与东南亚地区的贸易。也有史称，唐代浙江人施肩吾于元和元年（806 年）率族人到澎湖定居，唐宋时期福建居民经常往返闽台。这些都为有文字记载的最早移民，但史学界持怀疑态度者颇有人在。

宋代，闽台迁徙逐步增加。南宋乾道七年（1171 年）汪大猷知泉州时，宋代明确台湾隶属福建、澎湖隶属晋江，汪大猷遣兵民屯戍澎湖。乾道七年（1171 年）四月，在澎湖造房 200 间，设防遣将分屯。所辖领地靠海，海中有"沙洲数万亩，号平湖（今澎湖）"（《台湾通史·人民志》），据《德化使星坊南市苏氏族谱》载七世祖苏钦于南宋绍兴三十年（1160 年）撰的序文云："（苏氏一族）分于仙游南门、兴化涵头、泉州、晋江、同安、南安塔口、永春、龙溪、台湾，散居各处。"（引自徐本章《台湾唐山是一家》，《泉州文史》第 1 期，1979）苏钦字伯承，北宋宜和甲辰进士，官至利州路转运判官。该序既作于南宋初，则族人之分居台湾的时间，当可上推到北宋末甚至更早。时泉州已正式设立市舶司（北末元祐二年，1087 年）成为我国对外贸易的法定港口，商人足迹，远至亚非各国，其与台澎岛屿之联系，亦较前代密切，因而德化苏姓之迁台，是完全可信的。至于上引序文中出现台湾名称（宋时仍称"琉求"）很可能是后人修谱时擅改的。

至元代，由于元政府在澎湖设立巡检司，隶属于泉州路晋县，闽台关系更进一步密切，移民人数也有所增加。元朝至元二十八年（1291 年），礼部员外郎吴光斗和宣慰使杨祥奉元主之命，率 6 千大军渡海"往使琉球"守台湾。在永春县《永春岵山陈氏族谱》、南安县《南安丰州陈氏族谱》中，均发现有元代族人迁台开基的记载。（庄为玑、王连茂的《闽台关系族谱资料选编》，福建人民出版社，1984）然而，直至明末第一次移民高潮到来之前，这种迁徙始终是一种毫无组织的个别的行动。特别是明初实行海禁和一度强迫澎湖居民尽迁内地等错误政策，曾极大地妨碍了大陆人民大批前往台湾进行开发。尤以到台湾开发者，历经台湾海峡，险恶无比，所以早期民间流传一则俗谚，有所谓"十去六死三留一回头"，也可见当时渡海来往闽台，并非一件平常事。

由此可见，有记载的历史应该在宋代，这是无可辩驳的。直至明清时期，闽人才大规模迁垦台湾，两岸人民频频往来。宋元时期迁徙台湾，没有在台湾撰修族谱，仅在大陆族谱中可见端倪。

第四节　明代闽人迁垦台湾谱牒记载研究

一、明初闽人迁垦台湾研究

明代，燕王朱棣以"靖难"之名，最后攻下国都南京，建文帝朱允炆火烧皇宫，不知所踪。朱棣继位称帝，改元永乐，但对于建文帝的失踪以及遗臣逃散各地可能仍有挂怀。明朝历史文献里，留有一些建文帝可能没有被烧死，而逃亡台湾或海外之传言。明永乐三年（1405 年）7 月 11 日，明成祖命宦官郑和率领一支有着 240 多艘海船、27400 名船员的庞大船队远航，拜访了 30 多个包括印度洋的国家和地区，加深了明王朝和南海（今东南亚）、东非的友好关系，史称郑和下西洋。1420 年间中国明朝拥有的全部船舶，应不少于 3800 艘，根据明代祝允明《前闻记下西洋》记载，有官校、旗军、火长、舵工、班碇手、通事、办事、书弄手、医士、铁锚搭材等匠、水手、民梢等共 27550 人，他们多次到台湾。福建泉州《尤氏族谱》记载，郑和下西洋时，尤姓已经渡海赴台。当时台湾就有许多大陆移民。

金门《浯江琼林蔡氏族谱》，为金门琼林族谱。始修明嘉靖八年（1529 年），清道光元年（1821 年）蔡鸿略等主持重修。1992 年新加坡德华印刷厂私人有限公司新版印刷本。始祖西汉蔡勋来自光州固始，五代初年入闽，迁同安之西市，再渡海浯洲许坑（今金门琼林）。许坑蔡氏传到十七郎，入赘于平林陈十五公，为琼林蔡的始祖。

《浯江颜氏族志》为金门玉堂二十八世孙颜西林编修。初修于 1969 年，台北昭明社承印，今本为 1981 年出版，共 5 卷 1 册。载始祖小邾子，始迁祖颜泊。卷一为"上世世系"，自始祖小邾子起，至开闽始祖颜泊止，分三节，分别记述嫡系、五服、本族名贤、先贤列传，末附桃源科名录。卷二为"浯江世系"，起自开闽始祖颜泊，迄二十四世，原文登载清乾隆二十四年（1759 年）银同颜振凤、颜华所撰《浯江颜氏族谱》，卷末附《存德堂家乘》。卷三为"家学"，载颜氏先贤遗著。卷四载颜之推《颜氏家训》，为四部备要抱经堂版本。卷五为杂录。

《台湾吴氏族谱》吴氏通谱，1993 年台湾彰化吴氏宗亲会编纂，共 2 册。上册录江苏无锡、厦门、同安、台湾等地宗祠相片，以及序文、始祖像、黄帝世系、吴氏历代世系、宗支世系图，以及泉、漳、莆、福、要、汀和台湾地区吴氏宗支谱牒；下册为世谱，录吴氏先民渡台名字、闽台新旧制行政区域、大陆祖籍地名称表等。尊泰伯为开姓始祖。谱载，吴氏在明清各个不同历史时期播迁入垦台湾。

台湾《刘氏宗谱》刘麒麟编，民国二十二年（1933 年）台北刘氏宗谱修著事务所铅印本，不分卷 3 册。纂修于日据台湾时期。第一册刊目录、序、跋、源流系及刘氏世系实行状；第二册续刊世系；第三册列各祖系统图格、各派近代考妣格式，供续填写用，后附丧服制图。该谱系统性大宗谱，尊帝尧陶唐氏长子讳监明为大始祖。在台刘姓，多由闽、粤族裔迁至，明清以来历代有渡台者，辑录有平和派、南靖派、安溪派、漳浦派、同安派等及广东大埔派、饶平派等，皆源于福建各县、市。历 400 余年发展，在台刘裔已渐发展壮大。

二、闽人规模性迁垦台湾的研究

17 世纪初起，台湾是闽南海上武装集团和西洋强权争夺之地，汉人大规模来台，始于明天启元年（1621 年）颜思齐、郑芝龙登陆笨港（今北港），是 1624 年荷兰人入侵台湾台南之前。

郑芝龙跟随颜思齐在笨港（今北港）登陆，见嘉南平原土地肥沃，即移民 3000 汉人来台垦荒，这是汉人来台长期定居的开始，也是郑芝龙留给台湾最大功德。

崇祯皇帝朱由检为首的在北京的明朝廷覆亡，这段时期的战斗主要在南方展开，又是在复兴明朝的旗帜下进行，而弘光、隆武、鲁监国、永历朝廷都是在南方建立的，称之为南明。

明天启四年前后（1624—1662 年），荷兰殖民者入侵台湾时期，在台湾建立的殖民王国，有历史研究者认为其是台湾历史上第一个有系统统治台湾的政权（天下杂志，1994），其实荷兰占据台湾 38 年，占据范围仅是嘉南平原地区。其殖民政权为了开垦土地而急需大量劳动力的投入，因此有计划有目的地引入汉人农民移民台湾，1652 年在台湾荷兰人仅约 2000 人，汉人约有 10—14 万人（林季娴，2007），仅占汉人约 1.7% 比率的荷兰人"统治"汉人，汉人在很多方面扮演辅助荷兰人"统治"的角色，荷兰"统治"台湾实质上汉人乃是占重要分量，尤其在农牧生产方面。在赤嵌附近形成了一个约有 2.5 万名壮丁的居民区，全岛总计有 4.5—5.7 万人。

清朝顺治十八年（明永历十五年，1661 年）3 月，郑成功率 2.5 万将士及数百艘战舰，由金门进军台湾，次年 2 月，郑成功从荷兰殖民者手中收复台湾。清顺治年间（1618—1659 年），漳州府平和县新安里上和社大坤乡刘茂燕是郑成功手下的一名参军，1659 年在南京战役中阵亡。后来郑成功渡海来台时，曾下令将大批阵亡将士家属同迁台湾。除郑氏军队外，又新增移民二三万人。闽粤各个姓氏的官兵总数在 20 万人左右。台湾的开发已有相当规模。30 年间汉族人口增加到 12 万，超过土著居民（约 10 万），到 1684 年统计，台湾开荒的土地达 18450甲，折合 20.87 万亩。明天启二年（1622 年）郑成功由福建发兵渡海赶走荷兰人，历经三代统治台湾 21 年。闽台各个姓氏族谱都有大量记载。

闽台研究郑成功，编撰有闽台《郑成功族谱三种》，由《郑氏宗谱》《郑氏家谱》《石井本宗族谱》之宗族谱合编而成；《郑氏宗谱》是郑成功后裔郑玉海及其子郑沂、郑泽于 1920 年重修，主要载世系。世系始记于一世（五郎公隐石），止于二十一世；《郑氏家谱》作者及纂修时间无考，内容有谱序、谱例、科目、封诰，有郑芝龙于明崇祯间作的序、郑芝龙世系。《石井本宗族谱》为宋代郑绵编撰，拓祖像、牌位、宗祠、列传、山图及祭产诸多内容，名人郑芝龙、郑成功。这三部郑成功家族研究的族谱，是对闽台郑成功家族研究最完善的一套族谱，记载十分详尽。

台湾文献会所拥有的陈氏族谱和陈姓入台资料十分丰富，据该会考证，第一个到台湾来的陈姓人是随延平王收复台湾的陈泽，他的后裔迄今还在台南繁衍。据一些家谱记载，（如清乾隆二十年台南陈鼎丕编的《银同碧湖陈氏族谱》）从永历十年到三十五年间，就记有陈元等 20 余人来到台湾，或随军，或垦荒。

台湾林姓的始祖是明代永历五年的林朝和，他来台后定居台南，以后又有一批人随郑成功来到台湾，迁往嘉南，如林凤。林姓人多了，就有了编家谱的背景，早在清道光二十六年，林士坚就编了《万华林姓族谱》。林姓来台后即在岛上落根发芽，和新的住地融为一体，他们的修谱着重于先辈来台后的事迹，这从家谱的名称上也反映了出来，如《雾峰林氏族谱》《台湾世瑶公派下林氏族谱》等。

晋江《儒林张氏家乘》不仅数量丰富，记载了大量播迁台湾和海外材料。其中七房（同安房）张均正于南宋咸淳十年（1274 年）迁金门青屿开基，经几代努力，成为富庶渔、盐之村。儒林九大房派存有明、清旧谱数十部，史料珍贵，内容丰富。仅居张林之长、三房于清代康、雍、乾三朝即有 300 余人迁居台湾之明确记载。据台湾谱牒界详细考研，儒林张氏六房、七房、八房（安溪房）分支台湾后裔达 20 余万。八房安溪大坪张氏于清康熙、乾隆年间纷纷迁居台北木栅种茶，在台北木栅建有著名祖祠集应庙。

漳州市曾于 1995 年和 2000 年先后举办闽台族谱展览，吸引不少谱牒研究学者、收藏爱好者。仅仅根据参展的 400 多部谱牒数据显示，明清时期至少有 98 个姓氏 6000 多人迁台开基，其中有家族迁台人数多达 500 多人。据收藏谱牒最多的南靖县的县志记载，现存族谱 107 部，有 101 部 53 个姓氏向台湾移民，至清光绪年间，迁台开基祖达 3645 人。漳州府谱牒有记载向台湾移民最早亦见于南靖县双峰《丘氏家谱》，该谱记载丘氏第八世孙丘国旺、国时、国平三兄弟于明成化二年（1466 年）到台湾淡水定居，比明天启元年（1621 年）大陆向台湾移民第一次高潮时还早 55 年。明弘治十三年（1500 年）龙山吴氏第 6 世万济，奎洋霞峰林氏第二世崇正、崇旺、崇富三兄弟入台开基，还有南靖和溪乡徐氏第 8 世孙徐宗岳、徐宗显兄弟于明隆庆六年（1572 年）入台。民间族谱多修撰于明清时期，其记载移民第二次高潮是清代康、雍、乾、嘉时期。据 53 姓族谱记载，南靖县在康熙、雍正年间移居台湾 1334 人，乾隆、嘉庆年间 1495 人。清嘉庆十四年（1809 年）仅台湾噶玛兰（今宜兰）一处就有"漳州籍 4.25 万余丁"。据始建于 1753 年的云霄马铺乡何氏家庙碑文、1755 年编修的《何氏家谱》等资料载，云霄何氏迁台以第八世起始，肇启于明隆庆年间（1567—1572 年），至乾隆二十年（1755 年），谱牒明确记载入台男丁有 397 人，占外迁人口的 88%，其中种德派入台有九世明轩、明珠，十世巽、志彬，十一世品、种、蔼、盛，十二世如榜、连云，十三世沈、讽、罕，十四世斌、衍、聘，十五世王真、解、体，十六世蛰、潮、猛；温补派下有九世唱、兆国、丕丈，十世长、琼、布，十一世迭、廷、欣，十二世万、存、崇，十三世曾，十四世丁、汉、太，十五世贡、良策、造，十六世深、颜、尧等；到 1949 年已达 3000 多人。南靖奎洋《庄氏族谱》记载，清咸丰时期庄姓入台族人达 300 多人。

清顺治十八年（1661 年）郑成功收复台湾，闽粤各个姓氏的官兵总数在 20 万人左右。闽台族谱都有许多记载：据云霄何地《何氏家谱》等资料载，何氏外迁从第六七世就已开始，时间约公元 1500 年左右，徙居地有台湾、琉球、陕西、南宁、扬州、南太武、琴州、福宁、肇庆、潮州、海丰、吾宁、岳溪、阳江、福州、泉州、仙游等，尤以迁台者居多。何地何氏迁台，始于明隆庆年间（1567—1572 年）。至第九世何义、何仪，第十世何佑等带领 150 多名何氏子弟加入郑军，跟随"延平郡王"郑成功及其继承人收复台湾和反清抗暴，后来顺应时势，成为拥戴捍卫国土一统的有识之士。何义忠勇可恃，在潮州战役舍身救主，升任郑军左虎卫将军，北征南京时以前部先锋代乘帅船督战前军，再随郑成功立下平台功勋，后以清军前部先锋平定台澎，位列随征都督第三位，被授以昂邦章京（都统）内大臣兼左都督、袭骑都尉、一等伯爵和光禄大夫。何佑于清初投身郑成功麾下，初任左武卫将军，参加驱荷复台、郑经西进战役，后以北路总督重筑基隆城；被清军收编后参加雅克萨战役，官至襄阳、梧州副总兵，立下卫国功勋。郑军与清军相继收复台湾后，征台的何氏子弟兵多定居于宝岛各地。至乾隆二十年，已有 397 户载入家谱，后迁台人数呈持续激增态势。历史上两岸何氏来往密切、访亲频繁。乾隆十八年，闽台宗亲合力捐资献物，在发祥祖地后厝村创建一座单元式土楼，间辟建祖祠堂。据 1755 年版《何氏家谱》统计：当时兴建大宗祠总开支 4735 大圆，居台何氏宗亲捐资捐物就占总数的三分之一。民国 10 年（1921 年）祖地家庙重修，台湾宗亲纷纷捐款，祠前立《和地大宗重修众裔孙捐金名次碑》，详载当年海峡两岸宗亲合建何氏大宗的盛况。居台何氏后裔不忘根在云霄何地，特别是改革开放以来，台湾何氏宗亲纷纷组团或携眷回故乡寻根谒祖，以亲情回报祖地。1988 年，何氏第十七代裔孙、台湾省各姓源流研究学会理事何金赐，十八代裔孙、监事何钦藤首次回祖地寻根，随行带回 1986 年编印、由台湾政要何应钦题写封面的《何氏族谱》，内容同出云霄《何氏家谱》一脉。

台湾《琅玕陈氏族谱》陈其寅修纂，共 2 册 40 余万字。始祖安东公来自河南固始，宋末入泉，至惠安南方四十瑞安头乡落籍。明末清初海禁，清康熙年间禁海解除后，还乡无屋可居者相率往台州石塘镇，有琅玕陈氏四镇兵追随郑成功入台；柘山房兴透公携眷定居台湾笨港。清咸丰九年（1859 年）举家迁至台湾鹿港，其父于光绪十四年（1888 年）再由鹿港迁往基隆。十四世祖于道光年间，赴台经商，居沪尾（今台湾淡水）经营粮食，甲午战乱后先祖弃业回闽，辗转后居基隆市。民国初年有南迁星、马、菲、印度尼西亚者。琅玕始迁祖陈安东，乃太傅派良仪后裔。当元明之际，由晋江率领族人来惠安县埯头村住居，代代相嬗，于今六百多年，传二十三世。安东生七子：政懿、政慎、政忠、政义、政长、政美、政勤，尔分七支，除祖居埯头之外，在附近列居，或下田、小柘、东厝、后厅、引后、外厅、店上、上埕；大柘、坑西、前坂、东湖；有分迁晋江陈埭派、有自明朝定居惠邑城郊"东张厝仔"及移"山前乡"；还有侨（旅、客）住上海、舟山、福州、泉州、厦门、汕头、广州等沿海一带，以及台湾、香港、澳门、东南亚诸地，居留众多琅玕陈氏后裔。缘由埯头村海滩临水有一巨石，东西一丈余，南北近二丈，高五六尺，状若巨珠，名叫琅玕石。相传始世祖安东，常坐在此石垂钓，于是，人称这一支族姓为琅玕陈氏。

台湾《江氏大族谱》为台湾江春霆纂修，2003 年发行。内载江姓南迁始于唐初，随陈政、陈元光父子入漳随行军校；宋时江万里、江万载、江万顷兄弟为入闽祖。明清之际，郑成功部将江胜、江子灿等随同入台。永定开基祖江添澄长子继富派下一十八世秋贵、阿龙往东都即阿龙渡台祖。十八世江汉鼎、江汉壮兄弟也于此时去台，济阳郡号。十九世魁妹二子去东都。

《曲山萧氏族谱》为台湾各姓渊源研究学会编。1990 年台北印刷。明嘉靖三十九年（1560 年）始修，清康熙六十年（1721 年）续修。内载以黄帝为一世祖，传四十五世，春秋时宋乐叔率曹师讨南宫万有功，封于萧邑（今江苏萧山），为萧氏得姓始祖。唐末萧氏避难大举南迁入闽。漳州始祖萧时中，明永乐九年（1411 年）辛卯状元。曾任漳州主考，再娶漳州女杨氏，生积玉、积金、积宝 3 子。积玉子孙多徙南靖，积金出仕广东揭阳，积宝居漳州东门外。清乾隆四十三年（1778 年），漳州萧氏入垦台北县林口乡东林村漳州寮。历代名人有萧史、萧何、萧道成、萧衍、萧统。此外有《萧氏宗谱》统宗修纂，清萧炳文修，清光绪元年（1875 年）二修木活字本。始于清道光六年（1826 年），共 12 卷。详列闽各地宗裔世脉考溯源流。

《刘氏宗谱》刘麒麟编，民国二十二年（1933 年）台北刘氏宗谱修著事务所铅印本，不分卷 3 册。纂修于日据台湾时期。第一册刊目录、序、跋、源流系及刘氏世系实行状；第二册续刊世系；第三册列各祖系统图格、各派近代考妣格式，供续填写用，后附丧服制图。该谱系统性大宗谱，尊帝尧陶唐氏长子讳监明为大始祖。在台刘姓，多由闽、粤族裔迁至，明清以来历代有渡台者，辑录有平和派、南靖派、安溪派、漳浦派、同安派等，还有广东大埔派、饶平派等，皆源于福建各县、市。历 400 余年发展，在台刘裔已渐发展壮大。

《董氏大成宗谱》明末清初编修，由董飏先主持并撰序，1933 年重印于同安。谱载始祖思安公由光州固始随王审知入闽，居住晋江。明末清初董善顺从古坑迁到永宁，到了董善顺的第三代孙董飏先的后代又从永宁传到了祥芝。明末清初董善应从永宁迁金门，成为金门董氏开基祖。族谱提及董酉姑曾劝说郑成功禁奸止杀，对巩固郑氏集团有积极的作用，记载董酉姑贤淑贞惠，是郑成功的贤内助。清顺治十八年（1661 年），南明政权亡，清兵打到闽南，董酉姑与百姓一道逃到台湾，别人都是携金带银，唯有董酉姑抱着郑氏祖先的牌位去台湾，让郑成功深受感动。

《台湾嘉义泉郡安平徐状元巷族谱》为徐德钦于宣统二年（1910 年）撰修。载自偃王徐国子孙遂以国为氏，世居东海豫章，后迁郯城。至汉灵帝中平二年迁浙江衢州信安。唐安史之乱，洪公三子柔、矜、务入闽，信安二房徐状元巷房迁入泉郡，今晋江池店。又卅五传讳公演，随郑军入台。开基祖徐矜，主要族居地泉州、嘉义。名人徐晦。

台湾谱牒研究专家许明镇先生在研究台湾许氏族谱归纳出：根据族谱和史料记载，许姓祖先抵台开基，从明朝末年开始。明末永历年间，有许点飞初居今台南市，后移垦台北淡水；许友仪、许源兴、许盛森等人，入垦今嘉义新港；还有郑成功部队许某入垦今云林县。清朝初年，则有泉州人许连光入垦于今云林县麦寮乡许昔寮；许志远建太子宫堡在今台南县太子宫；许希典、声良父子入垦今台南佳里；许时遇迁居今高雄市；许式生入垦今台北新庄；许帝德入垦今云林麦寮；许哲栖入垦今台南市，其后分传南投、高雄；许征入垦今东港。许九入垦今东港；许侃德入垦今佳里。许士德入垦今台南七股；许苍入垦今高雄桥头。

《冯氏登权公族谱》为台湾冯氏族谱。内载冯氏乃周文王十五子毕高之后，毕高封于魏，食采冯城，以封为氏。其后冯亭为韩上党太守入赵，后宜都侯冯参入长乐，是迁台冯氏始祖。明末冯仕通为郑成功参谋，随郑来台。清康熙六十年（1721年）朱一贯及粤籍义民冯若纪、冯维万居于下淡水港。乾隆年间（1736—1795年），安溪人冯姓入垦今台北新店直潭里中溪州。冯氏登权公原籍漳州府龙溪廿八都刘瑞堡玉州社人，明清初年，追随郑成功渡台，初居赤山堡珊瑚潭（今乌山头），数代垦耕相传。第五代文灿公，六传红蟳公。第七代振义公，有再福、条草及朝清三子。再福公与条草公合居原中营村，朝清公则居北村茅港尾。再福公育有六子一女，长子海龙公。幼子典迁徙至麻豆。条草公育有四子，各立门户。长子进财公移徙南埔（南部）。三子四子则移居卅化村。朝清公则世居茅港村。

因此，连横《台湾通史》的颜思齐列传记载："思齐，福建海澄人，字振泉。雄健，精武艺。遭宦家之辱，愤杀其仆，逃日本为缝工。数年，家渐富，仗义疏财，众信倚之。"台湾开发史上，颜思齐最早率众纵横台湾海峡，招徕漳泉移民，对台湾进行大规模的有组织的拓垦。明天启元年（1621年）八月，他率领漳泉籍同乡义民二三百人下海到台湾，在台南笨港登陆，以诸罗山为根据地设置十个寮寨安置人员，着手进行垦荒活动。由于这里地广人稀，颜思齐又到漳泉两地招募乡亲3000多人，分别安置到10个寮寨中。之后又不断有乡亲投奔。短短几年，十个寮寨很快成为十个大村落，成为台湾最大的汉族村落聚集区。这十个寮寨就是台湾最早的汉人村落。颜思齐又在笨港东南的平野搞市政建设，建成"井"字形街道，分为九个区，并在海湾岸上筑楼台，建公署，使得台湾有了最早的汉人行政管理机构。明天启年间（1621—1627年），以颜思齐、郑芝龙为首的海上资本集团占据台湾。崇祯元年（1628年），颜、郑就抚明廷后，以安平港作为其对东西贸易的重要基地，东石港作为安平港的重要组成港口成为大陆连接台湾的重要中转站。明崇祯元年（1628年），福建特大旱灾，粮食欠收。福建巡抚熊文灿接受郑芝龙移灾民去台湾的建议，乃"招饥民数万，人给银三两，三人给牛一头，用海舶载至台湾，令其芟舍开垦荒土"。明天启元年（1621年）颜思齐、郑芝龙率大批闽粤人迁台，从事开垦。

闽南人徙台后聚姓、聚族而居，始终保持昭穆相承、两地互婚、地名相关、风俗相似、语言相通的亲缘关系，这种移居社会，使台湾犹如"第二个闽南"。在台湾聚姓聚族而居，建立新的村落。由于受家乡的影响，照搬家乡的语言、建筑、礼俗与乡社保护神以及乡社宗族管理等整套文化风俗。他们在台湾延用家乡的地名，如台北三重埔的长泰、台中县的龙溪、云林县的海澄、嘉义县的云霄、台北的园山、芝山，还有台北市、彰化市、嘉义、台南的诏安，嘉义县的南靖寮、云霄厝等，是漳籍人聚居地。台北新化、云林、台中、桃园等地的泉厝、高雄的南安里，台南市的安平镇，彰化、云林、嘉义、台南等地的安溪里、安溪寮等，是泉籍人聚居地。早期的移民，通常以姓氏加上"厝""寮""庄""广部"等为聚居地命名。明嘉靖年间，晋江蚶江欧厝欧阳文卿迁居台湾，将定居地命名为"欧厝村"。晋江永宁粘氏在新聚居地取名"粘厝庄"。晋江祥芝湖厝村移民以台湾新居地为"湖厝"。

林在复《闽南人》中载"明郑治台期间……三代共23年，来台耕垦者约有25万人。其中大部分是闽南人"。台湾全面开垦，是郑芝龙、郑成功、郑经、郑克塽几代人带领着闽南人的辛勤劳动、出生入死、浴血奋战得来，与他们的功劳和封赏是分不开的。闽南人成为开发台湾岛的新的主力军。因为郑氏家族为垦荒开拓台湾做出了卓越的贡献。郑成功因此被尊称为"开台圣王"。

三、明清时期闽人对台湾的开发与发展的贡献

明清时期入垦台湾的汉人，他们大多数便在台湾定居，而且还跟台湾平埔人等一些先民通商、通婚，而促进了汉人与台湾各民族在血缘以及语言上的融合。来台汉人多出身漳州和泉州，长期与平埔人杂处，随移民所带来的闽南话也渗入了一些新的语言因素。1662 年，民族英雄郑成功率领大军，赶走了荷兰人，维护了祖国的统一和主权完整。郑成功去世后，其子郑经掌握了政权，在台湾进行割据。郑家出身泉州，郑氏之文教制度的订立者——陈永华，是明代泉州府同安县（今福建龙海角美镇灌口）人。为陈元光将军派后裔，是漳州龙海角美石美村厚山社陈氏第十世。郑经时期任东宁总制使（相当于宰相）。他把大陆的政治体制和行政管理体系引到台湾设立分社管理。实行屯垦，发展生产。建造台湾孔庙、办学院，使中华民族的文化迅速传进台湾，是台湾文化教育的奠基人。陈永华在台湾的开发史上的卓绝贡献，死后各地建起"永华宫"奉祀。台南的永华宫香火最为兴盛。而他所带来的军民也大多数是泉州人。因此，此时台湾的闽南话，是以泉州音占大多数的。

陈永华在台湾的开发史上有着卓绝贡献，是台湾文化教育的奠基人。他在台湾办书院，建立考试制度。承天府建立了台湾第一座孔庙，并设学校招生。学生中优秀者可以补为官员。学校及考试制度的建立，对于台湾的文教事业确有开拓之功，对促进台湾社会的发展也起了重要作用。清代林绍贤等人捐资建造淡水厅文庙。康熙四十九年（1710 年），蔡世远请假回乡省亲，回闽后，受聘到省城福州主持鳌峰书院，为福建、台湾培养人才，也最早把官办书院传播到台湾，培养了一批台湾学者。

郑成功称台湾为"东都"，行政中心仍设于厦门，郑成功来台一年即病逝，其子郑经继位。郑经于康熙三年（1664 年）退守台湾，建立"东宁"政权。明郑有独立于大清帝国之外的明显意图，然而郑经无法忘情于中国大陆，连年征战，终于在康熙十九年（1680 年）"反攻大陆"失利，郁卒逝世，家族内部爆发内斗，权臣弄政，终于康熙廿二年（1683 年）在"癸亥澎湖海战"被施琅歼灭，明郑俯

首称臣。

台湾被荷兰侵占 38 年（1624—1661 年）；明郑统治 21 年（1661—1683 年）；明郑被清朝打败，台湾纳入清朝版图，于是台湾从此被统一在大中国之下长达 212 年（1683—1895 年）。

明清时期，大陆上闽粤两省的人口多耕地少，人民生活不易，当时的台湾，是一个地广人稀，可以纾缓闽粤两省人口过多的压力之处，闽粤距离台湾又很近，闽粤人很想到台湾来另辟新天地。从简单的数字，即可以说明在农业社会当中，人口与土地的比例关系是生活重要的指标。在 1812 年，福建省每一个人所能够分配得到的土地是 0.86 亩；广东省每一个人所能够分配得到的土地是 1.54 亩。可是，台湾在 1887 年的时候，每一个人所能够分配得到的土地，还有 3.06 亩。用这样一个比较早及一个比较晚的年代，前后相差了 70 多年来比对，就可以很清楚地了解，闽粤这两个地方，因为人口密度高可耕地少，所以会让闽粤两省的人，想要移民到另外一个地方，去开发新区，追求比较好的生活条件。

第五节　清政府和闽人对台湾发展的贡献

一、清代台湾纳入国家版图的考证

清代在福建设置闽浙总督和福建巡抚。清初福建省下辖有福州、兴化、泉州、漳州、延平、建宁、邵武、汀州八府。

清康熙二十二年（1683 年），施琅征台，郑氏王朝覆亡，清廷正式统治台湾。次年增设台湾府，随后在台湾设立了一府三县，隶属福建省，台湾正式列入清朝版图。至清末，福建有九府二州、五十八县、六厅。台湾法理归属福建，海峡两岸官方和民间交流更加频繁。形成了福建移民台湾的一个新时期。康熙二十二年（1683 年）设台湾府，下辖台湾、凤山、诸罗三县，统隶于台厦道。台湾府的设置，加强了台湾同祖国内地的联系，促进了台湾的开发，巩固了祖国的海防。

台湾府第一任知府蒋毓英，字集公，奉天锦州人。康熙二十三年，他出任台湾知府，供职五年，于康熙二十八年（1689 年）离任，除为江西按察使司。他在任期间纂修《台湾府志》。台湾方志之编纂，肇始于清康熙二十四年（1685），蒋毓英主修，凤山、诸罗县令杨芳声、季麒光同纂《台湾府志》十卷，通称"蒋志"。书名页题："台湾府志，本府藏版"，无序跋，目录次行署"襄平蒋毓英集公氏纂，男国详祚校字"。台湾第一部方志在台湾方志发展史上所起的举足轻重的作用，以征信为基本出发点，充分体现了传统方志存史、资治、教化的三大功能，在保存史料、弘扬儒术以及倡导风气、树立规制等方面对台湾日后方志的修纂产生了深远而重大的影响。

台湾正式归入清朝版图以后，重视了地方志书的编撰，从康熙年间的《台湾纪略》开始，经历乾隆、嘉庆、道光、咸丰等历代台湾田园开辟、人口增长、人文日盛等现象，必须重修方志以求完备，编修工作逐步常态化，到光绪年间的《台湾通史》有 70 多部。这些志书内容分封域、规制、职官、赋役、典礼、学校、武备、人物、风俗、物产、杂记、艺文十二纲，次为二十五卷。并于志中各条加列"附考"，引征较前志为多。这些都是我们研究闽台的重要历史文献。

清代，台湾民众的族谱编撰也随着迁台人口的增长水涨船高。

二、清代对台湾的全面开发与发展

康熙二十二年（1683 年）施琅统一台湾，带去大批将士，又有大批闽粤人入垦台湾。台湾光复后仅福建迁台人口 7.9 万人。由于地缘位置的关系，台湾人的祖籍绝大多数出自福建，部分出自广东，因此姓氏绝大多数与闽粤移民有关。大陆绝大多数的姓氏在台湾可以找到，包括一些罕见的姓氏，也是大陆姓氏的延伸，台湾 80% 以上民众的祖籍在福建。福建的多数姓氏族谱多有记载祖先"从光州固始入闽"，而台湾人多称自己是"河洛人"。台湾 1988 年出版的《台湾族谱目录》中，收录的 200 多个姓氏的 1 万多部族谱大多数都记载来自"光州固始"。

康熙二十二年（1683 年）施琅统一台湾，带去大批将士，又有大批闽粤人入垦台湾。尤其是闽南人成为这一时期入台民众的主流。

1884 年，清廷颁布渡台禁令，设下严格条件限制人民渡台，其中包括禁渡粤籍命令，造成客家人来台湾比较晚，台湾的开发几乎都由闽南人领先，而台湾的语言亦以闽南话为绝对优势。而后，福建、广东等地移民冲破清朝政府限制，不畏艰难，冒着生命危险，渡过湍急险恶的黑水沟，在台湾各地登陆，拓荒垦殖。据有关史料记载，这个时期泉州移民 7849 名共 101 姓前往开基，漳州移民 5000多名共 98 姓。

乾隆至雍正三年（1725 年）间，南靖、漳浦的李、洪姓族人也移民台湾南投草屯。南靖县有简国璋三个儿子入垦林仔头一带；还有林姓先人移入嘉义梅仔坑，后入草屯。因此南投草屯便形成漳州"李、洪、简、林"姓的聚居区。据台湾《汉声》杂志调查，草屯镇这 4 大姓人口占该镇总人口 70%。嘉庆元年至三年（1796—1798 年），漳浦县的吴沙，招募千余人，还有陈、蓝等姓族人到台湾东北部的噶玛兰头园、摆里、苏澳、罗东等地开垦，成功后海寇欲占噶玛兰，吴化要求知府将该地收入政府管治。1810 年朝廷批准在蛤仔难设噶玛兰厅，几十年后由厅升为县，称宜兰县。

据南靖县 53 部谱牒统计，明、清有 53 姓 3645 人迁台，简、黄、萧、魏、张、李、林、刘等 46 姓的家族聚落达 420 多处，其中简 34 处，刘 31 处，魏 29处，赖 26 处。明清时，诏安县入台开基祖有陈、沈、许、贡、李、廖等 41 姓，家族聚落 213 处。漳浦县入台的各姓家族聚落有 47 处。福州迁台的有陈、林、黄、郑、张、李、刘等几十个姓，聚落也不少。可见，移民形成的家族聚落几乎遍布台湾。在乾隆、嘉庆年间，三四十年间台湾人口增加 3 倍多，1763 年有 66万人，1811 年达 200 多万人。

《漳浦石椅种玉堂蓝氏族谱》记载，蓝姓以昌奇为始祖。元末，蓝昌奇的 130世后裔蓝邦献，任江西抚州府临川县县令，育有三子，长子蓝元晦，二子蓝仲晦，三子蓝季晦。明初，蓝邦献与长子蓝元晦迁居漳浦县镇海卫霞美乡（今漳浦县前亭镇庄厝村）。蓝元晦随父到漳浦定居后，也生有三子，长子蓝庆福，分居漳浦张坑（即今赤岭乡），为漳浦蓝姓"种玉堂"开基祖，次子蓝庆禄分居今龙海市隆教乡，三子蓝庆寿则分居广东大埔县湖寮镇。至明末年间，漳浦"种玉堂"蓝姓已繁衍成一个大家族。特别是出了名将蓝理之后，蓝氏家族迅速崛起，从一个烧山种畲、频繁迁徙的家族，发展成为沐浴皇恩、军功显著的闽南望族。较大规模的迁台有4次：第一次是明朝末年，一批蓝姓反清志士跟随郑成功到台湾，当时在郑成功的军队中就有蓝凤、蓝登、蓝衍等一批蓝姓将军。第二次是清康熙二十二年（1683年），靖海将军施琅奉朝廷之命，在平定郑克爽时，以蓝理为先锋。第三次是康熙六十年（1721年），在平定朱一贵时，以蓝廷珍为提督。第四次是乾隆四十九年（1784年）平定林爽文时，以蓝元枚为提督。在3次平定台湾时，每次都有一批蓝姓族亲随军到台湾。

蓝廷珍，字荆璞，康熙三年（1664年）出生，福建漳浦人。祖先曾迁移镇守舟山，蓝廷珍年轻时自请入伍。康熙三十四年（1695年），升任把总。4年之后，迁盘石守备。康熙四十四年（1705年），蓝廷珍授温州镇右营游击。康熙五十八年（1719年）春，迁调为澎湖副将，夏秋之间，授南澳镇总兵官。

康熙六十年（1721年）五月，台湾发生朱一贵事件，蓝廷珍授命立即整治兵旅，储备作战军粮，慨然以征讨乱党为己任。六月十一日，蓝廷珍率军至澎湖，侦知敌中情报，与提督施世骠商讨战略，廷珍曰："群盗皆乌合不足忧，一攻即靡，但其众至数十万，诛之不可胜诛，且多杀生灵无益，今但张檄止歼巨魁，余勿问，皆令自新，则人人有生之乐，无死之心，可不血刃平也。"世骠从之。六月十六日黎明，官军逼鹿耳门，乱党扼守险要拒战。前锋林亮、董方冒险猛攻，蓝廷珍率大军继之，遂大败之，成功夺取鹿耳门。官军乘胜进攻拔取安平镇，廷珍告诫诸将，攻入城郡之日，不可妄杀无辜与掳掠，且传檄市里，宣告凡为大清良民者，即为良民，受官军保护。自是为乱党胁迫而跟随起事者，大多自动解散。同年闰八月，蓝廷珍终于擒捕朱一贵。

朱一贵平定后，清廷下诏论功行赏，任命廷珍为台湾镇总兵，镇守台湾。廷珍巡守台湾各地，加强防备，整治设施时，发现猫雾拺（今台中市南屯区）土地肥沃，遂开始招募佃农垦辟荒田。之后，该地为纪念廷珍开垦之功绩，命名为"蓝兴堡"，从此闽、粤移民日渐增加，逐步发展成为繁荣的大墩街（今台中市中区）。直到如今，台中市西区仍然留有"蓝兴里"的里名。雍正七年（1729年）廷珍逝世于任上，清廷追赠太子少保，谥襄毅。

南靖《涌山族谱》，内载始祖萧开春，元末由汀州府归化县龙湖大帐山迁入。派下分斗山、书山、涌山，分居南靖。八世孟容公于明朝正统十四年由水美移霞涌为涌山始祖。涌山派的祖籍谱系为：一世孟容、二世延旭，至十六世贤、十七世世寿、万成、万长、万益、万德、万富。萧孟容在涌山生八子，其中二、四子住上涌，三、六子住霞涌，一、五子后迁福州，七、八子迁安溪。萧孟容二、三、四、六子的后代于清朝大批迁往台湾。萧万长这一支的开台始祖就是从涌山迁到台湾的。萧万长属二房世系，兄弟五人中排行第三，系涌山派开基始祖萧孟容的十七世嫡孙。族谱还载清朝康熙年间，六房七世祖萧鐢一家迁往台湾米罗山北社尾（今嘉义北社区）居住，随后，二房、三房的七、八、九、十、十一世，共45人迁往台湾彰化、台中等地。随后，又有数十人迁往台湾彰化、嘉义、台中等地。

南靖员林《魏氏族谱》，始修无考，纂修者无考。谱载有谱序、光裕堂记，魏氏安阳派下，魏姓散居各州县社祥录，祖祠双堂地图，钜鹿郡比龙社世系、世记、台湾员林派下世纪、魏氏祭祖文簿。内载原籍河南安阳，始祖北齐魏长贤。十四世魏鸿，字君序，为开基始祖，十八世孙生五子分别徙居福兴、延连或汀州宁化石壁溪，传至进兴，行念五十七郎因海寇作乱徙居默林，为钜鹿郡比龙社派，为该谱本支。谱至廿一世，上溯十八世。第二支为南靖默林、台湾员林派下，其十六世魏长林、魏鹤林往台湾。

《东山谢氏族谱》东山铜钵村迁台谢氏族谱。内载明末，数十名子弟随郑成功收复台湾迁台，谢茅随军戍守澎湖。康熙十九年（1673年），谢光玉等人迁居台湾，育有二子。次子谢建雍，名绍周，俗名虎鱼佬，雍正十一年（1733年）中进士，曾任陕西省凤翔知县、台湾安平协台，诰封武功将军。谢建雍曾移居铜山（今东山铜陵），后又返回台湾居住，他的第六世孙是台湾民进党的谢长廷。道光十六年（1836年），戍台东山班兵在澎湖修建铜山馆，并置有铜钵伙房。同治年间，铜钵"敦本堂"谢氏十一世谢愈昌携妻林氏（谥勤慈）、陈氏（谥恭俭）及儿子谢哈、谢诚、谢玉、谢改、谢引，孙子谢晏、谢勤、谢敖、谢双宴、谢水杏、谢如意、谢菩发等三代人一起移居台中开基九张犁村。光绪十三年（1887年），旅居台湾的铜钵谢氏宗亲多人乘船回铜山祭祖。

海澄县《圭海许氏世谱》载：其先祖于宋代就肇基于海澄美江地，其后裔迁台时正是清康乾时期。有"港滨派十二世仕信，一鸿长子仕牛，次子仕龙，俱住台湾中路宝大东新园尾"；"十三世，元，仕牛长子，住东都台湾中路新园尾，生子廷。千，仕牛次子，住台湾中路新园尾"；"十四世，方度，字越裴，名冰，功加都司，住台湾镇左营左厅，生四子"。文山派，"十一世，韬谅，住台湾南路，启盛，住台湾"；"十三世，学孕，父汝良，长子文孙，生承睿、承智、承建，次子文圣，生承□、承□，派出俱在台湾"，"十三世，学觉，父清汝新，生文郡，文郡生承□，派下住台湾"，"十三世，学朝，生子俱居台湾"。美江派，"十五世，要，宋之子，住台湾，传，豺之子，住台湾"；"十六世，恭、信、敏、惠，俱盛之子，住台湾莲池头。"

《清溪玉湖王氏族谱》安溪长坑王氏族谱。清代修纂。载有台湾经营之神王永庆安溪先祖。清道光年间（1821—1850 年），王永庆曾祖父王天来，迫于生计漂洋过海到台湾，并定居台湾嘉义县新店镇直潭里，到台湾后王家世代以种茶为生，王永庆的父亲王长庚是贫苦茶农，长庚医院是王永庆以父亲名字命名的。天来是十七世，王永庆是二十世。

《晋泉丁氏族谱》为元代来泉州晋江陈埭的穆斯林后裔。正德乙亥年（1515 年）丁仪始修，康熙二十六年续修。内载一世祖丁谨（1251—1298 年），字慎思，自姑苏行贾于闽泉居城南文山里。传二世祖丁嗣（1273—1305 年）。三世丁夑（1298—1379 年），因元末世乱，率子丁善迁居晋江二十七都陈江雁沟里（今陈埭），围海垦田，兴修水利，经营海荡滩涂成大族。十六世丁苏、丁派等一批人迁台湾诸罗县斗六厅开发，成为丁氏聚居村落；从陈埭迁东石，又从东石迁台湾嘉义义竹乡后镇村。

台湾《西螺埔心程氏家谱》，1998 年程大学编。内容有总说、世系及各族详细资料三个部分。先世为河南开封府祥符县太守坊人，元末，程文智因官入闽，为福州知事，开闽始祖。其弟文惠居漳浦，封迪功郎。明世宗时，文惠之后程渠爵携二子惟山、惟海，自漳浦梁山居诏安后门山，为诏安始祖。清乾隆初年，后裔迁台拓垦，大多迁居云林西螺。

《六桂堂族谱汇编》为台闽六桂堂宗亲联谊会编印。洪桂已主编，高雄六桂堂宗祠出版，1989 年铅印。记载六桂渊源及以闽、澎、台为主世系与迁徙由来。内含洪、江、翁、方、龚、汪六姓渊源，各姓氏谱系世系及迁徙情形等。

《环球郭氏宗谱》为世界郭氏宗亲总会编，台北郭时礼纂。1986 年修，5 卷末 1 卷。卷首有弁言、凡例、图照等，卷 2 人物志，卷 3 源流志，卷 4 文献志，卷 5 谱系志。内载各省郭氏情况。郭氏出姬姓，周王季之后，以功封于号，其后以晋难出奔京师，多就城郭而居，就以号郭为氏。台湾有华安岱山文述派系，朴齐派下，同安松蓬世德派下，同安郭山镕公派下，上杭十六承事公派下，龙溪十二使公派下等诸派世系，附载有世系图录。

《漳州平和大溪江氏》，不分卷，内容仅世系。世系始记于一世江千五，止于二十三世。漳州平和开基百十三郎江六公，分衍大溪、莒溪、竹篱头等；生五子：长千一郎，分住于新寨屋；次千二郎，南靖清宁里河头居住；三千三郎，分居瓦窑；四千四郎，南靖清宁里大丰村倒水居住；五千五郎，为平和始祖，开基平和新安里葛布大溪江寨，生万三、万四二子。世居平和新安里的江千五派下（今大溪镇江寨村）。乾隆初年，江肇元第四世江巽、江湘，相携迁彰化县燕务下堡（今彰化大村乡、员林镇一带）。巽取号巽王，湘取号子澄，尊巽王公、卫澄公，或江雄公、江潜公。巽卒于乾隆二十六年（1761 年），灵柩从基隆港运回大陆，安葬于平和大溪寮下径岭头峒。平和大万三公生一子渊璜，派下十六世潜及雄二兄弟，于清乾隆初迁台，居彰化县燕雾下堡东山镇兴庄。传至江树之子，第十四世士印、士香、士根三兄弟时，清乾隆五十五年（1790 年）三兄弟渡海赴台，定居于埔顶仁和宫庙前，开基桃园县大溪溪畔。他们来台时只有扁担两支、麻绳两条、锄头、柴刀、斧头、四季种子与长裤两条。由世根三子承立入嗣，子孙辈排序从十五世到三十四世共 20 世，承世排次序，宗支衍庆长，耀闾称帝德，祖恩万载扬。名人国民党副主席江丙坤。

《永定县苏九三郎公系大宗族谱》为 2003 年苏钟生等编修，苏椿华主笔。内载苏昆吴、苏利用等人随王潮、王绪入闽，入闽苏益第十三世孙（永定一世）苏毅，号九三郎，生于元大德四年（1300 年）前后。于元皇庆二年（1313 年）前后，随母氏避难汀州府上杭金丰里苦竹乡开基。苏毅开基始祖。武功郡望。其裔遍布海内外，外迁到台湾、缅甸、新加坡、印度尼西亚、广东等地。清乾隆、嘉庆年间，从汀州府永定苦竹入台湾的苏氏，多定居于新竹，建武功堂。名人苏增添。

台湾《孙氏族谱》孙海等主持编撰。孙科校审撰序。1971—1972 年搜集整理校核，1974 年付梓刊印。谱载有祖庙、祖墓、碑记，还有历史名人雕像、画像，如黄帝、炎帝、舜帝、孙武、孙膑、孙权、孙中山、孙真人、吴真人、许真人等；还载名胜古迹、发源地风貌、民俗风情、源流图、世系图等。内载清乾隆、光绪年间，孙氏由大陆徙台分布、迁徙路线图，台湾各县市孙氏分布情况，世系分布图。孙氏历代先贤列传、孙氏名人传录，如孙中山的儿子孙科、孙科的女儿孙穗芳以及孙连仲、孙海等人事迹简介；有孙氏名人题字题词，以孙氏人物命名的地名等。

这个时期，迁台汉族移民不仅人数众多，和过去大不相同，他们带去了族谱和神祇，把有关的宗族组织和宗教活动相继移植台湾，世代传承，并定期回祖籍寻根认祖。所以目前看到台湾的族谱，多数是起于这个时期。至今台湾民众供奉的先祖神祇以三清、玉皇、张天师、真武大帝、吕祖等道教尊神为主，还有妈祖、陈靖姑、观音，也有供奉福建特有的保生大帝、三山国王、开漳圣王、五帝、九仙和台湾特有的开台圣王等和各个姓氏的祖神等闽台民间神明。使海峡两岸的民族文化更加趋同。

台湾历史学者戴宝村研究指出：清朝当时的限制与禁止福建、广东的人民向台湾移民，是没有实际效果的，在清顺治七年（1650 年）的时候，台湾的汉人约有 10 万人，清乾隆五年（1790 年）的时候，台湾的汉人约有 90 万人，清嘉庆十五年（1810 年）的时候，台湾的汉人有 200 万人，光绪廿一年（1895 年）台湾割让给日本的时候，汉人有 250 万人。从以上的数字就可以知道，当时的人口增加，是一种大规模的、急遽性的、社会性的增加，而不是人口的自然增长因素所造成的。台湾的移民，大部分是偷渡来的。

台湾人口由明郑时期的 10 余万人，到清朝末期暴增为 250 万人，清朝统领台湾 212 年，是汉人移民的大高潮，将台湾由一块蛮荒的处女地，开发成丰膏富裕的乐园。台湾的闽南语俗谚："清朝初时来接管，汉人唐山过台湾；大蛇瘴疫阁生番，心肝怎不结归丸？""刺瓜刺刺刺，东都看来去，来去允有某，不免唐山吃艰苦"，这两句俗谚是贴切地表达了汉人冒险移民台湾拓垦的心情。台湾 1988 年出版的《台湾族谱目录》中，收录的 200 多个姓氏的 1 万多部族谱大多数都记载来自"光州固始"。台湾人比较重视同宗血缘关系、同乡地缘关系，以其姓氏或籍贯命名所居的村庄很多。以姓冠名村的通常是本地的大姓或该村始迁祖的祖籍地名。如台南的谢厝寮，姓谢的几乎占半数；三姓寮，系陈、黄、吴三姓移民所创建；又如刘厝、张厝、苏澳、钱厝坑、胡厝寮、江厝店、许厝港、何厝庄等。

　　从大陆迁徙台湾姓氏家族多为闽粤姓氏家族的延伸。从台湾田野调查可以看到，漳泉闽南人移居台湾后，承接故乡姓祖世系昭穆修谱续牒，仿照祖地宗祠建立祠堂，奉行一切祭仪礼规。许多台湾祠堂为大陆祖祠的支祠，保持了闽粤祖祠堂的特色。延用福建祖祠的郡望堂号灯号，如陈姓"颖水世泽"、蔡姓"济阳衍派"等。还有许多祠堂使用福建地名"晋江""青阳""莆阳""平安（安海）"等为郡望；灯号也有使用入闽后产生的新灯号，如林姓"九牧世泽"、江姓"六桂传芳"、梁姓"梅镜传芳"。镌刻于家祠门柱上的楹联也都沿用大陆祖祠的楹联，清楚地表述了各姓氏的家世和福建祠堂的家声，成为家族回大陆寻根的依据。祠堂的匾额，如"开国侯""兵部尚书""文魁""翰林""进士"，彰显该族的辉煌。也模仿大陆在家门楣上刻上自己的衍派。在先人墓碑上刻上郡望。祠堂过去还办有族学，如金门琼林蔡氏祠堂就附设书院，供乡间子弟就地读书。多数姓氏设有宗亲会组织，建立宗祠，祀其同姓始祖，联络同宗，祭祖修谱，奖学以及各种慈善公共福利事业等。祠堂每年举行春秋祭祀，春祭在春节或清明节，秋祭在重阳或冬至以后，有的根据实际情况另行规定祭祀时间。

　　入台移民参照祖居地昭穆传宗接代。两地世传昭穆，有的由两地族亲共同协商制定，使自己在大陆的根永远绵长。据南靖奎洋《庄氏族谱》载，清咸丰二年，由在台族人十六世裔孙，庠生庄景温从台湾回乡祭祖时，因鉴于对台庄氏族人情形的了解，便在故乡主持续修《庄氏族谱》。清初晋江石狮洋坑蔡姓徙台后在台北建小洋坑村，把昭穆带入台湾，今已繁衍 12 代，因辈序不够，又重新编"尊贤育才、心彰有德"辈序，并传回祖居地让族人供用。漳浦县赤湖镇和台湾赤湖派陈氏裔孙，因先祖昭穆"道业正均德，兴忠敦君国，科文士克荣，日腾敬圣作，秉常长启泰，家声庆裕扩"的辈序不够，又续"锦水荣光增瑞世，丹山仪羽振文明"。台湾祠堂始建年代主要在明清时期，历代重修，甲午战争后日本占领台湾，许多祠堂遭受严重破坏，台湾光复后祠堂文化重新复兴，20 世纪 50 年代至 60 年代重修的占很大比重。近现代新建的祠堂受到土地利用率和商品经济的影响，多为钢筋混凝土现代建筑与仿古结构结合，有的楼下为写字楼，顶层为祠堂。建筑风格多种多样，主要是闽南风格和客家风格。

闽南谱牒中还有去台移民卒葬台湾年月及地点的记载，龙海平宁《谢氏族谱》在清代修撰时就记载"十一世猛，卒乾隆十年，葬台湾凤山呵猴街后；十一世启江，乳名鸿，乾隆十四年卒葬台湾诸罗县麻豆水屈头瓦窑尾"。其十一、十二世族人在台卒葬人数有 20 余丁。入台开基及其后裔卒葬台湾，其墓碑都要补上祖籍地名，以示不忘根、不忘本。不少开台祖及其后裔还归葬祖地，以示叶落归根。如台北魏氏归葬漳州南靖就有 10 多穴。台北板桥林本源族人林维源晚年居厦门，卒葬祖地龙溪县莆山社。海澄县和平、阪里、西门坑卢姓于清乾隆期间入台，分衍台湾各地。清同治十年（1871 年）第十六世卢连骑病故台湾，其子卢训、卢评将父灵柩运回祖地安葬。有的死后找不到骨骸，其后裔则以制银牌"招魂"方式将之归葬祖地。这种情况在谱牒中也有记载。

台北县蔡万生先生于 1967 年，主持编印《台北县金山乡金浦蔡氏族谱》，该谱详细记载肇基祖蔡德建迁台全过程"德建公系福建省漳州府漳浦县二十三都东仔蔡社人氏，年方二十四岁，抱有大志，于清乾隆二年（1737 年）即携带家属背井离乡，渡海来台，由沪尾港口进入艋舺，到台南府淡水厅大加蚋堡下内埔，并在内湖一带创基立业，当时台北是一片旷野的蛮荒之地，太祖公用一把柴刀、一把锄头，在艰难中披荆斩棘，把荒地开拓为沃土……我们不会忘记祖公的辛劳，祖公不知费了多少苦心，流了多少血汗，牺牲、奋斗、拼命，才为我们置立产业，建立我蔡家发祥之地。太祖公德建同太祖妈吴氏来台后生三子，长曰海，次曰照，三曰兴。三子所生子孙分居于下内埔、内湖、八芝兰园山、外双溪口等地。"该谱不仅详细记载漳浦蔡氏的渊源世系、列祖列宗蔡世远、蔡新等名人的传略，还翔实记载了"大宗壹而祚衍长，本行修则荣华发"蔡氏昭穆。入台先祖蔡德建属本字辈，族谱编者蔡万生先生属德建公的六世孙，属华字辈，至编谱 1967 年止已传衍 10 代属诒字辈。据该谱系的排列德建公的八代孙已经达 230 多户了，原 14 字昭穆不够用，另由万生先生再编了"燕翼诒谋绵世泽，克绳祖武振家声"14 个字。现在这支蔡氏家族主要聚居在台北县金山乡南湖村一带，人丁兴旺，名人辈出。

台湾《卢氏宗图》，编修于清嘉庆十三年（1808 年），编修者是始祖理成公第十四世卢氏安溪卓源派下裔孙卢允霞；在宗图中记载当时他："移居台湾北路淡水艋舺街"，并于"嘉庆十三年仲冬，回家稽阅族谱，敬录是图"。由此可知，修谱者祖籍地是在福建安溪，后来他移居台北艋舺街，并早在清嘉庆十三年，就回到祖籍地去抄录族谱。这是一幅姓氏宗图，内容仅有谱序及世系两部分，其中有卢氏六大房之衍派、迁徙台湾裔孙之名单、历次修谱人名与序文，其主要功能在于提供子孙辨别世系，同时也可见证闽台两地姓氏家族之历史发展关系。依据《卢氏宗图》之记录，迁居台湾之房派，仅有老大房秉华公、安溪卓源祖第七世尧平公及永安公派下之裔孙 15 人。第七世尧平公传下裔孙只有 1 人，他是第十五世荣泡，迁居台北。另外第七世永安公传下五房支派，其派下徙台裔孙计有 14 人，其名单与迁居地如下：长房二支迁居台南 8 人，包括第十三世维文，第十四世允自、允静、允畿、允言、允重、习节及第十六世煜进；五房三支迁居台北一人，第十四世允霞；五房五支迁居台北 5 人，第十三世维双、维掌、维准、维我、维敷。以迁台人数跟各代男丁之丁口人数相比，第十三世是 6：91；第十四世是 7：123；第十五世是 1：172；第 16 世是 1：140。以总数计算比例是 15：526；以百分比计算，则移出丁口仅占祖籍地男丁总数之 2.8%。

台湾板桥廿二世裔张富吉编撰的《八里坌张氏（板桥）族谱》记载，其先祖自道光十七年（1837 年）渡海迁台十七世祖张备由泉州府同安板桥（今厦门集美）"开台即卜居八里乡淡水之宾，观音山麓，世袭以农。阅历已身求学过程之穷困，又识先开台之艰辛，传世偌大基业且赐赠宝贵文化遗产，翔实族谱。十数年前担任八里垒族亲会干事，即有志制作完善宗谱，以馈族亲。认谱为宗族旷典，可兴教化，可育后世，而公诸先人遗迹，亦即承继祖传，光彰祖绩。尔后依据每年祭扫祖坟所记或拍照之碑铭，陆续访谈族耆传记，搜集公德簿，各房派抄谱、家系祭本等，搜寻资料历时数年"。

根据他们的调查，板桥张氏移民集中入垦地区淡水河下游各乡镇，其人口分布列表如下：

乡、镇别	人口总数	李	陈	林	张	黄	王
淡水镇	8931	711	1060	625	884	326	439
八里乡	2280	161	330	208	424	94	28
三重市	18279	1573	2477	2279	1001	912	867
五股乡	2951	150	1251	319	196	52	67
芦洲乡	3315	1458	368	298	261	51	55
泰山乡	1979	415	214	154	78	165	96

（此表格引用厦门集美板桥张氏家庙理事会张文总参加海峡百姓论坛《板桥张氏迁台源流初探》文）

台湾族谱中最著名的《林氏族谱》（二册三八六面二三一、六○○字）不分卷，台中林献堂等修辑，1936年，日据时期，线装一册。林撰《林氏家传序》："顾念我族自始祖子慕公迁于莆坪（按福建平和县属），传世十四至我太高祖石公，始入台湾；初寓彰化，数迁至大里杙庄。……而我高祖母实挈我曾祖卜居于阿罩务庄，迄今百有四十余年矣"（末署林氏纪元"三千七十年二月"，时民国二十五年，丙子仲春也）。谱分两峡，曰"公谱"、曰"私谱"。"公谱"载林石以上，溯其源流，"私谱"载林石以下，演其支派。这是雾峰林氏所刊印的一部私谱，另部刊于1935年的原谱外题《西河林氏族谱》，是属于林氏公谱，两谱共录世系表24张。由于内容详于雾峰林石派下，因易名《台湾雾峰林氏族谱》。本谱内容，插图有：比干墓图、比干铜盘铭图、孔子墨迹石刻图、晋安林禄墓图、宋仁宗御书石刻图、朱熹墨迹石刻图；题字有时国府主席林森等；石公以下名人照片、凡例、家传、历代祖先齿录。第十四世石公，是渡台始迁祖，有作者所撰家传一篇。林石派下部分（即"私谱"）主要分两目，一为家传，林献堂撰有太高祖石公、高祖考逊公、曾祖考甲寅公、祖考奠国公、先伯父文凤公、先二伯父文典公、先考文钦公诸"家传"，林幼春撰有曾祖考太对翁、先伯祖刚愍公两"家传"、林资镳撰有先考荫堂公家传及林德和撰有先祖父志芳公家传；二为"世系""世谱"，志历世系统与列祖名讳、生卒、婚葬等项。奠国公、文凤公、文钦公、均属台湾历史名人雾峰林氏，代有其人与台湾史事有关，其族谱实足资参考云。

雾峰林氏在清代定邦（下厝）这一支发展较大。其所以如此，主要应归功于定邦长子林文察，他可以说是林家崛起的关键人物。咸丰年间，林文察招乡勇（民壮），投军参加平定小刀会侵扰台湾北部之役。咸丰九年（1859年）奉召内渡参与平定闽匪、太平军之乱，转战闽、浙，屡立战功，由游击而升副将、总兵、陆路提督。同治二年（1863年），又奉旨带兵回台平戴潮春之乱。次年（1864年），再奉召渡闽助剿太平军，不幸，因寡众悬殊，战死于漳州域外瑞香亭，享年仅三十七。死后，清廷加赠"太子少保"，谥刚愍。其后，又奉准于漳州与东大墩（今台中市）建专祠奉祀。

文察子朝栋亦是一将门虎子，在抗法战争中立功于基隆战场，后又协助刘铭传推展政令，维护治安，如平施九缎之乱、开山垦荒等。林朝栋由于经营樟脑与开垦土地，财富大增，雾峰林家成为仅次于板桥林家的台湾第二号富豪。嫡子祖密曾追随孙中山先生参加国民革命而壮烈成仁，堪称为"一门忠烈"。

顶厝林奠国为一名勇将，曾参加平戴潮春之乱，并追随其侄林文察转战内地，颇着功绩。奠国三子林文钦在抗法战争中率乡勇卫守台南并协助道台刘璈，事平，叙功授兵部郎中。光绪十四年（1888年）以协助刘铭传清赋有功，而加道衔。而仁心好学的林文钦在光绪十九年（1893年）中举，由此建立顶厝之书香传统。他事母至孝，于屋后山麓筑楼台圆池，以奉养罗夫人，名曰莱园，取老莱子娱亲之意。文钦长子献堂乃日据时代非武装抗日活动的领袖，对台人思想的启迪、政治意识的提升，兴办教育、财经、文化等事业，贡献甚大，影响台湾文化深远。

雾峰林氏家族不仅在族谱中记载家族功绩，也曾在其祖籍地的福建平和祖祠

"培远堂"树立碑铭忠实记载其家族源流以及闽台林姓的血缘亲情。

台湾同胞重视祖家宗祠祖庙及祖宗陵墓，不仅经常回乡祭祖，也常捐款参与维修宗祠祖庙。迁居台湾的闽籍后裔常在清明回大陆祖籍地祭祖、祈福，如世界柯蔡宗亲总会规定每年组团回大陆祭祖一次。许多家族只要条件许可，他们首先都回祖籍地找寻或索取旧谱，然后按入台嗣裔续修，求全不漏，以供后裔认祖宗，有的还踊跃参加祖家的修谱活动。大陆乡亲不仅在宗谱中记载台胞捐资芳名，有的还勒石以示纪念。

从闽台族谱文献资料看，清代汉人来台中拓垦的姓氏很多，如台中水利工程是由张达京邀集陈周文、秦登鉴、廖朝孔、江佑金、姚德心等六姓共同开发；历史性的万和宫是由拓垦有成的张、廖、简、江、刘、黄、何、赖、杨、戴、陈、林等十二姓移民集资，将该祠扩建为庙，正式命为万和宫。

三、近代闽台迁徙与台湾发展

1885年中法战争结束后，清政府鉴于台湾在国防上的重要地位，决定在台湾正式建立行省，刘铭传为台湾省第一任巡抚。提升了台湾的行政层级和政治地位；经济上，台湾建省使台湾进入了大规模开发建设时期。也加强了台湾同胞与大陆人民的文化联系。中央政府在台湾建省后，台湾与福建仍保持特殊的关系。

刘铭传（1836—1896年），字省三，自号大潜山人，汉族，安徽合肥西乡（今肥西县）人。淮军将领，洋务派骨干，台湾第一任巡抚。1883年，中法战争爆发，清廷下诏，命刘铭传督办台湾军务。刘铭传抵达台湾，第二天即巡视要塞炮台，检查军事设施，并增筑炮台、护营，加强台北防务。法国军舰队占领基隆港，封锁淡水河口，他打退了法国舰队对台的进犯。1885年台湾正式建省，任命抗法有功的原福建巡抚刘铭传为第一任台湾巡抚。在台任职期间，他进行了编练新军，修建铁路等一系列洋务改革；开煤矿，创办电讯，改革邮政，发展航运事业，促进台湾贸易，发展教育事业，促进了台湾近代工商业的发展，台湾防务亦日益巩固。为台湾的现代化做出了突出贡献，被称为"台湾近代化之父"。1896年1月12日在安徽六安刘新圩病逝。赠太子太保，谥壮肃。生前著述有《刘壮肃公奏议》

及《大潜山房诗稿》刊行问世。

1887年7月，台北成立"全台铁路商务总局"，聘英德两国人为工程师，着手修建铁路，前后历时六年完成了基隆至新竹全长106.7公里的铁路，成为中国人自办自建的第一条铁路。1886年台北设电报总局，架设水陆电线，全长700公里，大大改善了岛内外的电讯交通。1888年创立新的邮政制度，1887年台湾设立煤务局，在沪尾设立官办硫磺厂，设立官办机器锯木厂，兴办新式企业。1886年台湾设立商务局，先后向英、德购买威利、威定两艘旧轮作为商船。1887年在台北大稻埕创立西学堂，设立番学堂，为台湾少数民族培养骨干和通事人才。增设府县，全台共有三府、一直隶州、十二县、五厅，划疆分守，初具规模，奠定了今日台湾地方行政区划的基础。

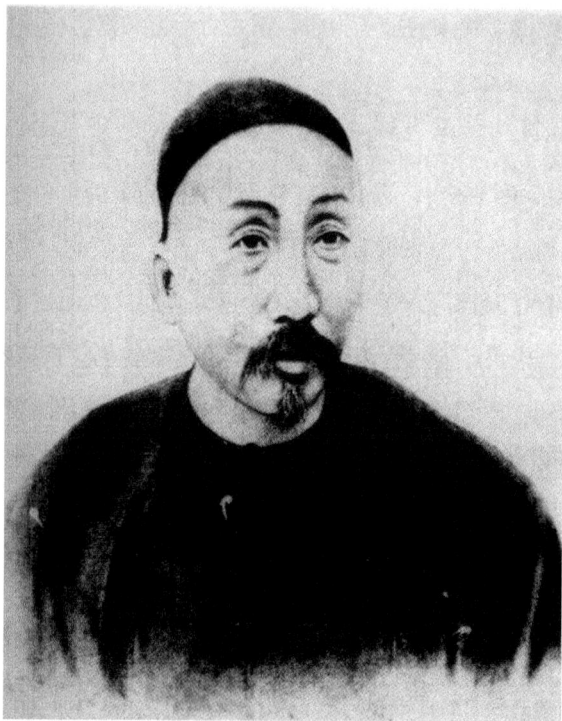

台湾第一任知府刘铭传

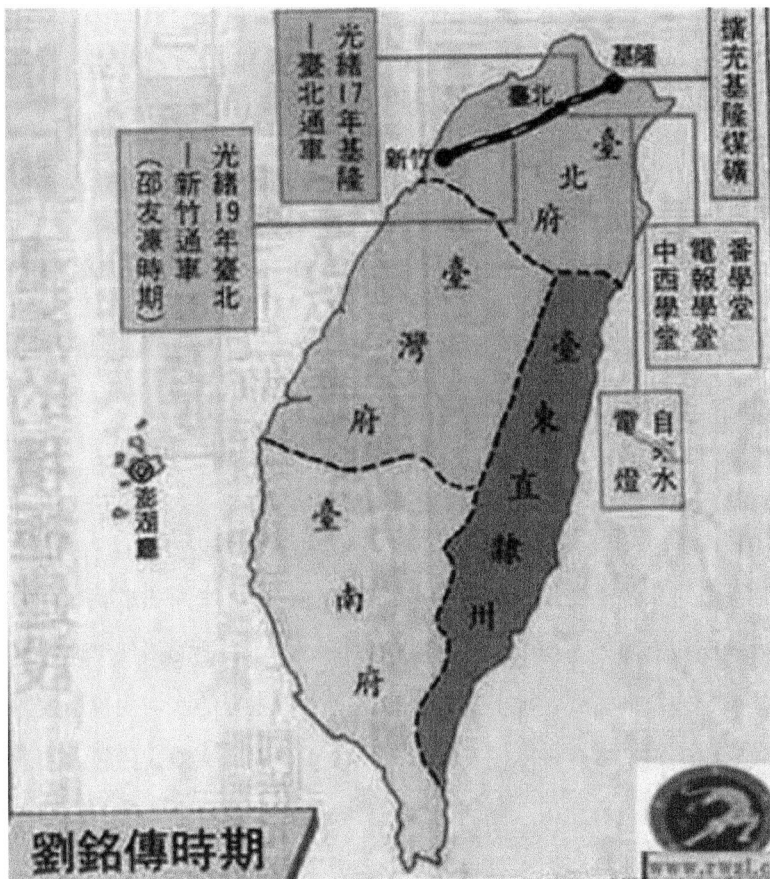

刘铭传时期台湾地图

同治十年（1871 年），因牡丹社事件，钦差大臣沈葆桢赴台办理防务。沈葆桢（1820—1879 年），字翰宇，又字幼丹。福建省侯官县（今福州市区）人，晚清重臣，谥文肃。系洋务运动的重臣之一，日本发动侵台战争后，沈葆桢赴台办理海防，他在府城与澎湖增建炮台，安放西洋巨炮；在安平厦门间装置海底电线；增调淮军精锐武毅铭字军 13 营 6500 人入台。并以"开山抚番"为名，招徕垦野，因而解除了长达近 200 年的渡台禁令。

清廷派沈葆桢为台湾钦差大臣督办台湾事务

农地灌溉之水源主要来自水潭、水陂和水圳，由于水潭和水陂储存的水量较少，灌溉的面积有限，主要因来台开垦的移民增多，农地的拓垦迅速，水潭和水陂已不能满足实际的需要；加上起初由于民间力量主导的水圳规模不大，最后才由地方政府出面兴筑灌溉规模较大的水圳，18世纪初后兴筑规模较大，著名的水圳有凤山的曹公圳、彰化的八堡圳、台中的猫雾捒圳、台中的葫芦墩圳和台北的瑠公圳，这些水圳的灌溉面积都很大，少者千余甲，多者数千甲。台湾农业水田化运动的先驱者和领导者是曹谨、施世榜、张达京、郭锡瑠。

曹公圳，位于台湾高雄平原，由曹公旧圳、曹公新圳、凤山圳、大寮圳、林园圳等五个水圳灌溉系统构成。最早起建于清朝道光年间，为解旱象之灾，由当时凤山知县曹谨所开凿。从高雄市大树区九曲堂引高屏溪水，经由这五个系统灌溉高雄市大树区、大寮区、凤山区、鸟松区、仁武区、大社区、林园区、楠梓区、左营区、三民区、苓雅区、新兴区、前金区、小港区、前镇区等地区。当地居民感念曹谨，于凤山区建有曹公祠，后改称曹公庙。现今在凤山区凤山车站前的曹公路及曹公国小，便是纪念曹谨而得名。高雄至今依然在演出《曹公外传》。叙述清朝道光年间，担任凤山知县的曹谨，眼见民生疾苦，于是修水圳，引高屏溪水来灌溉凤山县，而此圳即为凤山市民所熟知的"曹公圳"，至今仍为南台湾民众重要民生用水来源。

乾隆四十九年（1784 年）和五十七年（1792 年），清政府先后开辟了泉州蚶江和台湾鹿港、福州五虎门和淡水八里岔的对渡港口，使闽台之间的交通更加频繁。这大大刺激了海峡两岸经济的繁荣与交流。

在清廷统治台湾的 200 余年间，闽人来台人数激增，据估计，自清康熙二十三年至乾隆后期的百年间，台湾人口从 12 万增至 100 万。显然这不是原有人口的自然增殖，而绝大多数是从大陆迁移过去的。到了 1893 年，台湾的人口已达 300 万。使台湾的姓氏与福建姓氏特色有惊人的相似，尤其是台湾排名前十大姓氏也逐步形成，几乎与福建一样。

明清以来，正是由于大量福建人渡海移居台湾，与台湾少数民族同胞共同开发台湾宝岛，他们在台湾含辛茹苦、披荆斩棘、百折不挠、艰苦奋斗，成为开发台湾的开路先锋和主力军，有力地推动了台湾社会经济的迅速发展，使台湾从一个蛮烟瘴雨、地广人稀的初辟之乡变成了一个美丽、富饶的宝岛，并使台湾和祖国大陆完全融为了一体，台湾人民和祖国人民在政治、经济和文化生活各方面都息息相关，成为一个不可分割的整体。

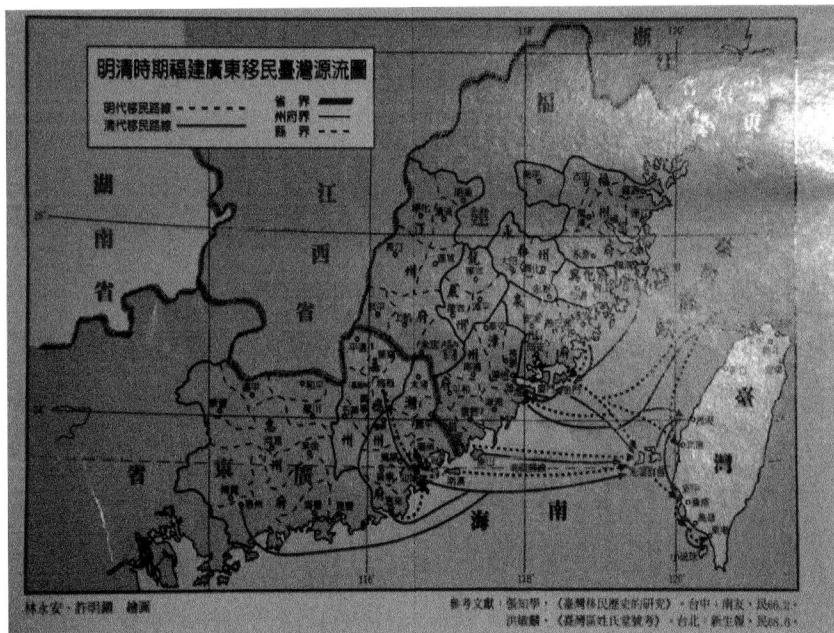

该图引自林永安、许明镇《姓氏探源——台湾百大姓源流》
（台北 大康出版社 2009 年 1 月版）

第六节　海峡两岸的其他时期移民研究

一、日据时期闽人迁徙台湾和中国人的困境

19 世纪末爆发了日本侵略中国和朝鲜的中日甲午战争。中国清朝政府迫于日本军国主义的军事压力，签订了丧权辱国的不平等条约——《马关条约》。1894年，日本殖民主义者强占台湾。

台湾日据 50 年，政权机构与荷兰的殖民王国相似，但是日本为了长期霸占台湾，采取了一系列"去中国化"措施：一是有意识地往台湾移民，在 1943 年日本殖民政权末期，台湾总人口中日本人仅占 6.02%，汉人占 89.72%，其余为台湾少数民族占 4.26%。明显是人口不成比例的日本人统治汉人。二是 1936 年日本在台湾强制推行皇民化，总督府大力推广讲日语，在各地设立日语讲习所。并取消报纸中的汉文栏，废止学校中的汉文课（盐野谷幸子，1997）。三是总督府大兴日本神道，广设神社，强迫学生参拜，压抑台湾民间信仰，裁并地方寺庙，占用和拆除祠堂。四是强迫台湾民众改日本姓才可以进行户籍登记。出于无奈，汉人巧妙地运用堂号等作为姓氏登记户籍，如，陈姓用"颍川"、林姓用"双木"、蔡姓用"济阳"等等。这点引发不少台湾人的反对（蔡蕙频，2009）。随着中日关系恶化，1945 年 1 月，全面实施征兵制度，台湾籍日本兵总计 207183 人，阵亡 30304 人（李国生，1997）。综上引述，日本据台不仅想同化中国汉人，更悲哀的是中日战争，日本殖民政府运作台湾汉人攻打中国。

日本侵略者当局严禁海峡两岸人民往来，却特许茶商招徕制茶工，以提高其茶叶质量。他们每年从福州、厦门、漳州、泉州、福州等地引进茶工约 7000人，在台做工半年时间（4 月—10 月）。1926 年，日本当局统计，全台汉人共有375.16 万人，祖籍福建者占 83.1%。1904 年福建省赴台工人数 4301 人，1914 年5767 人，1924 年 5967 人，1934 年 10126 人。福建劳工占劳工总数的 90% 以上。这些赴台劳工来源地以闽侯、惠安最多，其次是长乐、安溪等。此外，入台的福

州移民，大多数从事首饰（金、银）加工、裁缝、厨师、理发、制贩、豆腐、编织等职业，也有从事农业、木材等。1935 年福州有 7762 人向台移民，以闽侯、福州、福清、长乐人数较多。（见《闽台姓氏地图》，海风出版社，2016）

二、台湾光复以后闽台迁徙

民国三十四年（1945 年），抗日战争胜利，日本无条件投降，被占 50 年的台湾回归祖国，恢复与大陆正常往来。这个时期全国各地的民众又大批入迁台湾。

1949 年军政经文各界人员及眷属至少有 120 多万人到台湾，贡献台湾 15% 左右的人口。这批迁台民众来自大陆各省各地，带去了全国各地的姓氏，使台湾的姓氏结构发生了极大变化，由原来全岛中国汉族姓氏总数 763 个，提升到 1694 个姓氏，使台湾中国姓氏更加丰富多彩。（见《闽台姓氏地图》，海风出版社，2016）

这些人来自全国各地，主要来自沿海的福建、浙江、江苏、广东、山东等五省，仅来自福建的就有 7.9 万人（不包括国民党军队中的福建籍军人）。国民党退踞台湾之时带领一批技术管理与技术人员全力从事台湾经济建设，打开台湾经济繁荣之路，这批新住民带去了中国各地的中华民族文化，带去新时代的文明文化，促进了台湾高速发展。国民党在逃往台湾的时候，带走了数百万两的黄金以及白银和外汇，这也为它初期的经济建设和各项物资外汇及处理房屋公营事业等的发展奠定了初步基础。在台湾建立起完整的国民教育体系，破除陋习，树立文明卫生之风。

2005 年统计，台湾省人口计 2277 万人，其中汉人占人口 98%，少数民族占 2%，而来自福建的移民及后裔，占汉人的 80%。1990 年至 2005 年又有 10760 闽人去台湾定居。

根据 1926 年台湾人口祖籍构成统计，汉族人口计 375.16 万，占总人口 89%，其中祖籍福建的为 311.64 万，居汉族人口的 83.1%。而祖籍福建者中，泉州府 168.14 万；漳州府 131.95 万；永春州 2.05 万；汀州府 4.25 万；龙岩州 1.6 万；福州府 2.7 万；兴化府 0.93 万。位居闽南的祖籍泉、漳、永春三府州人口合计达

202.14 万，占福建籍总人数的 97%。台湾前几大姓氏来自闽南，其中来自晋江的大姓有施、许、蔡、张、黄等。1934 年台湾有 768 姓，居前十位的姓依次为陈、林、黄、张、李、王、吴、刘、蔡、杨，合计占总人口数的 50% 以上。2005 年统计，台湾 22701627 人，所得单姓 1416 姓、复姓 533 姓、三字姓 34 姓、四字姓 5 姓，计有 1988 姓。姓氏数竟增加 1220 个。台湾姓氏的特色是"大姓人口众多，小姓数量特多"。台湾的姓氏中，人口最多的要数陈、林、黄、张、李、王、吴、刘、蔡、杨。台湾的前十大姓：陈姓人口占全省人口的 11%，林姓人口占全台湾省人口的 8%，黄姓人口占全省人口的 6%，张姓人口占全省人口的 5%，李姓人口占全省人口的 4%，王姓和吴姓人口各占全省人口的 4%，余下蔡、刘、杨姓人口各占全省人口的 3%。这 10 个姓氏都在数万户以上，有的多达 10 万户；人口占台湾总人口的一半以上。台湾姓氏的另一特色是稀有、罕见的姓氏特别多，百人以下的小姓 970 姓，占台湾姓氏总数 63.5%；10 人以下的超级小姓也有 500 个，占台湾总姓氏 32.7%，其中不乏仅有一人的姓，如"瓜、娘、钞"等。有姓"春、夏、秋、冬"的，有姓"东、南、西、北"的，有姓"红、紫、黄、蓝、青、白"颜色的，动物"牛、虎、龙、马、羊、猴、鸡、豹、熊、鹿、凤、燕"也是姓。台湾少数民族的姓氏来源有两种：一是乾隆二十三年（1758 年）清政府所赐，有卫、金、钱、廖、王、潘、黎等七姓。二是 1945 年抗战胜利后，台湾光复后台湾少数民族改汉姓，有安、武、岳、郑、洋、田、杜、汤、白、江、米、月、力等 79 姓。由于民族日益交融、同化，现大部分台湾少数民族的姓氏已与汉族区别甚小。台湾民众比较重视同宗血缘关系、同乡地缘关系，以其姓氏或籍贯命名所居的村庄很多。以姓冠名村的通常是本地的大姓或该村始迁祖的祖籍地名。如台南的谢厝寮，姓谢的几乎占半数；三姓寮，系陈、黄、吴三姓移民所创建；又如刘厝、张厝、苏澳、钱厝坑、胡厝寮、江厝店、许厝港、何厝庄等。多数姓氏设有宗亲会组织，建立宗祠，祀其同姓始祖，联络同宗，祭祖修谱，奖学以及发展各种慈善公共福利事业等。全台现有的各级宗亲会 320 多个。如台北市就有陈、林、黄、李、王、龙、姜、宋、祖、何、郭、尹等姓宗亲会组织，台南有陈、林、李、黄、柯、蔡、杨、郑、谢、苏、烈山五姓（吕卢高许纪）、六桂

(洪江翁方龚汪)、连、康、夏等姓宗亲会组织。台湾还有联宗组织。有二姓联宗，如柯蔡联宗，苏周联宗；也有数姓联宗，如刘唐杜三姓联宗，列山五姓联宗，六桂联宗等。闽台两岸各姓自古至今交往密切，台湾各个姓氏的风俗与福建基本一样。

尤其是明清迁垦台湾的台湾先民，一个一个村落的福建人，抱着祖宗、神祇牌位，成群结队义无反顾地走进大海深处。他们的事迹鲜有记载，但今尚存的"闽海百神"祭祀，不仅具有华夏中原信仰的特征，亦具有鲜明的闽海区域的海疆与海洋信仰特征，是土地文明走向海洋文明、实现交融与繁衍的经典意象。闽台共同编修族谱已经有数百年的历史了。

所以，目前台湾的姓氏人口中除了福建迁徙入垦的以外，还有不少其他省份的移民人口，他们也带去了自己的族谱，因此族谱有来自全国各省的族谱。从台湾的两部族谱目录可以看到，以福建为祖籍地的族谱占 70% 多，以广东为祖籍地的族谱占 10% 以上，以其他省份为祖籍地的占 10% 以上。

三、两岸人民通婚的移民

在两岸移民中，许多人与当地人通婚，成了姻亲。闽台百姓间的通婚，自古以来就十分常见，没有统计资料，多散见于民间族谱之中。早期去台拓垦的闽南人，由于种种限制，往往不带眷属，有的人在台娶妻生子繁衍生息。谱牒对此亦有记载。以南靖 53 姓谱载迁台祖或其后裔婚姻状况的可见 68 例，有的是一夫多妻，或一妻多妾。两地互婚也不鲜见。在晋江蚶江石壁、莲埭及永宁林氏族谱中记载两地互婚的有 62 人。由于通婚，使两岸骨肉亲情更加密切。如泉州《莲江东林族谱》《玉林林氏族谱》《武荣诗山霞宅陈氏族谱》《东石玉井宫蔡氏长房三延公科派家谱》《安平颜氏族谱》等，都有记载。最著名的是清雍正年间，张达京娶了岸里社（在今台中县神冈乡）的"公主"为妻，所以被称为"番仔驸马"。庄为玑、王连茂在《闽台关系族谱资料选编》中提到，台湾妇女嫁到福建者达 86 人，其中嫁给厦门陈氏 3 人，泉州彭氏 2 人，福州陈氏 1 人，其他都是嫁给晋江人。

　　闽台间名门望族的通婚则有更多记载。例如：台湾望族林氏后代林尔康，娶清末太子太傅、福州螺州人陈宝琛之胞妹陈芷芳为妻。第六代林熊祥与陈宝琛之女陈师桓结婚（姨表兄妹）。第六代的两位女孩又分别嫁给沈葆桢与严复后代。他们都是亲家。

　　日本占领台湾时，林尔康举家迁往厦门鼓浪屿今"菽庄公园"处居住。不久林亡故，妻迁福州，逝后与夫合葬于福州下院鼓山脚下，至今墓室完好。林陈之子又娶陈宝琛之女陈俞贞为妻。林尔康次女林慕兰嫁福州阳岐严复之子严叔夏（20世纪50年代福州市副市长）。叔夏长女严倬与辜振甫（国民党中央常委、"海峡交流基金会"董事长）结为连理。

　　1949年10月后，台湾与祖国大陆的通婚被迫隔断。直到1987年以后，两岸之间的人口迁移才逐步得以恢复和发展。大陆居民与台湾居民之间的通婚增多。20世纪90年代，海峡两岸的婚姻对数持续增加，据统计，1990年有518对，1991年有1317对，1992年有3684对，1993年有5359对，1994—1996年进入稳步增长期。1994年有5492对，1995年为6363对，1996年7590对，1997年开始进入了第二个迅猛发展期，达10500对，1998年为13497对，1999年为19300对，2001年达31522对，其中福建12219对，而福州市占50%左右，榕台通婚1991年60对，1998年1654对，1999年1061对，2000年4480对，2001年5687对，2002年8568对，2003年突破1万对。榕台通婚中，从性别结构看，以台湾男性娶福州女性为主。福州一方主要是女性。1992—1995年、1999年、2002年福州一方的女性分别占96%、84%、91%，1985年至2006年闽台两地通婚累计68455对，占全国的1/3。截至2008年4月，两岸婚姻数超30.8万对。（周建昌《血缘关系与改革开放以来的闽台婚姻》）其中福建一方主要是女性占90%以上，这些"大陆新娘新郎"在台湾有中华生产党组织，到2013年6月，中华生产党已拥有32000名党员，多为大陆移居台湾人士。促进两岸和平统一为该党宗旨，对台湾家人的影响起了重要作用。新时期的闽台通婚、迁移，使闽台形成新的血肉联系，将进一步促进闽台交融和"三通"。

四、海峡两岸移民的双向迁徙

闽台两岸的迁徙历来是双向的。三国时期，福建是吴国辖地，孙权于永安二年（230 年）派遣卫温、诸葛直率甲士万人渡海到夷洲（台湾），返程时，带有"夷洲数千人"到大陆定居。隋炀帝曾于大业年间（607—611 年）三次派遣朱宽等臣率船队往台湾（时称流球），并带回 5000 余户台湾居民迁居于福州福庐山（今福清）之"化北里""化南里"（龙田、高山一带）。

德化龙浔镇琼林堂陈氏于明正统年间（1436—1449 年），由金门迁入。明嘉靖年间（1522—1566 年），倭寇进犯沿海，台湾、澎湖、金门民众迁回大陆。福建厦门翔安的梁氏、蔡氏、晋江的许氏族谱都记载，他们的先人是从金门县浯江社避乱而迁徙大陆的。也有的是从台湾做官迁徙到大陆的；也有的是祖墓在大陆，为了守墓迁徙到大陆。泉州桃城环翠陈氏大家族始祖陈裕基，由金门迁德风而环翠，现在已经发展到好几个村庄，千百人丁。

清光绪二十一年（1895 年）台湾被割让给日本，许多闽籍先民及台湾居民，不愿受日本侵略者奴役，纷纷西逃到福州、闽南。新竹张纯甫，就率眷西渡到大陆，定居福州侯官。台湾板桥林氏，曾是台湾第一富豪。日据时期，台北三大富豪排名第一的就是板桥林家第四代的林维源，有资产一亿一千万元。林维源热爱祖国和家乡，是"看似雪岩，胜过雪岩"的"红顶商人"。日本占据台湾，林家全家迁居厦门。为寄托对台湾林家花园的思念，林维源的儿子林尔嘉在厦门鼓浪屿买了一块地，按照台湾林家花园的样子建造了"菽庄花园"。这就是现在鼓浪屿胜境"菽庄花园"。清嘉庆年间开始，林平侯在故乡龙溪创办"永泽堂""林氏义庄"。他是个慈善家。在台湾发财了，没有忘记故乡父老乡亲的贫困，捐出田产，模仿范仲淹建义庄。道光元年（1821 年）开始救济宗亲。义庄行善经历了四代人，共 116 年，直到 1937 年抗战爆发，两岸交通中断，才被迫停止。1895 年，台湾汪春源（汪毅夫的曾祖父）等举人到北京参加会试，期间听说清政府被迫要割让台湾给日本。他们异常痛苦悲愤，联名上书抵制割台，时被称为台湾的"公车上书"。而后他们和大批台胞回迁大陆定居。厦门林梦飞（1909—1994 年），别名子晖，台北人。也出自台湾林家显赫的家族。7 岁时随其父回厦定居，1926 年毕业于黄埔军校第四期。曾任国民革命军第二十四师副团长，武平、永泰县县长，闽南抗日自卫团团长、福建保安司令部处长，厦门警备司令部参谋长。1949 年起义。历任厦门感光化学厂厂长，厦门经济特区顾问，厦门建设发展公司副董事长，民革中央委员、福建省委主任委员，福建省第六届、第七届政协副主席。

清末，台籍戍兵退伍时，也有人在海坛（平潭）岛定居，如现居平潭城关夏致街的严氏（姓）家族，即是当年台籍班兵定居海坛的后代。日据时期，台湾民众到福州地区居住和谋生。据统计 1907 年有 330 人，民国初约有 500 多人左右。

1949 年 7 月，台湾行政长官公署陈诚从台湾高雄抽出第五十二军刘玉章部之二十五师一个加强团 3000 人附山炮兵一连到福州参加内战。他们大多留在福建参加生产建设。

1984—1990 年由台入闽定居 1024 人，其中由闽去台定居 276 人。自 1987 年底两岸同胞隔绝状态开放以来，两岸民间交流，尤其人员往来达到相当规模，有 3000 多万人次的台湾同胞到大陆访问，大陆人员赴台交流的也有 100 多万人次。截至 2006 年 3 月，台胞来闽 65.94 万人次。

随着两岸经济文化交流的增多，台湾居民迁往大陆的人数也在逐年增加。这部分迁移人口主要是台湾赴祖国大陆高校求学的学生，1987—1997 年有 2500 人次，2001 年赴大陆求学的人数首次超千人，达 1078 人。2002 年在大陆就读的学生共有 3000 多人（不含短期进修人员）。许多已经在大陆就业。

第七节　闽台姓氏移民案例分析

一、闽台家谱反映了福建和台湾社会人文变化和发展的历史

闽台家谱反映了福建和台湾人口变化和迁移的历史。由于各种原因，特别是福建、台湾早期的人口资料不全，我们通过闽台家谱至少可以了解下面 4 种情况：（1）福建和台湾每个时期人口的演变情况。（2）福建和台湾家族内部人口及人口

素质变化的情况。（3）家族人口增减的速率。（4）人口的平均寿命以及婚姻状况。（5）福建和台湾历史上开发的过程。（6）福建和台湾经济发展状况。闽台两岸学者历来重视两岸族谱的收集、分析，甚至亲自参加编撰工作。尤其是台湾家谱是一种综合性的历史文献，反映了台湾地区家族与地域社会的发展情况。在地域与家族的选择上两者是互相影响的，家族根著在地域社会上，地域社会则是孕育家族发展的温床。因此，通过家谱的研究，不但可以了解台湾地区各种家庭的不同历史，更可以进一步研究台湾的地域社会和文化。

以台湾王世庆先生的话说，台湾家谱可以探讨很多台湾问题，尤其是对婚姻制度、人口繁衍等有极大意义，台湾大学刘翠溶教授就曾用族谱资料探讨中国的人口问题。据台北《登瀛文澜渡台始祖族谱》所记，陈文澜于乾隆四十五年至台湾，生三子，而至第三世时已有 15 人，第四世 48 人，第五世 79 人，第六世 142 人，第七世 216 人，第八世 146 人，第九世 11 人（谱为第九世时所修，统计未全），从陈文澜 1745 年生到 1953 年修谱，九世 208 年，从一人繁衍到 660 人，家谱非常详细而确切地记录了陈氏人口的历程，这对于台湾近代人口变迁的过程，有重要的参考价值。同时，我们还可以根据家谱中人物生卒年的记载，推算出历代人口的平均寿命。闽台家谱还反映了台湾先民开垦的艰辛历程，如《台湾陈氏族谱》记载陈樵于乾隆时携四子从厦门港渡海到台湾淡水河，因缺钱，忍痛将四子抵押作船租，在台开垦数年后，才向船头赎回四子。后几度迁移，风雨辛苦，将长子、次子代牛负重拖犁耙，才能耕种。

闽南和台湾大多数家谱都记载了先民从大陆迁台的过程。许多陈氏家谱就反映了陈姓迁台的情况，《绳武堂陈氏族谱》所记就是。陈姓入台，以明清两代为多，特别是郑成功复台后，陈姓人氏即随军入台，以后又垦荒经商，人口不断发展。从台湾陈氏族谱看，陈姓迁台早在唐宋就开始，明朝永乐年间到清朝是高潮。全台陈姓人口 260 多万人，约占全台人口总数的 12%，有开漳圣王派、南院派、漳浦派、惠安派、晋江陈埭派、安溪高美祖派、闽西霞鬃派等 30 多支派，分布在台北、彰化、台中、嘉义、台南、屏东等地。他们模仿福建家乡修建众多宗庙，有台北"德星堂"、台南"颖川宗庙""德聚堂"等。

　　闽台族谱对福建和台湾的历史研究也是可以起到重要作用。过去史书文献对客家研究极少，为了补充福建客家研究，近几十年学者对客家人口的迁移颇感兴趣，纷纷投入这个新的领域加以研究，但苦于资料不足。而客家地区民间丰富的家谱文献正好补了这个缺口。曾平认为台湾人口中，有一部分则是从内地迁来的客家人，客家研究权威罗香林先生说，台湾居民有三分之一属于康、乾年间自广东所迁徙入台的客家人，他举了多种家谱资料来印证这个观点。刘善群先生也举了台湾北埔《邱氏家潜》说，宋末，邱氏家族人由河南迁居宁化，是为广东客家之首，以后迁居台湾。《邱强芝公派下族谱》说，乾隆二十二年丁丑，邱强芝听说台湾岛土丰饶，想去开荒，就和族中十二户年轻叔侄兄弟等乘夜携二子出海渡台，居住上淡水之八只屋，开辟田园。《林氏九牧衍派台湾家谱》中说，林文进于乾隆十年秋抵台，在淡水牧牛耕田，那是他们婚后初次过年，除夕也吃的是甘薯粉糕，年初一即来"开田园，年复一年，子孙传为习惯"。

　　我们可以通过闽台族谱，研究福建和台湾聚落的历史，研究闽台聚落中同名同宗村的历史。有些专家一般最多利用的文献是古文书和古地图对比研究。要是能够利用家谱资料更有助于对台湾同名同宗村聚落的有血有肉的研究。你就会发现闽台聚落的建立过程，事实上就是土地拓垦的过程，家谱正反映了海峡两岸几代人甚至几十代人的"拓垦过程"。这些是在一般教科书上难以找到的宝贵资料。

　　在大量的族谱文献中，我们知道台湾汉佃在拓垦过程，首先要向官府和社番请垦，然后积累资金，办理各种手续，一旦开垦完成，再按股均分给各家。其中有许多契约文书田批字据，比较完整地收录在家谱中。施添福先生在研究台湾杨梅坜长崎坑的聚落发展时，就利用了族谱资料，并以此来核准古文书中各种事实和人们之间的错综复杂的关系。通过对家族的追踪调查，掌握聚落开发的漫长历史。所以他说，如要了解台湾燕子窝这一部落的发展史首先要依靠黄家留下的一批古文书，"但是纵然有了这些古文书，如果没有利用黄家所编的族谱，就很难厘清古文书中人物的关系，以及家族成员在聚落发展过程中所扮演的角色"。

　　台湾家谱还可以核准某些事实，同时，对某些重要的历史事实进行补充，如史家在记叙郑和西航时，关于郑氏的出航时间均有所疏忽，而家谱则称郑和出航是在

1405—1433 年之间，早于哥伦布 60 多年。如黄典权先生将郑氏时代的垦辟问题与家谱中所谓"三舍庄"相联系，进一步丰富了《从征实录》中简单一提的史料。

研究福建和台湾家谱对台湾气候环境变化、自然灾害状况都有许多意想不到的收获。如台湾家谱反映了台湾灾害史，其中记录了不少有关地震、飓风等自然灾害对福建台湾的影响。

福建和台湾家谱还记录了许多福建和台湾民俗文化方面的史料。福建客家地区族谱有许许多多客家地区特有的民俗记载，有他们特殊民俗产生的原因等，而台湾族谱一样反映台湾地区特色民俗。如台湾歌谣第一人是谁时，《南阳邓氏族谱》就给了我们答案，那就是邓雨贤先生，他是广东人，来台第六世。

福建和台湾家谱中还有许多珍贵的古文书资料，如诏书、布告、谕示、案册、指令、租税契约等。有人从家谱中找到关于财产分割、告状诉纸等材料研究本地土地沿革和家族财富变化情况。这些都是研究海峡两岸社会经济文化发展的第一手历史资料。

二、台湾台中市大甲区族谱反映与泉州地区血缘关系

台湾台中张庆宗曾经对台湾台中市大甲区和福建泉州地区的族谱、祠堂进行田野调查，撰写了《唐山过台湾，族谱在台湾闽南籍家族存在情况——以台中市大甲区为例》的论文。对大甲街区以泉州籍为主体的闽南族群聚落收藏族谱进行调研。大甲族群的详细数据，可从 1926 年日本政府在台湾实施"台湾在籍汉民族乡惯别调查"资料了解，"大甲居民，有 2338 户，13261 人。其中大甲汉人籍贯比例为同安占 32.8%，三邑（晋江、南安、惠安）占 20.5%，安溪占 2.7%，汀洲（永定）占 2.7%，漳州占 2.7%，潮嘉惠占 38.7%"。其中漳州与潮嘉惠州族群主要聚居于日南地区（日南九里分别是：日南、幸福、太白、孟春、建兴、西岐、福德、铜安、龙泉），其余为大甲街区；据 1956 年户口普查：陈（1321人）、李（912 人）、林（781 人）、王（685 人）、黄（561 人）、郭（501 人）、张（432 人）、吴（367 人）、蔡（336 人）、郑（286 人），至今这些仍为大甲闽南籍的主流姓氏。到了公元 2012 年底，大甲人口有 22118 户，77986 人，人口虽增长

5.8 倍。但因工业区的设立、大甲街区的发展和迁移的自由，致使乡村聚落消失，传统习俗淡忘。使本地原有客家族群，生活全转为闽南化。在闽南生活文化空间中，出现许多客家人已不知自己是客家籍的现象。

在大甲，不管家谱、族谱、谱牒、祖先支系表等都简称"族谱"。再细分昔日完成的"旧谱"和新近完成的"新谱"。20 世纪 50 年代以前所修或撰写的谱暂称为旧谱，内容大都能和唐山祖籍地结合，纪录祖先年代绵远流长，毛笔书写，字迹端正清秀；20 世纪 50 年代以后所写的谱称为新谱，近年所写的新谱为铅字印刷或计算机打印，图文并茂，和传统族谱很不同。

从大甲田调发现有：顶店南安籍梁氏族谱、孔门晋江籍王氏族谱、文武晋江籍郭氏族谱等。一般普通家族，昔日大都没族谱。近年则因家族成员的认知必要，开始撰写族谱，其中自然遇到缺乏数据的困扰。但仍有多家完成基本数据。

有族谱，内容详细的家族（一）

里别	迁台时间	迁台祖	唐山祖籍	族谱内容
庄尾	嘉庆年间	陈苞生	同安县马巷街三忠王宫边	两岸对接详细
顶店	同治、光绪年间	梁比美	泉州府南安县诗山镇凤坡	新、旧谱都有，新谱传记不足
龙泉	雍正年间	洪愈	泉州府南安县石井镇仙景	两岸对接详细
平安	咸丰十年	朱应三	漳州府平和县东门外础溪乡楼内	以传记形式出版，台湾资料为主
太白	乾隆三年	邱道芳	广东省长乐县横流渡利田寨圆墩下	渡台后数据，传统简单
日南	乾隆中叶	邱传万	惠州府陆丰县石马祠	渡台后数据，传统
西岐	乾隆末年	罗创元	广东省惠州府陆丰县	渡台后数据，传统
幸福	乾隆三十五年	巫植栋	广东梅县松东镇上畲	传统，曾回祖籍地
文曲	乾隆二十六年	陈任	永春州德化县半岭春栗屋	有支系表、有传
庄美	乾隆中叶	王时沃、王时沙、王时服等	南安县廿八都象运乡黄田	从南安取回，完成对接。渡台后有详细支系资料

有族谱，数据简单的家族（二）

里别	迁台时间	迁台祖	唐山祖籍	族谱内容
孔门	道光十一年	王章吊	晋江县石菌乡中集堡土号后门	简单支系表
奉化	乾隆年间	杨子爵	晋江县东边乡海厝社	全台杨氏谱之部分
义和	明中叶	李权轩	晋江县十都小归湖乡	来台第五代生于康熙十二年，有简单谱
平安	道光年间	李神助	晋江县十都小归湖乡	全台李氏谱之部分
德化	嘉庆年间	黄恭	晋江县东石镇壁角乡	小册子支系表资料
日南	乾隆年间	叶珠	南安县十三都岭下草安乡	全台叶氏谱之部分
龙泉	雍正年间	周阵	南安县崎口乡	小册，简单支系
奉化	嘉庆年间	卓体立	南安县廿二都乌树头乡	全台卓氏谱之部分
顶店	雍正年间	郭访正	同安县上渡社	新谱，传统，传记少
顶店	雍正年间	周有升	同安县	简单支系表
武曲	道光末叶	柯丁丑	同安县（不知祖籍地）	台湾部分详细
武陵	乾隆年间	刘继	同安县金门乡	渡台后支系，传统
文曲	道光三十年	纪兴	同安县	简单支系数据
武曲	乾隆年间	张趋	同安县五都洪坑乡马厝巷	渡台后支系，传统
铜安	乾隆年间	李艮	同安县灌口林地社	新谱，简单数据
铜安	乾隆三十六年	陈克壎	同安县同禾里内官社马巷	渡台后支系表、简表
孔门	嘉庆二十一年	谢国佐	同安县鳌美乡	有世系与简单数据
奉化	乾隆年间	白霸	安溪县盘头乡	全台白姓谱之部分
日南	明郑时期	林振养	安溪县新春乡	简单支系数据
顶店	同治二年	许富	惠安县獭窟乡	有支系表，有小传
文武	康熙年间	王吟	安溪县五里埔	渡台后支系表

有日据、清朝时期的族谱，近代没续写的家族（三）

里别	迁台时间	迁台祖	唐山祖籍地	说明
孔门	乾隆五十二年	王嘉狮	晋江县二十都下宅乡	详细字美，保存完整
文武	乾隆末年	郭业皇	晋江县都吟乡沧岑	详细字美，保存完整
文曲	道光十一年	蔡倾	晋江县钱湖	再抄录，内容简单
德化	乾隆年间	王志侯	南安县廿八都象运乡黄田	从南安取回完成对接
文武	约同治年间	郑芳獭	同安县大嶝田墘村	旧本为影印本

没族谱，但已整理祖先资料的家族（四）

里别	迁台时间	迁台祖	唐山祖籍地	说明
朝阳	乾隆四十年	黄轸	晋江县安海街	有祖先生卒资料
顺天	乾隆中叶	郭国变、国梓兄弟	同安县后浦堡	有祖先生卒资料
孔门	乾隆初年	林胤躬	同安县营后乡	有祖先生卒资料
中山	乾隆年间	何维	同安县新虚乡大墓口	有祖先生卒资料
奉化	嘉庆年间	陈晚	同安县马路巷	有支系表
奉化	嘉庆年间	杨埈明、杨埈英	同安县十四都后溪头乡	有祖先生卒资料
顶店	嘉庆年间	纪蓝	同安县后麝乡莿竹围	有祖先生卒资料
幸福	嘉庆年间	蔡淳	同安县十六都东西乡蔡亭堡	有祖先简单数据
幸福	乾隆年间	蔡钦	同安县金门琼林内坑	有祖先生卒资料
幸福	乾隆中叶	李克量	同安县归德里蔗内保	有支系表，生卒资料
西岐	道光年间	邵赫	同安县	有祖先生卒资料
顶店	嘉庆年间	吴协	南安县六十四都郡下吴乡	有祖先生卒资料

目前族谱撰写中（五）

里别	迁台时间	迁台祖	唐山祖籍地	说明
大甲	乾隆中业	许臣	同安县城内后香三公馆	有渡台后支系表
德化	乾隆年间	梁可时	南安县廿八都象运	撰写中，曾回祖籍地
太白	康熙年间	刘◎	兴化府仙游县	缺渡台祖名，其余台湾资料详细
奉化	乾隆年间	张◎	晋江县十一都洪塘	撰写中，曾回祖籍地

没族谱，仅从祖先牌位或墓碑或先人口述知籍贯的家族（六）

里别	迁台时间	迁台祖	唐山祖籍地	说明
孔门	光绪二十四年	高池	晋江县永宁乡	望族应有谱，但未见
武陵	1937 年迁大甲	蔡清城	晋江县平湖乡	想写谱
大甲	约道光年间	许饭	同安县马巷乡	望族应有谱，但未见
大甲	嘉庆末年	杜仁和	同安县灌口街	望族应有谱，但未见
文武	道光年间	吴潭	同安县马路巷	望族应有谱，但未见
德化	乾隆年间	何◎	同安县枫林乡	想写谱
德化	道光年间	薛◎	同安县	望族应有谱，但未见
文武	嘉庆年间	郭有光	同安县香厝里	想写谱
江南	乾隆初年	许元英	同安县	想写谱
太白	乾隆中叶	康菊	同安县	想写谱
龙泉	嘉庆年间	郑聪明	同安县八都	想写谱
铜安	道光二十八年	邵永	晋江县	想写谱
武陵	嘉庆年间	林悔	同安县廿一都高奈乡	望族应有谱，但未见
铜安	日据初期	钱添丁	泉州府同安县	纪录数据
铜安	清末移大甲	郭火	同安县	纪录数据
德化	清末移大甲	纪猪	南安县树坑乡樟脚厝	想写族谱
武陵	清末移大甲	李凤山	南安县	想写族谱

续表

里别	迁台时间	迁台祖	唐山祖籍地	说明
文曲	道光年间	黄亨	南安县和美乡	望族应有谱，但未见
武曲	乾隆初年	黄镇	南安县门口店白鹅石	望族应有谱，但未见
福德	嘉庆年间	陈郡	南安县	望族应有谱，但未见
福德	咸丰四年	陈连	泉州府惠安县	纪录数据
文武	道光年间	李神元	安溪县	望族应有谱，但未见
朝阳	道光二十四年	林文阔	安溪县年兜尾乡	望族应有谱，但未见
朝阳	嘉庆年间	余明辉	安溪县	想写谱
文武	1910年彰化移大甲	王顺德	安溪县	望族应有谱，但未见
武曲	乾隆中叶	颜顺德	安溪县乌土乡	纪录数据
福德	道光二十五年	曾寿	漳州府诏安县	纪录数据
大甲	乾隆四十六年	郑振杨	漳州府龙溪县南圾乡	纪录数据
孟春	不详	崔◎	兴化府莆田县	想写族谱
日南	乾隆中叶	陈表观	兴化府莆田县樟孔乡	望族应有谱，但未见
幸福	乾隆三十六年	陈隐	福建兴化府莆田县陈埔	望族应有谱，但未见

三、闽台许氏族谱反映了闽台许氏的血缘关系

福建先后有200余支系许姓分居台湾、金门、澎湖。许氏先祖入闽千百年来，在闽繁衍生息，福建成为许姓播迁开拓台湾、金门、澎湖和海外的源头祖地。今闽粤以及台湾、金门、澎湖各地的许氏宗亲，皆奉祀文叔为开基始祖。许滢、许天正、许爱等为入闽始祖。据金门县许嘉立宗长的统计，金门县有《许氏族谱》27册，许姓人口1万多人；澎湖县有《许氏族谱》16册，许姓人口8千多人；台湾省有《许氏族谱》27册，合计金门、澎湖等，台湾《许氏族谱》70册。据2004年6月统计，台湾许氏人口522652人，占全台湾人口总数排行第11位。

闽台许氏部份邑里族谱对接表（一）

对接族谱谱名	入垦时间	迁金台澎先祖姓名	昭穆辈行	入垦金台澎地区	金台澎联系人
晋江市安海镇前埔村许氏族谱	乾隆年间	许式生	瑞兆绍式钦克振家声丕承著美垂裕培钟涵楷焕坦铭泽朴英维增昌锐 29 字	入垦台北新庄市新树路 69 号之一后再迁移树林	龙雄微生顺发绩辉
	乾隆年间	许式生		入垦台北树林保安街 1 段 1 号 7 楼之 2	著纯
	元成宗大德年间 1297 年	四十八郎		入垦金门县山灶湖下 旧金城	金土嘉裁
		四十九郎		入垦金门县安岐湖南 南门 西门	嘉怡
晋江市安海镇古田村许氏族谱	乾隆年间	许世和	肖泉可启光　鸿世其永昌 丕振家声远　发达正万年	入垦云林县麦寮乡大湾	西河茂雄
晋江市安海镇可慕村许氏族谱	乾隆年间	彦恭 彦高彦登 彦香	开承继守钦子元志甫启赓彦景宗泽昭垂孙谋诒燕奕世绍芳英奇衍庆硕辅公卿勋猷廷献敬逊修齐州序宜选济美人文董声攸远 53 字	入垦彰化县海丰港火烧寮	茂雄
	嘉庆年间	泽企 泽厚泽迎 泽聘		入垦彰化县鹿港三块厝	木栈木盛
	道光年间	许垂端许垂恺		入垦彰化县大道理中山路	垂端垂恺
晋江市东石吕厝村高湖许氏族谱	乾隆年间	用月 用忠用联 用程	福用世钟其在昔畴咨四岳上尧阶登舜升爱历八朝贻银青允为蓬山振武 30 字	入垦台北	元忠义胜
	乾隆年间	用腾（程）		入垦彰化县和美镇	祝贤
	乾隆年间	雍（用）怡		入垦台中地区	荣库
晋江东石吕厝村西厝份高湖许氏旅谱	道光年间	许钟世	福用世钟其在昔畴咨四岳上尧阶登舜升爱历八朝贻银青允为蓬山振武 30 字	入垦金门县金沙镇官澳	许许嘉恭怡礼

对接族谱谱名	入垦时间	迁金台澎先祖姓名	昭穆辈行	入垦金台澎地区	金台澎联系人
晋江市东石镇吕厝村上厝份高湖许氏族谱	道光年间	钟恋世提钟桃钟牌钟办钟还钟苟	福用世钟其在昔畴咨四岳上尧阶登舜升爱历八朝贻银青允为蓬山振武30字	入垦彰化县线西乡沟内村	许许保荣良库

闽台许氏部分邑里族谱对接表（二）

对接族谱谱名	入垦时间	迁金台澎先祖姓名	昭穆辈行	入垦金台澎地区	金台澎联系人
晋江市金井镇十四都湖厝村赤埕许氏族谱	乾隆年间	许廉	泉州府晋江县十四都湖厝村许氏辈行	入垦台北林口乡湖北村2邻后湖29号	许源一许政治
	乾隆年间	许承珑许承选	良其育承朝天高大肇	入垦台北县林口乡	许永泉许政治
	乾隆年间	许得许鹤许天吉	逊志经书自有文章光世德	入垦台北县林口乡	许永泉许政治
	嘉庆年间		存心孝友居然仁让振家声	入垦台北县金山乡金包里	许春财许金椿
	嘉庆年间	许得公必曾后裔	泉州府晋江县十四都湖厝村赤埕许氏辈行 尚承千年基业自有文章光世德 派衍百代流芳居然仁让振家声	入垦金门县金宁乡赤埕村	许恭礼

续表

对接族谱谱名	入垦时间	迁金台澎先祖姓名	昭穆辈行	入垦金台澎地区	金台澎联系人
晋江市金井镇溜江村许氏族谱	雍正年间	许时遇 法英公	崇高中正　克孚其圣 时际丰隆　惟以守敬 16字 （裔孙供奉广德尊王许远） 台湾许其发曾托许氏宗亲带信来寻根认祖	入垦台湾高雄市高雄小港高县冈山布袋镇 基隆	许英仁 许正忠 许顺发
	雍正年间	饲伯公 助叔公		入垦金门县金宁镇刘澳 官澳	许嘉怡 许恭礼
	雍正年间	臣先 御叔		入垦桃园	许时炟
石狮蚶江镇锦里村许氏族谱	乾隆五十四年	许志明	良其育承朝天高大肇 逊志经书自有文章光世德 存心孝友居然仁让振家声	入垦台北县林口乡中湖村菁湖路16邻11号	许永泉 许政治
石狮市山上村许氏族谱	道光年间	许迹	廷基克绍　武穆文昭 钟英毓瑞　昌明吉兆 16字	入垦台湾云林县北港 分传凤山	许茂雄
	道光年间	基护 阳芳 基本 基为		入垦台湾凤山为台湾凤山许氏开基始祖	许清忠 许长源
泉州洛江区四十一都后寮许氏族谱	乾隆三二年至二十年	许太岳 宗关 宗琴 宗珪	珍陈建世孟宗可日朝仕友 续编 成金衍派　振甲班联 文光超拨　俊德标芳	入垦台北市木栅区深坑乡（化育堂药铺） 住址台北市木栅路4段123号	许铭礼 许金声

闽台许氏部分邑里族谱对接表（三）

对接族谱谱名	入垦时间	迁金台澎先祖姓名	昭穆辈行	入垦金台澎地区	金台澎联系人
泉州市洛江区四十一都房山岭后埭北田寮许氏族谱	咸丰年间	许仕赞	珍陈建世孟宗可日朝仕友 11字 续编 成金衍派 振甲班联 文光超拨 俊德标芳 16字	入垦苗栗通霄	元忠
	咸丰年间	许仕达		入垦嘉义县民雄	庆隆桂荣
	乾隆年间	孟旭 许日		入垦彰化县二水乡	景辉
	乾隆年间	孟宗 朝宗 朝瑶		入垦彰化县花坛乡	明镇秀夫
泉州市沉洲村许氏族谱	乾隆年间	许亨材	耀宗芝诗美大承世泽长克绳祖武维照前晖瑞裕后昆	入垦台北沉洲街	元忠义胜
晋江市东石镇石兜村许氏族谱	乾隆年间	许天辉 许天宝	天秀光钟其在昔筹咨四岳上尧阶登舜升爱历八朝贻银青允为蓬山振武 30字	入垦彰化县鹿港乡	健夫苍泽
晋江市东石镇下厝许村许氏族谱	乾隆年间	许遯叟后裔	绳其祖武贻厥孙谋绵瓞世代共庆箕裘 16字	入垦台湾大糖榔堡海坡寮	明镇荣库
晋江市金井镇坑园村许氏族谱	乾隆年间	许添赐后裔	逊志经书自有文章光世德存心孝友居然仁让振家声	入垦台南坑园寮（当境保生大帝俗称池王爷）	子雄来发
晋江市青阳许厝村许氏族谱	康熙年间	许连光	逊志经书自有文章光世德存心孝友居然仁让振家声	入垦云林县麦寮乡许厝寮	茂雄
晋江市十七、八都龙湖镇浯坑村许氏族谱	嘉庆年间	许有志	逊志经书自有文章光世德存心孝友居然仁让振家声	入垦彰化县鹿港乡现有浯溪墓牌字样	健夫苍泽

续表

对接族谱谱名	入垦时间	迁金台澎先祖姓名	昭 穆 辈 行	入垦金台澎地区	金台澎联系人
晋江市东石镇井林村许氏族谱	顺治年间	许以逮 许天兴 率五个儿子	延绵景福培昌炽 永锡吾家发其祥 14字	入垦台南市七股乡龙山村 台南市圆仔下	嘉栋
南安市诗山镇钱塘村许氏族谱	明永历年间	许冲怀 许申	朝珠嘉享懋明 读圣贤书显荣 文章继起奕世 簪缨光禄传芳 承先宏德 启智 拓新	入垦台南承天府 定居台南县大南门蛇仔坑	子雄 来发
南安市诗山镇钱塘村许氏族谱	康熙年间	许冲怀 许申后裔		移居凤山县竹仔山高雄县里港南投县竹山林筑上塘厝	清忠 长源

闽台许氏部分邑里族谱对接表（四）

对接族谱谱名	入垦时间	迁金台澎先祖姓名	昭 穆 辈 行	入垦金台澎地区	金台澎联系人
南安市石井镇石井街许氏族谱（石井街有300多个先祖相继入垦台湾地区）	明永历年间	顺规派下许香同子许迪 许清	世伯孙彦若允公熙奕可40字 用仲子哲思迪侯朝胤 宜俞友维嗣君卿 继绍成翘谋贻兆士曜徽昭	入垦澎湖县西屿和竹篙湾	许丕显
	乾隆年间	许晚		入垦澎湖县马公市锁港里	许丽音 许茂盛
	崇祯年间	许福 许东父子		入垦台中神冈后裔移居屏东县东港	许熏钦 许荣库 许世裕
	康熙中叶	许哲栖		入垦台南市后裔分传南投 高雄	许添财 许文钦 许英仁
	康熙年间	许辂名伯奎字俞殷后裔		入垦台湾罗汉门外番薯街脚帛寮	许明镇
	康熙末年	许建总		入垦台北市松山区	许高桢
	康熙年间	许质朴 许利 许会		入垦彰化县田中镇后裔移居屏东县石龟溪佳冬脚	许景辉 许世裕 许文瑞
	雍正年间	许㑷 许登		入垦彰货县员林镇	许琼聪
	雍正年间	许高同许日许照父子		入垦彰化县田中镇后裔移居屏东东港	许景辉 许世裕 许文瑞
	雍正年间	许皆同四个子许旭许礼许宝许贤		入垦彰邑北路燕巫中庄	许木栈 许木盛
	乾隆年间	许九 许征兄弟		入垦屏东县东港	许世裕 许文瑞
	乾隆年间	许偶 许倩兄弟		入垦高雄市凤山	许清忠 许长源

闽台许氏部分邑里族谱对接表（五）

对接族谱谱名	入垦时间	迁金台澎先祖姓名	昭　穆　辈　行	入垦金台澎地区	金台澎联系人
南安市石井镇石井街许氏族谱（石井街有300多个先祖相继入垦台湾地区）	乾隆末年	许云	世用宜继　伯仲俞绍　孙子友成　彦哲维翘　若思贻谋　允迪嘉兆　公侯卿士　熙朝君曜　奕胤嗣徽　可绳穆昭　40字	入垦云林县麦寮乡海丰港保刘厝庄	许茂雄
	乾隆末年	许肇业 许溪父子		入垦新竹市后裔移居屏东县东港和佳冬脚	许莲蒲 许金钟 许世裕
	乾隆末年	许森 许复兴 许志仪		入垦嘉义市新港后裔移居云林县麦寮乡许厝寮庄	许桂荣 许子腾 许茂雄
	嘉庆年间	许照长子许肇基		入垦屏东县东港卒葬东港仑仔顶	许世裕 许文瑞
	道光年间	许昭 许厚兄弟		入垦云林县林内后裔移居凤山县	许文志 许清忠
	道光年间	许寝		入垦屏东县东港后裔移居高雄旗山高雄县大树乡	许世裕 许开传 许铃华
南安市霞美镇埔中村许氏族谱	乾隆癸酉年（1753年）	许廷甫	一国科廷天大际万年子孙绪堪稽风调雨顺新祠宇振起家声显世系	入垦台北县淡水霸寓沪尾关渡口绸寮仔	许鸿禧 许耿华
南安市石井镇桥头村许氏族谱	嘉庆年间	许汉 许浩其后裔	高源世永锡垂裕尔贤能敬宗尊孝德方知祖泽存20字	入垦彰化县桥头村花坛乡桥头村社头乡桥头村台南新市乡桥头村高雄县桥头村	许祝贤 许琼聪 许茂雄 许义雄 许英仁
南安市官桥镇西林村许氏族谱	乾隆初年	许厚朴	太和元气 光风霁月玉色金声 赫耀照烈	入垦南投县竹山	许文钦
惠安东园镇凤浦许内村许氏族谱	光绪八年	许大公	逊志经书自有文章光世德存心孝友居然仁让振家声	入垦金门县金城镇庵前村	许经立 许永岱

闽台许氏部分邑里族谱对接表（六）

对接族谱谱名	入垦时间	迁金台澎先祖姓名	昭穆辈行	入垦金台澎地区	金台澎联系人
惠安县惠北八都厚林铺打银乡许氏族谱	道光年间	十世郭敏 十一世碧江 十二世福星	日升东海上 丕显及时明 遐迩皆同仰 历来有定期	入垦金门县后沙村宣统年间再徙迁金门县金城镇南门池仔垵	及松 明纯 金钻 水盘
惠安县八都厚林铺打银乡许氏族谱	道光年间	焕观派下少辟 少关	日升东海上 丕显及时明 遐迩皆同仰 历来有定期	入垦金门县金宁镇后沙村，后裔分传营山、浯坑官澳	及松 明纯 金钻 水盘
石狮市祥芝镇后湖村许氏族谱	乾隆年间	许宗湖	逊志经书自有文章光世德 存心孝友居然仁让振家声	入垦台南柚瓦坑村	子雄 来发
翔安区新店镇文崎下许村许氏族谱	嘉庆年间	许贻义 许贻胜 许周由	道廷观尚弘 子尧 君朱舜 贻良周思远 论派 是宗先 传泽由光固 子孙 合万千 30字	入垦彰化县大城乡及芳苑乡	木盛 木栈 益谦
	乾隆初年	许舜坚		入垦嘉义县太保市	桂荣 子腾
	乾隆初年	许帝德		入垦云林县麦寮	良琴 茂雄
	嘉庆年间	许云捌		入垦彰化县大城乡五间寮	明镇
	雍正年间	许尧延后裔	台湾云林县许良琴 编修 许帝德派下七房第七柱 族谱	入垦彰化县大城乡下海墘厝	木栈 木盛
同安灌口上许村下许社许氏族谱	乾隆年间	许赖前 许赖家	维居宜远近 论派 是宗先 传泽由光固 子孙 合万千	入垦台北市延平北路6段56号台北市士林区	永隆

续表

对接族谱谱名	入垦时间	迁金台澎先祖姓名	昭穆辈行	入垦金台澎地区	金台澎联系人
同安西塘内厝蔡厝口上塘马巷深沟许氏族谱	道光年间	许高凤	贻谋现细孝子贤孙开高建成世永复兴笃生英杰冠伦魁发弘扬祖业丕振家声	入垦彰化县鹿港	苍泽 茂雄
	乾隆末年	许高赐		入垦云林县北港	茂雄
	嘉庆年间	许高明		入垦台中地区	荣库 钻源
同安马巷镇后许村许氏族谱	清末	袋仔公	以代允孔子伯君卿奕世济美忠良教友光照宗固宝贵荣华万年传芳 28字	入垦金门县烈屿乡湖井头	许金本

闽台许氏部分邑里族谱对接表（七）

对接族谱谱名	入垦时间	迁金台澎先祖姓名	昭穆辈行	入垦金台澎地区	金台澎联系人
同安大同镇桐屿村许氏族谱	乾隆年间	元台公	祖元贞惠德记绍肇徵嗣榕汉志元永章	入垦澎湖县马公镇石泉里西宅房份	许茂盛

续表

<table>
<tr><th>对接族谱谱名</th><th>入垦时间</th><th>迁金台澎先祖姓名</th><th>昭穆辈行</th><th>入垦金台澎地区</th><th>金台澎联系人</th></tr>
<tr><td rowspan="5">安溪县龙门镇仙地西庚许氏族谱</td><td>雍正年间</td><td>许大成</td><td rowspan="5">耀 圻 钟 潮
梓 炳 培 铭
淑 槐 煌 埴
锦 沇 椒 荣
埛 铖 淙 柏
廷 坦 锡 清
24字</td><td>入垦台北市敦化南路2段39号</td><td>胜发
坤南</td></tr>
<tr><td>乾隆年间</td><td>许大成后裔</td><td>入垦台南县官田乡渡头村许氏祖厝
现住址：台南市永华路2段6号2F</td><td>许添财</td></tr>
<tr><td>乾隆年间</td><td>许廷芳
许 环</td><td>入垦台北县石碇乡</td><td>铭德</td></tr>
<tr><td>嘉庆年间</td><td>许庆荣
许 梨</td><td>入垦台北县深坑乡和泰山</td><td>铭礼
承树</td></tr>
<tr><td>乾隆五十四年</td><td>许标重</td><td>入垦台北景美区</td><td>新荣
著纯</td></tr>
<tr><td>安溪县城厢镇光德许氏族谱</td><td>乾隆年间</td><td>许澄拟
讳中直公</td><td>朝翰世卿侯
祖德流光
衣冠继起
孙谋贻燕
边豆常新</td><td>入垦台北市松山区塔悠</td><td>许度章</td></tr>
<tr><td>安溪县湖头镇虞都许氏族谱</td><td>嘉庆初年</td><td>许建蓝
许懋朗</td><td>朝廷奕懋建
侍御振元戎 10字</td><td>入垦台北县莺歌</td><td>元忠
元和</td></tr>
<tr><td rowspan="2">安溪县湖头镇五阆山下洵美下寨许氏族谱</td><td>乾隆中叶</td><td>博斋公
许克辅
许武勇</td><td rowspan="2">文荣良淑
光廷钟元
丕布恩德
奕世昌传
用增仕绍
克绳祖武
仁慈忠孝
垂裕后昆
32字</td><td>入垦台北县树林柑园 东园 北园</td><td>许万益</td></tr>
<tr><td>嘉庆年间</td><td>许元泮</td><td>入垦彰化县线西乡</td><td>保良</td></tr>
</table>

续表

对接族谱谱名	入垦时间	迁金台澎先祖姓名	昭穆辈行	入垦金台澎地区	金台澎联系人
永春县城许内街许氏族谱	光绪年间	开永公讳熟公	友世朝庭 文章华国 诗礼传家 声遵道行 立志存诚 宜直尚实 良启永登 思文兴仁 式望高靖 奕代昌宁	入垦台北三峡镇中山路 277 巷 13 号 7 楼	许炯城
	光绪年间	开永公讳熟公		入垦台湾花莲县玉里镇大同路 183 号 1 号	许永熙

闽台许氏部分邑里族谱对接表（八）

对接族谱谱名	入垦时间	迁金台澎先祖姓名	昭穆辈行	入垦金台澎地区	金台澎联系人
厦门市翔安区内厝镇萧山许厝村许氏族谱	崇祯年间	伯诩派下许弁	维居宜远近论派是宗先传泽由光固子孙合万千20字	许弁随母分居金门县烈屿乡	许德有许丕德
	康熙年间	许养溥（后房份）		入垦澎湖县望安乡	许龙富许元然
	康熙末年	许远光		入垦云林县麦寮乡	许茂雄
	乾隆末年	世喜字近钦率五子		入垦彰化县大城乡丰美村五间寮	许明镇
	嘉庆年间	许吕煌后裔		入垦台北县汐止市福德二路 351 号三楼	许敬乡
	嘉庆年间	许衍派下许英衬		入垦台中梧棲镇中央路 1 段 929 巷 29 号	许英衬
	1977 年	台湾许是谅编修《萧山许棍公派下世系表》			许是谅
翔安区新店镇桂园村许氏族谱	乾隆初年	许立晋水宫后二房	对联 太岳流芳世远泽 长光祖德 桂园衍绪地灵人 杰茂孙枝	入垦彰化县二水乡东螺西堡关庄碑头 197 番地，族谱高阳堂	许光琳

续表

翔安区新店镇下东界村许氏族谱	乾隆年间	许日进派下十二世殿言十三世会玩十四世士登士宿士居士秀十五世子浅	维达体邦学汝君伯荣朝廷殿会士子得永成家风辉21字续编：龙生由于化世代联国禧（目前新竹市许宜公裔孙有800多人）	入垦桃园县新屋乡后裔徙居新竹市新丰乡新丰村	许明财许天送许莲蒲许金钟
	雍正十二年	许利生		入垦新竹市大义村	许明财许应生许赐旺
翔安区新店镇桂园村许氏族谱	雍正年间	希典 声良父子	对联太岳流芳世远泽长光祖德桂园衍绪地灵人杰茂孙枝	入垦台南县佳里镇佳化里	许文彬

闽台许氏部分邑里族谱对接表（九）

对接族谱谱名	入垦时间	迁金台澎先祖姓名	昭 穆 辈 行	入垦金台澎地区	金台澎联系人
漳州市诏安县南诏许氏族谱	元成宗大德年间	五十郎许忠辅	朝廷士应选邦国贤为珍文章举科第诗礼传家声20字	入垦金门县后浦后湖官里 山前 庵前 榜林小径 新市 料罗 烈屿 东林 金城镇东门北门	许金象 许金龙 许庸文 许秋霖 许金锭
	康熙年间	许侃德		入垦台南县西港台潭村后裔移居台北县石碇乡永定村大湖格路20号之一	许昭男
	雍正年间	许文廷 许奇远		入垦彰化市分传南投县	许祝贤 许文钦
	乾隆中叶	许吉昌		入垦南投县埔里	许文钦
	乾隆中叶	大有 元庆兄弟		入垦彰化县芬园乡	许琼聪
	乾隆年间	仕德 大有兄弟		入垦台南市七股乡佳里镇建南	许昭男
	乾隆末年	许赏		入垦台北县金山乡美田村心仔社分传台中竹仔脚	许春财 许金椿 许钦熏
	道光年间	许速		入垦宜兰县庄园三星村	许丁川
	乾隆十三年	许阿九		入垦台北县金山乡丰渔村水尾	许春财 许金椿 许金和
	乾隆三十五年	许溪山		入垦台北县金山乡美田村心仔社	许春财 许金椿 许金和
	乾隆三十五年	许心妇		入垦台北县西湖倒照湖	许春财 许金椿 许金和
	乾隆四十年	许锡安		入垦台北县金山乡永兴村跳石	许春财 许金椿
	乾隆三十五年	许金锥		入垦台北金山乡美田村仑仔顶社	许春财 许金椿

闽台许氏部分邑里族谱对接表（十）

对接族谱谱名	入垦时间	迁金台澎先祖姓名	昭 穆 辈 行	入垦金台澎地区	金台澎联系人
金门安岐许氏族谱	雍正年间	四十九郎贻远派下许肇建	祖元贞惠德记绍肇微嗣榕汉志元永章	分居同安区大同镇桐屿村	许清池
金门后沙许氏族谱	乾隆年间	维元同六个子启亮 启列 启杰 启忠 启祯 启惠	隆世维启源敬侯扶妈伯日月千天德山河壮帝君20字	入垦台北市和平瓦瑶村后裔移居台北县新庄市西盛里许厝	许添錡许良助
金门县珠浦许氏族谱	明朝末年	许应宗	时惟从子际启伯源克公允侯嘉乃丕绩燕翼贻谋敬铭其德24字	分居泉州市鲤城区前后浦村	许文礼许书远
	明朝末年	许乃容同三个子丕礼 丕义 丕谦		分居泉州市涂门街	许丽影
	康熙年间	许八		分居厦门市小嶝岛	许水谷
	乾隆年间	忠辅后裔		分居漳洲龙海市大径村许厝村	许玉胜许木水
	明万历年间	许应朝		入垦澎湖县白沙乡瓦硐村	许丕显
	明万历年间	许挚夫后裔		入垦澎湖县湖西乡许家村	许丕显许丽音
	明永历中叶	世朝世聘后裔靖奕靖博靖辰		入垦澎湖县白沙乡后寮村	许丕显许丽音
	明永历中叶	许木本		入垦澎湖县马公市乌坎里	许茂盛
	崇祯年间	许文璋		入垦澎湖县西屿	许丕显
	崇祯末年	启谦 伯登叔侄		入垦澎湖县白沙乡后寮村	许丕显
	十三世	许武翰		入垦澎湖县湖西乡许家村	许丕显
	十三世	际仁长子启端		入垦澎湖县北寮	许丕显
	十四世	启泰长子伯嘉		入垦澎湖县白猿坑	许丕显

第三章
闽台族谱中族群与血缘根亲概况

追本溯源、寻根谒祖是中华民族的优秀传统美德，也是人类文明的文化。树离根不活，人无根不立。千枝一本，万姓同源，树高千丈，落叶归根。寻根是人类古老的哲学终极命题，尤其是全球华人都有一个共同的寻根情结，认祖归宗是中华民族伟大凝聚力的血脉之源，是血浓于水的最至诚的精神归宿。中国人热爱寻根，其实西方人也热爱寻根。自古以来，"我是谁？我从哪里来？我要到哪里去？"便是古老的哲学三大终极命题。欧洲人也同样热衷于寻根，热衷于在回首历史中确认今天的身份。中国人热爱寻根，为了记载自己的根脉与源流。所以，几千年来，中华民族国有国史，地方有地方志，家族有族谱，形成中华民族的三大历史文献，这是世界独特的文化遗产。尤其是中国的族史——族谱一直以自己独特的风貌屹立在中华民族优秀文化之林，记载着各个家族的播迁与繁衍，其中许多素材是国史地方志中都难以觅见的。

第一节 台湾谱序和开台祖行状记载了族群的形成

台湾族谱都明确记载了台湾族群的形成历史。一般台湾族谱都会对族群的渊源、播迁、入闽、迁台、郡望进行简略的叙述；对迁台祖的迁台过程作记载，明确大陆的祖根，要子孙不得数典忘祖。对祖根在大陆的，主要的做法是将谱序的源流与迁徙都照搬祖谱，对迁台历史会在台湾的支谱序言具体强调。

一种是直接在支谱序中介绍，台湾一般的族谱序言都是把源流和入闽、迁台一并叙述，如《台湾澎湖欧阳氏谱序》《台南西港刘氏族谱序》《台湾吴姓燕翼堂族谱序》，下面全文刊录如下，供了解：

《台湾澎湖欧阳氏谱序》：

溯我欧阳氏为夏禹苗裔少康之庶子无馀封于会稽以奉禹国号越传二十余世至勾践之子号食采于欧山之阳因以欧阳为氏历数世至询公为唐宏文馆学士工书翰又妙飞白贞元三年敕修家谱其子通亦工书官礼卿纳言是为江西湖广分派之始祖从子韶季孙幼咸曾孙徽衍玄孙昌公挈眷范氏由江西入闽为博罗县丞后擢泉州通判遂家于晋江潘湖里生子三长谟公为安固县丞次巩公为潮州司仓三子詹公为唐贞元八年开科首登进士闽之科第鼎甲自公始也尝读书作诗于南安高盖山顶有诗山读书处故名诗山后又读书于龙头山常泰里今甲第宫后巷又徐公店欧祠山南四门府第是其欧阳祖祠故址现有堂塑像而祀焉并建不二祠在泉城北大城隍后与小山丛竹毗连唐宋元明间文学大盛而在潘湖科第者三十余人詹公次子萌公分居兴化莆田福平山北螺村能文三世均举进士传数世而至仪公时洪武二年遭变乱族名黑蜂之难仪公诸子散居各处而居焉

廿二世孙欧阳开馨承祖之泽族人之托阅谱之族系之迁徙水木之源本爰爰数语遂以为序

《台南西港刘氏族谱序》：

西人哲学所瞩之基本问题有三：曰"汝为谁"，曰"汝从何来"，曰"汝向何处去"？曩者在吾邦此三问则皆非为题。盖吾邦重宗族、尚传承，无需发此三问。先贤往圣所沉思者，非西人之所问者也。维今日之台湾，此三问反成难解之题，莫衷一是。倘不得解而迁延日久，恐人心因而分崩，族群为之分裂，卒成当世之患，遗子孙之忧。当务之急，在重拾传统，在认祖归宗，而后族群和睦，家邦永固，庶有济乎？

刘君明富，与吾以网路结缘，萍水相逢而成忘年之交。尝言及其祖迁台已历十数世三百余载，迄今而未编宗谱，乃发愿今生必编成本族宗谱而后已。遂念兹在兹，夙兴夜寐，穷三十载之功，编撰不辍。丁酉末，喜告新修宗谱将成，嘱余为之序。余感其劬劳，遂不惴浅陋，欣然领命。

台南西港刘氏，宋中兴四大名将之首刘锜公之后也。锜公，字信叔，宋德顺军人。生宋哲宗绍圣五年戊寅，卒宋高宗绍兴三十二年壬午，寿六十有五。赠开府仪同三司，谥武穆，后改武忠；宋孝宗追封其为吴王，加太子太保。并尊为神，受享信众香火。葬泉州府清溪县（安溪）。宋高宗绍兴十年，以顺昌大捷有功，其父仲武，追封英国公；祖恂，追赠太子太师；曾祖玉，追赠太子太傅，其馀母眷并皆得封赠有差。此收载四库全书紫微集卷十四，以此并知其上三世世系也。

锜公为入闽始祖，其后始居泉州府石狮大堡，而播迁四方。入台始祖登魁公，其先由大堡迁同安。国姓爷郑成功驱荷夷，定台湾，公为将，从之，始迁台南西港繁衍传派，已历三百余载，传十数世，枝繁叶茂。今谱始成，庶可告慰宿世先辈于九泉之下。

家之有谱，犹国之有史，所关匪浅。于今日之台湾，则有特殊之价值。台南西港刘氏宗谱之编成，祈望宗祧可重，宗亲可联，祖训可垂；先代之显晦，世次之远近，门祚之隆替，皆有镜鉴。而祖先甘冒矢石，抗敌御侮之勇武，之气节；于沧海桑田之际，乃敢为人先，堪当大任，可传后人，可鼓士气，可为立族之本。

是为序。

公元二〇一八年三月十五日岁次戊戌正月廿八日

宗裔侄孙南安刘林侯道钧盥手敬序

《台湾吴姓燕翼堂族谱序》：

族有谱，犹国有史，省县之有志；记既往以告来之者也。尤以族谱之立，在使子孙明乎支派源流之所出，俾知继志述事，承先启后之责。其意义岂只宗族绵延之绪系，实乃国族繁衍之所系也。

我族自始祖德广公创基丰邑，历六百载；自五世桂轩公始立族谱，再修丁岱云公，三修于海舍公，四增于正峰公；逾二百年，至民国三十年秋，汤田族长始有修谱之议。遂公推实生侄台主编辑事，设族谱办事处于汤田，推定各房采访员，经费概由公尝负责，历一载而成。

谱分三卷：世系一，人物表节孝表一，艺文杂录一。世系源流，远溯黄帝轩辕祖之始世，继及三让王泰伯公受姓始祖之源流，延陵季札公传汉公，及至畏庵公（德广公之父）之世系。穷源竟委，千年祖绪，一脉相承，蕃衍绵延，房派井然，至伟至备，实为我族世代子孙之珍贵家乘。

大陆扰攘，族人来台者甚众。每谈及族谱事，非惟无存，且多未见。幸故陆军中将逸志兄珍藏一部，诚仅存之硕果，岂容散失；遂有重印之议。然经费筹措，实非易事。乃先向族人发函征购，继而邀请族人商讨重印事。到会有志存，昌麟，克谐，式梁，伟英，昌兰，思汉，适时诸叔侄。决定重印之旨，在保存原谱之篇页，不做编修为原则。然族人在台结婚生子者之增列，认为既无损世系之绪，复可供将来修谱之参考，事属可行。乃推定式梁，思汉，适时三侄负责重印一切事宜。历经岁时，始获藏事。

此次族谱在台重印，足见族人重视谱牒乃传家瑰宝。虽在物力艰难之今日，仍能踊跃订购，襄成善举，将必有助于光大宗族，宏扬祖德也。爰述重印始末，告诸族贤，传示来祀，是为序。

一九六六年十月

十八世裔孙 曙青励生同谨撰

另一种由于族谱规模比较庞大，把台湾族谱的序分为源流、入闽、迁台三个序进行详细记述，其中源流和入闽分别引用大陆祖谱的老序。如《台湾雾峰林氏族谱公谱》，有源流序、入闽序和修谱序：

《林氏正宗源流族谱序》：

林氏之先，出自黄帝高辛氏后。黄帝乃有熊国君少典之子，姓公孙，名轩辕；母曰附宝，视大电绕北斗枢星，感而有孕，二十五月而生帝于寿丘。长于姬水，有圣德，受国于有熊氏。纳四妃，生二十五子，得姓者十有二。一曰云相，相生玄嚣，嚣生蟜极，极生帝喾，为高辛氏。娶有娀氏女，名简秋，从祀于禖，浴于玄丘之水，见玄鸟堕卵，取而吞之，遂孕而生契。及长贤，而舜用之，荐于尧，为司徒。佐禹治水有功，乃封国于商，赐姓子氏。契生昭明，明生相土，土生昌若，若生曹圉，圉生冥，冥生振，振生微，微生报丁，丁生报乙，乙生报丙，丙生主壬，壬生主癸。癸生天乙，谥曰成汤；伐夏无道，得天位，为殷国。传太甲、沃丁、太庚、小甲、雍己、太戊、仲丁、外壬、河亶甲、祖乙、祖辛、沃甲、祖丁、南庚、阳甲、盘庚、小辛、小乙、武丁、祖庚、祖甲、廪辛、庚丁、武乙、太丁、帝乙、而生帝辛，为商纣。暴虐无道，杀害生民。比干，纣叔父，帝乙庶弟也。有贤德，佐纣为孤卿。见纣无道，微子去箕子囚，累谏不听；乃叹曰："主过不谏，非忠也；畏死不言，非勇也；即谏而不从且死，忠之至也。"乃奉面而进，谏不去者三日。纣问何以自持，比干曰："善行仁义，所自以持也。"纣怒曰："闻圣人之心有七窍，信有诸？"遂杀比干，剖视其心，焚其面，下令曰："宗小师说妖言惑众，故诛云。"又剖比干次妃胎而视之。时正妃夫人陈氏有孕三月，恐祸及之，即将婢四人奔于牧野，避纣之难；逃于长林石室中，而生男名坚，字长恩。至周武王伐纣，夫人乃将坚归周朝。武王以其居长林而生，遂因林而命氏，赐为林氏；以其殷汤之后、先王之胄，且能远害避纣之难，以不绝其世。其智足以任政，遂拜坚为大夫，食邑博陵，受封爵焉。

夫人受姓，各有所因。或以生而得姓，或因功而命氏；有功则有官，族邑亦如之，是其义也。如黄帝生姬水，故姓姬。尧生伊耆，故姓伊耆。舜诞姚墟，故姓姚：此因生而得姓。因官，若司徒、司马之类是也。官族者，若孟孙、叔孙之徒，食邑而姓。取地而姓者，各因其封；若蔡、管、宋、楚、齐、魏、韩、梁是也。故林之受姓氏者，实自坚始。坚之后居博陵，子孙遂成阀阅。历周、秦及汉，玉钮金绳，枝叶繁兴，荣荫当世。战国以来，遇始皇焚书坑儒，谱牒散落。后汉之末，遭董卓迁都长安，坟籍失去。卓言林氏门宗强于河北，汉主受卓谮，收林氏宗族七百四十四人，同时流窜，昭穆失序。降及三方鼎立，天下凡为三国；生民惟习武功，莫知文艺。爰自晋氏失驭，五马浮江，衣冠避于南地，因以枝分叶散。前后纪牒，多所阙漏。白非建盛节、立奇功，可以着美一时、垂名千载，鲜有不坠者矣。以故大族帝王之裔、世家诸侯之胤，忠臣孝子、文德武功，各擅兰芳，俱传桂馥。着马迁之《史记》，传述殊名；见篇目之繁文，君臣异式。莫不世序相承，昭穆不紊。及观受姓得封之因，源委可究。桑梓卜居，邱陵兆域。适时迁而南渡，遇世乱而北移；或受爵而西分，亦因居而东徙。虽复三江殊流，会出岷山；九河暂分，终归沧海。缀集条贯，举宏纲目；派系虽别于九州岛，星罗实同于五纬。上自博陵受封，下及贵贱无殊，具题缄对，名曰《宗谱》。惟夫命代奇绩，载在茂陵之书；冠世高勋，先纪邱明之史。各随事实，欲其传信。庶几来代哲人，尚有所考云。

　　　　　　　　　唐贞观六年四月朔中书令西河公并州温彦博譔

《晋安世谱校正序》：

　　林氏出自子姓。殷少师比干谏纣而死，其子坚逃于长林，周武王克商，封比干墓，爵坚郡公，命为监，赐姓林氏，食采博陵。坚生载、磋。载，袭封清河公；磋，成王时为大夫。磋生虎，为康王卿士；虎生光，康王再命为大夫。光生相，昭王时复为监，监诸侯国。相生玄，玄为元士。玄生凤，凤生翊，翊生苌，世为夏官。平王东迁，苌之后材，总六师以从。自是林氏或在周，或居鲁，或在齐、卫。其在周者，贞，为卿士；英，为太保；隽，为畿内侯；宏，为内史；繇，为司冠。其在鲁者，雍、不狃、楚，代仕季氏，传称季氏之良者。而放，问礼孔子，以长山侯祀阙里。其在齐者，回，见《庄子》，既，见《说苑》。其在卫者，类，年百岁，与孔子同时，见《列子》。战国之时，或在周，或在秦；而相赵者皋，始居九门，有九子，号十德之门。秦并赵，徙齐郡、邹郡。始皇时，诘，为河东郡守；文度，朝歌令；治，为治粟内使；亮，侍中。汉高祖定三秦，皋四世孙挚，从赵元父有功，封平棘侯千户；传子辟疆，国除。景帝分邹县置济南郡，遂为济南人。元康中，辟疆曾孙常觊为贠围大夫。盖自平棘懿侯四世而太传尊，始由儒术显；以今文尚书，授丞相平当，傅为欧阳氏学：故济南之望独盛。而秦侍中亮之后，则有御史大夫别、少府述、御史中丞光，历仕文、景、武帝朝。其出守广陵者告、后汉侍御史衮、吴将军恂，实后之。哀帝时，鉴，为北平太守；后居平凉者，为后魏太守遹。而同，居成都，抱道隐居；元正间，杨雄师之：其始末无闻焉。新室更始之际，或隐或仕。光武中兴，时，为徐州刺史。而尊之六世孙清泉侯邈，亦徐州刺史；下邳林氏，其后也。永平中，言，为少府卿；三传为大将军万年侯恂。汉末，农，为司隶校尉，录尚书之事；祇，尚书仆射：此其尤著者。而礼，为鲁王相，历山阳平原太守，以治行称。魏受禅，谭，为尚书郎；豫，为河南、河东太守；道固，吏部尚书。晋泰始初，玉，为侍中兼司隶校尉；显，历安定、博陵、山阳三郡太守。而清泉之五世孙乔，与释道林为友，《世说新语》记之；玄孙道明，后魏清河太守。清河子胜，北齐散骑常侍，后始见之临清；唐太常博士宝祖焉。其居广平者，隋太子率令庭珉，自仕县徙魏郡；庭珉生实，广平魏郡盖同出也。晋安林氏出自徐之下邳，晋黄门侍郎颖（一作隶、字符从）；隋元帝南迁，初寓江左，生懋、禄。懋，下邳太守，生六子：鉴之、宜之、庆之、侃之、旭之、敬之，时号六龙，是为下邳祖。禄，由散骑常侍迁晋安太守，卒于官，追封晋安郡王。二子：通直郎景、广威（一作威武）将军遁；葬散骑于温陵九龙岗，始居侯官县都西里，是为晋安之祖。景生散骑常侍开国侯绥；散骑事独详，遁之后不见于谱。而开国五子汉、群、格、熙、鄱，子孙始居莆田，历宋、齐、梁、陈、隋仕者甚众。开国七世孙英之后，自莆田迁洪州，隋末士弘称帝鄱阳是也。十二世孙唐饶州刺史万宠，三子韬、披、昌。韬生尊，尊生福唐尉攒，以孝致白乌甘霞；贞元中，诏立双阙以旌之，故世称阙下林家。昌，居漳浦。而披为太子詹事，生九子：苇，端州刺史；藻，殿中侍御岭南节度副使；着，横州刺史；荐，韶州刺史；晔，通州刺史；蕴，尚书员外郎、邵州刺史；蒙，循州刺史；迈，雷州刺史；蔇，福唐刺史。惟藻、荐，成进士；苇、着、晔、蕴、迈、蔇皆明经及第；蒙由荐辟。而蕴以忠义拒刘辟，事载《唐史》儒学最知名，世称莆田九牧是也。苇生平乐县主簿恕、丰城县主簿应、寿州司户惠。荐生广济令凭、武昌令总。晔生建安尉愙。蕴生国子祭酒愿，其后蔓衍于莆。蒙生余杭令愻，其后皆居闽县。迈生都昌令愈，其后分居长乐、长溪。蔇生晋江令恩，其后居仙游。盖自永嘉南迁，晋安族姓，闽中推为第一。其散处侯官、福唐、长乐、连江、温陵、南安、清溪、德化、惠安、龙溪、漳浦者，皆其苗裔，而莆田最盛；故唐、宋称为昌宗。

　　盖长林赐姓，自晋、魏以来言氏族者，相承如此。故唐李翱作比干庙碑亦据以云，而《列子》林类、《庄子》林回，注家相传，皆云殷之遗民。林宝著《元和姓氏纂》时，匡簿家藏，固足征不诬矣。独夹漈郑氏云：以字为氏，周平王庶子林开之后；开生林英，英生林茂、林庆，具讥宝以不知其姓之所自出。窃疑之。按《春秋传》，林雍、林不狃、林楚，代仕季氏；故曰林氏之先，皆季氏之良也。

而放，为鲁人；回、既，皆齐人；类，为卫人：在春秋之时，宜非近世矣。夫林开为平王之子，其孙必以王父字为氏，何得入春秋百余年间其子孙离宗为庶，反仕陪臣者若是之众且远哉！且唐人尚谱系之学，家藏谱系之书，非若后世之判涣无考也。宝之为博士，尚论其世；而乃昧其所自出乎？无是理矣。然宝之所独详者，直济南而下徐州清泉派耳。他如平凉、广陵、魏郡、晋安、成都，仅附见焉。而黄门下邳之后，述于林蕴者，源流本末最为详备。岂非永嘉之乱，文献以南，当时衣冠世族之旧犹有存者，郑氏盖偶未之见耶？至于晋安之林，唐、宋号为昌宗，宝由黄门入闽，族姓推为第一；又有九牧、阙下，以彰大之；而寥寥清泉之裔，无或论着者。郑氏以是讥宝，何也！然郑氏所据，乃《邹县风俗通》所云，而邓名世氏辨误，亦以为然。余观桓王之孙，有林茂、林英者，为王子克之子，则又一族而名氏同者两人，是郑说疑信已相半矣。否则林开之林，又自为姓，亦如虞仲之为虞也与！故今既据旧谱为谱，而复疏其异以备参考焉。

明永乐十八年（庚子）十月

右春坊右谕德翰林院侍讲闽县裔孙志谨譔

《林氏宗庙修谱序》：

林氏旧谱，世传出于唐林蕴之手。然观各宗刻本，其首皆弁以温彦博之序。彦博为太宗从龙之臣，而蕴实贞元朝士，则旧谱不始于蕴明矣。独恨温序不言此谱得自何人，来自何地；由今思之，贞观之初，以海内一统，再定族望，意其时必尝征郡国名家之谱，使上之中书，故温乃得见而序之耳。自尔以来，谱学特盛、林宝尝萃之以着《元和姓纂》；今谱中有《古仕籍考》一篇，记载简当、而引据又多秘籍，殊非后人所能；则宝与蕴二人者或居其一欤！宋、明迄今，修辑日繁，顾卷帙虽多，而名篇转少；试覆而校之，除《仕籍考》《世系表》而外，其足资考证者，仅有《林氏世纪源流》及明林志《晋安世谱校正序》二篇。而所谓《世纪源流》者，既阙撰人名氏，又琐碎不成片段；于是林志一篇，乃益为凤毛麟角矣。

民国壬申台中林氏宗庙，复有修谱之议，董其事者：从叔烈堂、献堂、阶堂、族叔秋金、宗兄耀亭，不才谬厕其列。夫修谱之难，既为上所述；重以处典籍无征之地，丁彝伦失序之秋，则难之上复加难焉。议者又曰："必续《士籍考》"；不获已，乃取坊间共闻共见之《人名辞典》《尚友录》诸书排比而纂录之。冷汗浃背，勉强成篇。嗟乎！是亦聊以塞责耳；抑何敢谓绍述先人、光扬祖烈哉！

民国二十三年（甲戌）仲冬台中裔孙幼春谨撰

又如，《桃源前溪周氏族谱》记载，永春周氏居民的先祖在唐末时随王潮、王审知由河南光州入闽，始居莆田。九世孙逊公由莆田迁永春介福，明初由介福迁前溪之象山（当地一座山的名称）。从明朝中叶开始，就有周氏先祖远涉重洋，在台湾开枝散叶。后来，又陆续有永春周氏族人前往台湾。目前永春台湾周氏宗亲有2000多人。

新竹周氏来台一世，世其公号有珍：絧斋公第七子。原籍泉州府安溪，约于嘉庆元年（公元1796年）与兄弟（注1）由福建渡台（注2）经商，定居于新竹市（旧时竹堑城内暗街仔）。公娶有二妻，长妻黄氏米娘，后妻陈氏引娘。育有三子，长子锡爵、次子锡敬、三子锡智。只有三子自幼无传外，一、二房子孙满堂，五世其昌。（注1.据《墩坂老谱》记载，世其公的二哥即世彦公的长子锡源，死后也葬在竹堑，有极大可能是同时来台。再者，据安溪墩坂老谱记载名字为有木字旁的"棋"，而墓碑上为"其"是否来台后才改的无从查考。）

《台北县西盛赵氏族谱》，元兵攻陷南宋临安时，赵氏族人四处逃散。其时，赵若和奉杨太后之令，奉少帝迁于崖山，不久师溃帝死，赵若和带着16条船跟黄侍御、许达甫等人夺港而逃，在福建漳浦的银坑隐居下来。后来，有人以赵王的名义起兵抗元，元廷悬赏捉拿赵王。赵若和为避兵祸，便易姓为共，终其一生不敢表明自己的真实姓名。到了第三代，明朝已一统天下，而赵若和的子孙仍不知自家的真姓。洪武十八年（1385年），赵若和的孙子赵惠官欲娶一位黄姓子，才有一年长者出现阻止，并拿出族谱证明"赵黄同姓"。其中有一支到了台湾，成了台北西盛赵氏的先祖。台湾的赵姓大多来源于泉州的同安县和晋江县，漳州的漳浦县、南靖县和龙溪县，以及广东潮州的大埔县。

《台湾通史》为台湾历史人物列传，"以思齐为首"。台湾开发史上，颜思齐最早率众纵横台湾海峡，招徕漳泉移民，对台湾进行大规模的有组织的拓垦，因而被尊为"开台王""第一位开拓台湾的先锋"。明天启年间，较早的是海澄人颜思齐，在台湾笨港（即今嘉义新港）登陆，率众入垦云林北港，嘉义新港一带，为"开台王"。明崇祯三年（1630年），厦门青礁颜姓始祖颜慥的二十二世孙颜世贤来到台湾，后裔定居下营乡红毛厝。明嘉靖年间颜龙湖东渡台湾垦植。明崇祯年间颜开誉携妻带子渡海赴台开基。明永历年间同安的颜昌自金门后埔迁居澎湖白沙，其侄晋仲、晋周随之前来，后分居澎湖西屿。颜福于同时亦自金门后埔迁至西屿。明郑时期，福建龙溪的颜世贤入垦今台南下营，清代迁台更多。明末，颜昌由金门挈侄晋周、晋仲肇基白沙、西屿，至今有十二世，近年子裔多迁高雄、台南。清初，颜悌由同安迁居高雄茄萣，至今传十一世。颜文炳由晋江迁台南一带，至今传八世。

《鲁国基隆颜氏家乘》记载：颜慥七世孙颜振仲于南宋宁宗嘉定年间任安溪县宰，居集里乌塗。其孙元户部尚书颜荣将家族门楣发扬光大，人丁兴旺。乾隆五十年，裔孙颜浩妥率领众子侄分期分批来到台湾，参加大肚溪水利兴修和垦荒种植。历颜浩妥后，至第四代颜云年、颜国年兄弟的事业蒸蒸日上，并跻身台湾社会佼佼者的行列。

《梅林魏姓族谱》《台湾魏氏大宗谱》记载，明清时期，魏姓迁台者中，魏弥的后裔最众。另从梅林迁到台湾开基，族谱上记载着世系名字的就有315人。他们都是梅林开基祖魏进兴派下，迁台后，分布在彰化的员林、永靖、社头；云林的北港、东势、斗南、西螺；台北的八里、北投、树林、永和；桃园的大园、中坜；台中的潭子、新社、雾峰、乌日、丰原、和平、大甲；南投的草屯、中寮、埔里；嘉义的大埔等地。黄竹烟魏姓迁台后，分布在桃源大溪、苗栗大湖、嘉义民雄、南投国姓、彰化等地。移居彰化员林镇的魏姓人，在当地建了一座祠堂，堂号沿用祖地梅林魏姓宗祠"光裕堂"的名字。

由此可见，两岸谱系确实做得到谱系两岸。

第二节　台湾汉族族群的福建渊源与分布

从明末清初到近代，闽粤汉人相继赴台开发，在台湾由南部往北部，再由西部移东部的垦殖全面展开。他们在台湾登陆之后，面临了许多的挑战，例如：大自然的恶劣环境、天灾地变、丛林野兽，也要面对已经居住在台湾的少数民族之攻击；更必须面对汉人之中，漳州人、泉州人、闽南人、客家人之间各种不和睦的情况，以至引起无数次的械斗。所以，在争战与械斗中，能够出人头地，在台湾生根，成家立业的人，必然有他的能耐和过人之处。因此，台湾在 17 世纪，产生许多英雄人物，如：郑芝龙、郑成功、施琅等人。这些英雄人物都引起 17 世纪台湾历史的变动。同样的情形，后来来到台湾的汉人移民，也在台湾这一块土地上生根发展，开拓出属于自己的家园。这些拓垦人物交织而成的台湾史，可以说充满血泪，也充满英雄的色彩。汉人移民台湾之后，经过了 400 年，台湾慢慢形成以汉人为中心，以汉人为主的社会。汉人有闽南语系的漳州人、泉州人；有客家语系的四县人（长乐县、兴宁县、镇平县、平远县）、海丰人、陆丰人等。闽粤汉人陆续来到台湾以后，开垦出一个以汉人为多数的社会。1945 年跟随国民党当局从大陆迁台军人和百姓，台湾称之为外省人，或者说是新移民，这些人也相继拓展台湾并生根于台湾。

由于地缘位置的关系和历史的原因，台湾人的祖籍绝大多出自福建，部分出自广东，因此姓氏绝大多与闽粤移民有关。大陆绝大多数的姓氏在台湾可以找到，包括一些罕见的姓氏。台湾姓氏也是大陆姓氏的延伸。福建的多数姓氏族谱大多有记载祖先"从光州固始入闽"，台湾 80% 以上民众的宗祖地在福建；台湾人多称自己是"河洛人""福佬人"；还有部分称自己是"客家人"。据台湾学者陈绍馨、傅瑞德、杨绪贤、潘英等人就台湾历年人口资料，对台人口总数 96.4% 的 100 个大姓的聚落分布祖籍居地等分析研究，发现其中 80 个大姓来自"福佬"，16 个大姓来自广东的"客家"，其余 4 姓来自大陆其他省份。正如台湾著名学者连雅堂在《台湾省志》中所说："台湾之人，中国之人也，而闽、粤之族也。"

全台现有的 360 多个姓氏有宗亲会。如台北市就有陈、林、黄、李、王、龙、姜、宋、祖、何、郭、尹等姓宗亲会组织，台南有陈、林、李、黄、柯、蔡、杨、郑、谢、苏、烈山五姓（吕、卢、高、许、纪）、六桂（洪、江、翁、方、龚、汪）、连、康、夏等姓宗亲会组织。台湾还有联宗组织。有二姓联宗，如柯蔡联宗，苏周联宗；也有数姓联宗，如刘唐杜三姓联宗，烈山五姓联宗，六桂联宗等。闽台两岸各姓自古至今交往密切，台湾各个姓氏的风俗与福建基本一样。

其实有关在台湾的汉人先民数据，各历史研究者探讨数据常互有出入。台湾"中央研究院"自 2002 年 7 月起构建"台湾研究网络化"主题计划，主旨在于将有关台湾的研究，透过计算机网络提供社会大众参考利用。其中历史类提供日据时期《台湾省 50 年（1894—1945）统计提要》，台湾研究网络化终使历史研究者有较明确的台湾人口籍贯数据。

台湾族谱研究专家林永安依日据台湾省 1950 年统计提要，整理出日本据台湾末期（1943 年）台湾总人口 6585841 人中，福建、广东（汉人），日本人，台湾少数民族等人口数、籍贯比较表如下。

1943 年台湾人口依籍贯比较表

人口类别＼比率	人口数	占台湾总人口（%）
台湾总人口	6，585，841	100%
各籍贯人口及比率		
福建、广东（汉人）	5，908，550	89.72%
日本人	396，674	6.02%
台湾少数民族	224，069	3.40%
其他（含外省、外国）	56，548	0.86%

数据源："中央研究院"，台湾研究网络：台湾省行政长官公署统计室编，台湾省行政长官公署出版，民国三十五年（1946 年）http://twstudy.iis.sinica.edu.tw/twstatistic50/Pop.htm
材料来源：根据前台湾总督府各年台湾常住户口统计及台湾户口统计材料编制。

从上表数据可知在日本占据台湾末期，台湾人口总数汉人占 89.72%，日本人占 6.02%，少数民族占 3.40%。从以上数据便也可明确理出两个事实：（一）少数日本人殖民统治大多数的汉人，（二）台湾人是汉人为主的社会乃毋庸置疑的。

第三节 闽台的祖先信仰根深蒂固

闽台民间原始信仰初看起来，神明十分庞杂，宫庙千姿百态，其实十分简单，主要就是祖先信仰。在家中祭祀的是五服近祖；在祠堂祭祀的是列祖列宗；在宫庙祭祀的是三皇五帝以及历代大德名贤。因此，南迁到闽台的中原人，他们都希望生能够认祖归宗，生时可以在家族族谱中记载自己的名字，去世以后灵魂可以归到宗祠，都希望多做善事立功、立言、立德。所以，他们不论走到哪里，都会把族谱和神祇带到那里，在那里修建祠堂和宫庙，祭祀列祖列宗和大德名贤，发族后开始修撰族谱，若干年后回到祖籍地续修族谱，使自己在祖籍地的根脉能够源远流长。

认真考察闽台两岸的宫庙，虽然各有特色，但是都有几乎类似神祇。福建人有伏羲女娲庙、炎帝黄帝庙，台湾也有伏羲女娲庙、炎帝黄帝庙。福建陈氏有舜帝庙、入闽开基祖陈元光的威惠庙；林氏有比干庙、入闽开基祖林禄庙；王氏入闽开基祖王审知等三王庙。郭氏有郭子仪郭王爷庙，许氏有入闽开基祖许王爷许天正宫庙；蔡氏有蔡王爷庙，台湾也有这些家族性宫庙，像池姓的池王爷庙，虽然在台湾池姓人口不多，但是也有数百个池王爷庙；女神有妈祖宫、临水夫人宫……各个姓氏家族有各自的女神宫庙。这些宫庙依样被复制到台湾。台湾则多了台湾开基祖的宫庙，如开台王颜思齐、延平王郑成功等开台功臣的宫庙。海峡两岸的其他家族性神祇几乎类似，这些神祇都是活生生的祖先升华出来的，而不是主观臆造的。认真查阅闽台族谱，所有这些神祇在各个家族的族谱中都可以找到，特别是三皇五帝中的炎帝、黄帝、蚩尤、舜帝、尧帝及其夏商周时期的炎黄后裔彭祖、老童、周文王、姜子牙等，几乎都是列入多数家族族谱的谱首，许多在列祖列宗的世系图之中，并且都有传记、像赞。

正如【英】莫里斯·弗里德曼《中国东南宗族组织》描述从福建、广东宗族的内部结构、经济基础，再到各种仪式与权力，最后分析了宗族间的以及宗族和国家间的关系。弗里德曼希望描绘一番中国华南福建和广东的宗族景图，自己的祖先以前是贵族，有高贵的血统。家户祭祀的是去世时间不久远的祖先，最近的死者和供奉者之间曾有过密切的关系；祠堂里的祖先被认为是先祖或非个人的祖先，可以通过特殊的符号标识出来。祠堂祭祀的方式是职业的和正统的方式，这是家庭祭祀所没有的，并且祠堂有专人看管；祠堂举行的仪式由男人主持和参加，女人不能直接参与，但是在家祭中，女性则占据中心地位。在祠堂中，祖先仅仅是超自然物阶层，地位要低于其他神；在家户中的祖先则受到了更多的重视，不仅享受供奉，还在仪式上丰富。族谱也是可以修订的，根据族人的需要，由掌权者书写。从族谱的变化，可以看出宗族为了适应生活做出的改变：希望得到其他宗族的认同，希望得到国家的认同。宗族内部的礼仪、体制，它管着宗族成员的方方面面，生老病死、基于血缘的祭祖活动、随时间推移而造成的宗族裂变、利用国家选拔人才的科举制度为本宗培养"光宗耀祖"的人才、共同经营的祖产和祖田、对亲属分出亲疏的"五服"制度等。

因此，闽台民众都热衷于编撰族谱，都把重视族谱的修撰列入忠孝之首。福建族谱，追求在中原寻根，而台湾族谱首先是在福建（包括大陆的其他省份），然后从福建对接到中原。

中国人祭祀佛祖、神仙是同时祭祀祖先的。但是严重排斥一些不祭祀祖先的信仰，在闽台地区，对祖先以外的信仰都存在一定的排他性；反对子孙成为包括佛教、道教、天主教、基督教的信徒。泉南尤氏族规规定子孙中有"辱先"行为"为僧道、为尼祝、为巫媪、为娼妓、为伶优、为奴隶、为穿窬（小偷）"者不能入族谱。天主教在中国传播初期大力排斥中国人祭祀祖先，遭到普遍反对，到康熙十一年（1672 年）罗文藻封圣时，他首先向罗马教廷提出"要允许中国教徒祭祀祖先"，才使天主教在中国的发展空间得到拓展。

福建人迁垦台湾，什么时候开始带族谱去，没有历史记载，但是在泉州博物馆馆藏的民国时期印制《董氏大成族谱》，记载了董氏家族从五代到民国抗战前的历史变迁，族谱还记载了董氏家族迁徙台湾的过程，其中包括郑成功夫人董西姑的事迹。族谱由董飔先（董西姑为其侄女）于明癸酉年五月主持修撰。"沙筑公（董飏先）年五十六始登科，素凛廉隅见大义，其胞侄女酉姑配国姓，遂士录。"根据族谱记载，明崇祯十五年春，董酉姑与泉州南安的民族英雄郑成功结为夫妻，董酉姑不但贤惠治家，而且经常率领姬妾、婢妇为前方将士缝纫军服，捐金银首饰，使郑成功能专心致志征战四方。董酉姑识大体、顾大局，在郑成功一生中起到不可忽视的作用，在族谱中也能找到佐证，如"辛丑之变踉跄逃难，人竞怀珍宝，董氏独包裹姑之神主以出，成功大加敬服，亦足征家训矣""传其禁奸止杀，董氏与有力焉"等。由此说明，闽人迁徙台湾，明代就有人携带族谱入台。当前台湾的族谱善本应该主要是清代的。

第四节　闽台人民的中华民族与文化情结

闽台两岸都是移民省，地缘文化给两岸人深深刻下"我是谁？我从哪里来？我到哪里去？"的烙印。因此，千百年来撰修族谱成为闽人的一项大事。台湾民众接近 80% 来自闽南，接近 10% 来自客家，海峡两岸共同编修族谱已经有数百年的历史。故此，使闽台族谱一脉相承。几乎从未中断。

中华民族的族谱，出现至今已经有数千年的历史。早在先秦时，社会上流传有《周官》《世本》等谱学通书；秦汉以后，又出现了《帝王年谱》《潜夫论·志氏姓》《风俗通·姓氏篇》等谱学著作。到魏晋南北朝时，门阀制度盛行，家谱成了世族间婚姻和仕宦的主要依据，于是使迅速发展起来。隋唐五代后，修谱之风更从官方流行于民间，以至遍及各个家族，出现了家家有谱牒、户户有家乘，并且一修再修、无休无止之现象。因此每次修谱，也就成了同姓同族人之间的大事。

僧绰任吏部郎，"究识流品，谙悉人物"，谱学上世代的《百家谱》修改校订编成《百家集谱》十卷，在谱学上的修养更超过先人；又有王僧孺，梁武帝时任天下家谱总纂官，奉诏改定《百家谱》，相继编成《十八州谱》七百一十卷、《百家谱集》十五卷。《东南谱集抄》十卷，成为以前各代家族家谱的集大成者。当时社会公认的有两个以研究谱学而闻名的姓族，一曰贾氏，一曰王氏，称"贾王之学。

至于宋元以后，私家修谱之风大盛。据最新消息说，当前全世界各大图书馆收藏的中国家谱，总数有 34000 多种。这一统计数字，还没有把散布于民间的各种家谱包括在内。家谱究竟有多大数量，至今还没有人做出确切统计。因为家谱像其他所有私家家谱一样，还有秘不示人的家规。每当家谱 30 年一小修，60 年一大修后，旧的家谱除留下极少几套保存在宗祠或族长手中外，其余都要全部销切，而代之以新的家谱。这种特殊的风俗习惯，当然为古老家谱的保存制造了人为障碍。

迁垦台湾闽粤人，把大陆的神祇和族谱带到台湾，模仿大陆建庙宇祠堂，组织宗亲会，从目前的闽台族谱就完全可以看出，清代已经基本形成，族谱编撰早已存在，而且海峡两岸共修族谱一直是优良的传统，有许许多多美好的佳话。但是，两岸族谱的编修，走过了迂回曲折的道路。一是中日甲午战争以后，日本割据台湾五十多年以来，海峡两岸人为隔绝，海峡两岸编修族谱受到人为的阻碍。特别是日本在台湾统治台湾期间，强制推行"去中国化""皇民化"，强迫台湾人民改用日本姓，族谱续修一度中断，一些台湾同胞无可奈何，只有顺从一途，改用了日式姓名的苗字，少数姓林竟成了"并木"、石氏变成"岩下"二字姓，但改姓者终究为数寥寥，数典忘祖者少之又少，绝大多数均不忘木本水源。台湾宗亲活动转入地下进行，直至抗战胜利台湾光复，才逐步恢复正常。但是，多数民众依然沿用原有汉字姓氏，墓碑依然故我，照刻祖籍或郡望堂号，此种情形委实感动人心，特别令人敬佩的是台湾民众民族观念很强，自始至终沿袭"族谱世系相承"之风未改。二是台湾光复后又因国共内战，台湾与大陆政治隔阂又五十年等历史的原因，也影响了两岸共修族谱的进程。先后合计，海峡两岸人为隔绝近百年。

虽然两岸关系一度中断，但因谱系两岸的关系，两岸谱系可从未中断，今后还要再一统起来。两岸交往一度中止，却因谱系两岸的牵成，两岸亲情也从未中止。

台湾的族谱复兴从 1956 年开始，在海外的部分华侨帮助下，冠名"世界"（如世界柯蔡宗亲总会、世界林氏宗亲总会等）的百数个宗亲总会相续在台湾成立，带来了台湾族谱文献的编撰开始形成常态化复兴。

台湾解禁后，特别是大陆改革开放以来，闽台两地民间交流势不可挡。数以千百万计的台湾同胞回大陆寻根谒祖络绎不绝，从事对族谱编修工作更是情绪高涨，20世纪90年代初，继之而起的是福建闽南、珠江三角洲、浙江温州等一些经济非常活跃，与海外交往非常密切的地区。新的经济力量和外来资金的介入，使原有的家族传统被激活。慢慢扩展到全国，在一些地区，吸引海外华人寻根甚至被作为招商引资的捷径。因此，寻根与修谱之举是先从民间自发兴起的，而学术机构、收藏机构的介入，在不自觉间起到推波助澜的作用。中国近30年以来的"寻根"给社会带来正能量，增强了中华民族的凝聚力，促进了民族团结，社会和谐。参加寻根的人从一般百姓发展到各界的精英、政要以及高级将领；政治上不论蓝绿，甚至连主张"台独"的民进党陈水扁、游锡坤、谢长廷、蔡英文等都委托家人悄悄前来福建寻根与祭祖。从小型的偷偷寻根续修族谱，到公开参加单姓的源流研讨会，发展到参加大型的族谱论坛，以及海峡百姓论坛。寻根谒祖，编撰族谱已经成为一种社会显学。两岸民间的热情，必将推动今后编撰族谱工作的进一步兴起。两岸编撰族谱的热情，把海峡两岸人民紧紧地连接在一起，论证了"两岸同根　闽台一家"的不可颠覆的真理。两岸人民通过血缘认同，达到家族认同、民族认同、文化认同，最终实现国家认同，实现两岸和平统一的希望。

不过由于迁台始祖与祖籍地的关系材料丢失，也有不少寻根者都与祖籍地失去联系；再加上早期历史因素及基层农垦社会文盲不少等因素，祖源断层混淆交待不清，而形成对接困难的情形很多，一时无法厘清祖地为何处。因此，加快闽台族谱的研究，帮助海峡两岸民众做好族谱对接工作，对实现家族认同、推进民族认同、达到国家认同有着积极的意义。

随着社会的进步，应运用网络联宗修谱，更加便捷，也可以适应当代人阅读习惯。

第五节　闽台民众编撰族谱的动因和基础

一、祖先崇拜的民族魂是编修族谱的内因

溯源追宗，敬祖爱乡是中华民族的文化传统。"木必有本，水必有源，此万古不易之常道也。不明其始，何以知祖之所自出；不晰其流，何以知派之所由分。"（《渔溪翁自叙源流家纪》）《礼记·祭统》云："凡治人之道，莫急于礼。礼有五经，莫重于祭。"是言祭为礼之大者也。祭礼之中的祖先祭祀，既是为人子孙慎终追远、报本反始的道德行为，又是一家一族敬宗合族、确认人伦的共同活动。就前者而言，致孝于祖先，对个人来说是仁德的本源，如《论语·学而》所谓"孝悌也者，其为仁之本欤"。对后者而言，一家一族祭礼的举行，关系着对政治组织、社会结构、人伦关系的理解。因此，在古代中国，祭礼的形式，不但是"情感—道德"性的，而且是"伦理—政治"性的。几千年来中国人的信仰是重祖先崇拜，把认祖归宗视为人生的终极目标，形成了中华民族独特的爱国爱乡的情结。

纵观中国每一本族谱中，都有自己的《族源考》的篇章，多数都从炎黄追述下来，从本族的渊源、得姓缘由、得姓始祖、入闽迁台祖、开基祖，阐述播迁状况。紧接着就是《像赞》，历代英贤、显达之人、重要人物的图像资料，画出其仪容，撰写像赞者，大都是当代或后世的名人、学者。像赞主要依据题词者本人的思想、立场而定，并不一定都能做到遣词公允、恰如其分。然后才进入家族《世系》，大宗谱会从最早的世系开始排列，一般族谱多从开基祖开始排列。《世系》是族谱的最大部分，排列出列祖列宗，标明列祖列宗的生卒、婚姻、行状。《祖训家规》，这是族谱中的文化经典，这是一个家族能够经久不衰的保障。《传》，传记类则是家族中有功名贤能、特殊事迹、丰功伟业、名可行世之先人，为子孙树立典范。

族谱中的《礼仪》和《典制》章节往往作为重要的族规组成部分。中国古代

有"五礼"之说，祭祀之事为吉礼，冠婚之事为嘉礼，宾客之事为宾礼，军旅之事为军礼，丧葬之事为凶礼。在中国民间、在华人世界，祭祀祖先是每个家庭、每个家族的大事。起源于原始社会，《周礼》中就作为最重要的典礼。朱熹《家礼》对传统礼治进行改革，宋以后的祠堂祭祀中，行宗子法者，只有宗子才能在祠堂祭祀自己的高、曾、父、祖；不行宗子法的大家族，则祠堂只奉始迁祖及一部分先祖神主。庶人可以到祠堂祭拜始迁祖、先祖，而祭拜自己的直系祖先，只能在自己家中进行。朱熹的《家礼》即传统社会生活冠、昏、丧、祭四礼，祭礼最重，关系社会道德最深，而一旦消失，恢复也最难。祭礼有墓祭、庙祭、家祭。墓祭在墓地进行，每年清明节，携带少牢，到本村集体所有墓地拜祭自己的祖先；多数家族在清明，也有在重阳、冬至进行；向祖先祷告祈福，祈求风调雨顺、五谷丰登。庙祭是在祠堂进行，一般是在每年的冬至进行；将当年的新米制品、新果和少牢敬献祖先，感恩祖先，祈求来年风调雨顺、五谷丰登。家祭，是每年"时年八节"（即一年之中的春节、元宵、清明、端午、中元、中秋、冬至、除夕）。三代以内的祖先忌日，普通百姓都会在家中祭祀先祖，以香炉代替神主，用熟食、半金半银的纸钱；每年的家祭，以中元祭祀最重视。这些祭礼在族谱中都立为家规，必须严格执行。《典制》为规范家族的重要典制。典制包括冠礼、笄礼、婚礼、祭礼等，有的谱以仪礼统之，含仪文、丧礼的图式，繁文缛节，长篇累牍。有行省牲礼、行迎神礼、行初献礼、行亚献礼、行三献礼、行侑食礼、行饮福礼、行谢福礼、行先祭礼、行告祖礼、行辞神礼，多的达到18页。这就是中国人最重要的民族情节的核心。

二、故土情结是编修族谱的内在动因

中华民族爱国爱乡的情结是割不断的，朱子编修《家礼》之用心，也是希望"庶几古人……谨终追远之心犹可以复见"。而正如前述，祠堂一段之所以放于篇首，是要让读者"先立其大"，明乎"报本反始之心，尊祖敬宗之意"。至于祭祖，同样地，"凡祭，主于尽爱敬之诚而已"。这些"爱敬""崇爱敬""谨终追远之心""报本反始之心"，都可说是一种宗教情怀。因此，闽台两地都重视编撰族谱、修建祠堂、保护坟茔,这样可以实现家族有谱可续、有祠可进、有墓可祭,使家族的源脉源远流长。各个家族为了方便后裔回乡寻根谒祖,在族谱中多记载有"寻根诗""寻根联""寻根字辈歌"等。每个家族的族谱修撰,一般要求各个宗支 30 年内要修一次,60 年内大宗祠要组织大修族谱一次,保证族脉能够延绵不断。但是由于闽台历史上被人为分割的百余年年代久远以及历史的原因,许多家庭族谱丢失或无家谱,祖墓也无碑记可以对接。这种情况,寻根难度相对比较大,因此许多他乡游子都注意收集老人口传关于迁移的情况,如祖居地名、庄名、祖先名、字辈、故乡风物、故事传说等等。每一个家族都有自己不同的家族文化传承而且这种文化传承经久不衰。家族文化的内容极其丰富,包括了家规祖训、传说故事、楹联典故以及诗歌字画,甚至祠堂保留下来的碑刻等,里面经常包含许许多多的家族故事。

如:福建黄家寻根故事

黄峭公有三房妻妾——官氏、吴氏、郑氏,各生七子共 21 子,155 个孙儿,形成了个巨大家族。在黄峭公 80 岁寿诞的那天,把子孙都叫到跟前说:"世人都祈求多子多福多寿。但尧帝说得好'多寿则多忧,多男则多惧。'你们兄弟都已经成人,我不想把你们留在身边。希望你们远走高飞、自谋发展,开拓创业。我戎马生涯一辈子,走遍半个天下,沃土到处有,只要勇于开疆拓土,都能成乐土。"儿孙们领会了峭公的教诲,仅留三房长子,其余的子孙,每人分发碎银一升、骏马一匹、族谱一册。临别时赠诗一首:"信马登程往异方,任寻胜地振纲常。足离此境非吾境,身在他乡即故乡。早暮莫忘亲嘱咐,春秋须荐祖蒸尝。漫云富贵由天定,三七男儿当自强"。十八个儿子带着黄峭山的嘱托,扬鞭催马,任骏马东西南北奔驰,待马歇息的地方,就是各自立业开基之地。子孙由闽北而闽西南而星散各地。

黄氏黄峭公后裔寻根有寻根诗句。

外八句诗一首:(录自台湾桃园黄氏族谱)

骏马匆匆出异方,任从胜地立纲常;

年深外境犹吾镜,日久他乡即故乡。

朝夕莫忘亲命语，晨昏须庆祖宗香；

祈愿苍天垂庇佑，三七男儿总炽昌。

内八句诗一首：（录自台湾桃园黄氏族谱）

才郎峭老有三妻，官吴郑氏七子齐；

创业兴家朝祖德，归来报命省亲为。

吾年九八难相会，奕叶分枝为汝题；

倘有富贵与贫贱，相逢须念同根蒂。

虽然有所不同，但是内容基本相似，一样可以作为寻根谒祖的依据。依据此诗句黄峭公后裔基本可以对接。

泉州的紫云黄氏也有"五安黄"寻根的依据，其他各姓也一样有自己的故事，便于子孙后裔回来寻根，对接族谱。当时，千辛万苦入垦台湾的泉州人，经历了历史上的坎坎坷坷、饱受孤悬海岛与家乡隔离之苦，他们更是怀念故土，就如台湾诗人余光中《乡愁》诗中吟诵的"乡愁是一弯浅浅的海峡，我在这头，大陆在那头"。故乡的召唤，是台湾同胞回乡寻根谒祖的情感基础。

黄氏是台湾第三大姓，近150万人口。台湾《中华文化百科全书》记载，早在明代从大陆移居台湾的黄姓开拓者，就有140多名。有史可查的，明天启末年（1625—1627年），福建大旱，连年灾荒，郑芝龙曾舟载饥民数万人入台，其中便有一批黄姓族人。明崇祯十年（1637年），南安人黄正束移居台湾马公，后分支澎湖湖西。此后，黄姓族人接连不断东渡。清顺治十八年（1661年）郑成功驱逐荷兰侵略者、收复全台期间，跟随大军赴台的更有大量黄姓子孙。

今台湾系祖籍泉州的占总人口45%，祖籍漳州者占总人口38%，全台湾的人基本都说闽南话（即泉州与漳州话）。台湾移民为表达对原来家乡的怀念，其中就有9个以"泉州"命名的地方，5个称为"泉州厝"，还有"晋江里""同安厝""同安村""同安寮""南安村""安溪村""永春村""永春里""金门厝"……漳州一带移民也以"漳州""海登""长泰""平和""南靖""东山""诏安"等来为自己的住地命名。他们的族谱都有类似的寻根诗。

例如，台湾彰化和美宗亲是由锦里林氏四房锦园开基始祖振盛公后代，于乾隆时期（唐山过台湾）到彰化一带，谋生发展，现在后代已经有数万人之多。他们的祖先18岁时，孤身一人来到台湾打拼，什么都没带，只有一根扁担，就随着移民潮，与同族宗亲，从大陆同安来到了彰化县和美镇中寮里、中围里、柑井里及竹营里等地落地生根。他们一辈子辛勤劳作、省吃俭用，虽然成家立业于台湾，但老祖宗心中，时时挂念着家乡的一草一木。祖父常对他们说："孙子啊，阿公卡早住在大陆同安锦园村，若是有闲想要回去看看"，这句话就这样留在子孙后代心中，一直无法忘怀。就是这样，一旦有机会，台湾同胞就返回故里谒祖，同家乡人一起修建祠堂、修葺祖坟、续修族谱，为子孙后代寻根谒祖留根，他们把家规祖训带到台湾以教育子孙不忘祖先、祖国和家乡。始终把台湾视为祖国领土不可分割的组成部分，开垦台湾、建设台湾、保卫台湾。大陆祖地的宗亲也始终把台湾同胞视为自己的亲骨肉，所以数百年来，泉州有不少族谱续修时把迁台迁海外的子孙载入族谱。

据族谱记载：清雍正十年（1732年），南安石井溪东重建祖祠，居台的溪东李氏宗亲寄回白银50两做兴建费；并于乾隆二十五年（1760年），组团返回桑梓进祖祠祭祖。雍正十三年，南安梅山官园陈氏十四世的陈仲月迁台，发迹后在台湾建"德馨堂"，并多次返乡拜祖。乾隆三十四年，南安石井溪东三房下柱的李图塔，从台湾返里拜祖，捐银10两做维修祠堂费用。嘉庆二十五年（1820年），晋江石壁村（今属石狮蚶江）玉山林氏修谱时，淡水商人林正心曾"积金满千，公鸠佛银，交入行中，言念宗谱未修，以为修谱之用。又自巩不充，自独加捐以补足"。道光四年（1824年），入垦台湾陈和裕由台湾回故里南安梅山官园谒祖，抄录谱牒带回台湾，以明源流宗支、伦纪昭穆。道光十二年，德化凤阳村曾氏续修族谱，台南、嘉义族人推选代表返德化续谱。道光二十一年，石狮洋坑蔡氏祠堂坍塌，在台族人闻讯立即筹集资金，由蔡庆宗带返家乡重修祠堂，迄今留有碑记。晋江容卿蔡氏修建祠堂，台湾族人闻讯汇集百万钱回乡资助，并把台湾发族情况收集起来参加修撰族谱。容卿蔡氏祠堂也为其立碑记载台湾族人回乡参加建祠堂的功德。

清代后叶，入垦台湾的泉州人目睹祖国内忧外患，台湾隔海孤悬屡为殖民者觊觎，为教育后代发扬爱国爱乡精神，更加强了寻根谒祖活动，保证与祖国故乡的血脉能够永远相系。咸丰元年（1851年），安溪芦田三洋乡（包括现红村、三洋、内地、朝阳四村）杨氏支派族亲举行祭祖大典，重修族谱。消息传到台湾，入垦台湾苗栗杨氏族亲派代表携大量礼品回祖地三洋，会修族谱，共立昭穆，使台湾的昭穆字辈能够和家乡对接。咸丰年间（1851—1861年），世居晋江县东石汾阳郭氏要准备续修族谱，也主动与迁居台族人协商，共同进行修撰，使居台湾各地的郭氏族人都可以一一载入族谱。同一时期，入垦台湾的晋江磁灶吴氏宗亲，所营制陶业兴旺发达，发财不忘故乡，特地派专人回祖地建造祖厝。当时，安溪龙门科榜翁氏祖祠要进行第三次维修，入垦台湾南部和北部的翁氏族亲都主动发起捐款给家乡资助。据族谱记载，当时入垦台的泉籍各姓宗亲还参与泉州一带的祖地宗祠的一系列修建修葺活动：如安溪居台王氏宗亲捐资参与修建的就有通政巷和敷仁巷两处宗祠、龙山曾厝祠和李厝祠、洪氏大宗祠、紫云（黄）金鱼祠、谢氏金鱼宝树祠、古榕杨氏祖祠、开闽王氏祖祠、百源卓厝祠等。一系列宗祠的修葺、重建亦均获迁台的原籍晋江、南安等地的该姓宗亲的捐资赞助。至今，在泉州地区族谱或祠堂修建碑记中都有记载。

台湾各姓氏宗亲，在家乡宗亲重要活动时，都会派人回故里直接参加。如清光绪六年（1880年）四月，南安石井溪东二房裔孙李瑞昆专程从台湾回故里抄录族谱。光绪九年，晋江东石蔡氏重修《东石玉井宫西蔡氏长房延科公派家谱》，居台裔孙派人返乡参加修谱，谱中载入该派在台各地族人。光绪十六年，南安蓬华蓬岛郭氏族人三修谱牒，迁台族人郭腾蛟为使子孙后代不至数典忘祖，率子回故里协助修谱。四修族谱时，其孙木火捐银200元以助修谱费用。光绪十七年，台湾贡生陈献琛偕其长男陈光洋回南安梅山官园谒祖，返台后仿故里大宗祠造祖宇，"以尽水源木本之恩，迎春露秋霜之极"。嗣后，台湾泉籍人后裔仿故里祖祠建造祠堂之风渐盛。这种两岸交往的良好习俗，至今仍在闽台民间流传，只要有故乡祖地活动，一个电话，台湾都会派团回来参加。家乡对台湾宗亲回故里参加祭祀活动也都很重视，往往都给予很高的礼遇。

例一，台湾屏东曾氏宗亲会总干事曾贵乙在《浅谈族谱编修与屏东宗圣公祠之文化意涵》中说：

在一个偶然的机缘，从三弟手中接到一本只有用9张A4纸印刷、装钉好的《鲁国堂曾氏族谱》。既单薄又世代不全（只有来台祖以下世系，族人资料也不全），内心掀起阵阵波澜。笔者当时住在台北，工作在大陆，只有过年与清明扫墓时方得回故乡，并不知道族中有在修族谱这件事。

回想过去几十年前，尚在以农为生的农业时代，聚落中逢年过节，族人总会聚集在公厅（祖堂）备上丰盛的三牲五礼祭拜祖先，祈求祖灵护佑，保佑子子孙孙平安健康。祭品满桌、香烟袅绕、族人相聚、呼唤叔叔伯伯之声此起彼伏，一片和乐的景象。也是小孩最欢天喜地的时候，有新衣新鞋穿，又有祭拜完的美食可以享用，当然希望天天过年，哪知道这是父执辈要花多少的血汗才换得的，真是"小孩欢喜过年，大人烦恼没钱"。

好景不常，在1959年8月15日傍晚的大地震，震垮了公厅，也震散了族人团聚祭拜的荣景。祖牌由各房请回祭拜，不再有祭品满桌、香烟袅绕、族人间亲切的呼喊声。之后，族人繁衍也越来越旺盛，加上祖居地耕地有限已达到饱和，台湾也渐渐走入工业化的社会，为求得温饱，族人长大一个就一个往较好找到工作的都会区去求发展。为了工作只有在较重要的节日才会回到故乡，族人之间少有联系，久而久之，感情越来越淡，上一代的叔伯不认得下一代的侄孙，族人之间形同陌路。笔者于初中毕业后也到远离家乡百公里外的屏东市念高中，高中毕业为了等服义务役在家乡等了一年，虽然与族人间互动依然，只是缺少了小时候那种温馨的感觉。接着当兵三年，退伍后第五天就远离故乡到台北，一晃几十年。由于交通的不方便及工作的关系，能回家的时间一样是扫墓与过年时。族人往城市发展的越来越多，留在故乡的尽是老弱妇孺，田地休耕或转作牧草，失去往日生气勃勃的气象。

不知是祖先有灵，亦或注定此生在退休后须负起整合族人的任务，三弟交给族谱之后，就在族谱内页第一页的右下方，写下几项要推动的事项（1）宗祠重建。（2）族谱编修。（3）寻根谒祖。（4）设立基金会。此后就朝此目标往前推动。虽然过程中难免遇到困难，总是一项一项的克服。

例二，台湾空中大学教授蔡相辉先生的寻根文中说：

我们在台湾的蔡姓家族对祖先有很强的认同感。我们奉祀的共同祖先是蔡襄（谥号忠惠公，北宋仁宗朝端明殿大学士，历任泉州、杭州、开封知府）与蔡道宪（谥号忠烈公，福建晋江人，明崇祯朝长沙推官，张献忠攻长沙不屈被杀），在台湾以晋江祖居地"峰山"为堂号，未以"济阳"为总堂号。

在台湾，我们各家正厅出入大门口有嵌字对联，上联首字为峰字，下联首字为山字，横被写峰山衍派四大字。

每逢家中有婚事必迎请忠惠、忠烈二公神像鉴盟，喜庆及清明祭祖必挂灯笼，上书"峰山"两字。

因此，"峰山"二字是我们家族的灯号，而族谱记载，我们祖先的根源叫洋坑，位于福建省泉州晋江县南门外。

台湾北港蔡姓宗亲人数众多，最盛时期人口有近万人，两岸宗亲迭有往来，至1895年甲午战争，清朝战败被迫将台湾割让日本，此后两岸蔡氏族人开始较疏远。次年，日本派兵来台接收，峰山族人蔡庆元（然明），字镜秋，为台南府学生员，光绪十九年任北港街扬清局长，己未割台期间，任地方团练庆字营统领，日军入台后，他不愿做亡国奴，率族人抵抗，由于寡不敌众，在日军现代装备压制下兵败，搭船回泉州居安海街石狮巷，光绪二十五年（1899年）卒。蔡庆元居石狮时曾整理出自峰山开基祖日烨公至其辈分族谱流传下来。日据时期，蔡姓族人仍掌北港商业牛耳，大正年间并有于西势街建宗庙团结族人的构想，地点虽已选定，但碍于惧怕日本人忆起蔡姓族人曾有抗日活动加以挑剔而未进行。

1945年台湾光复，1992年成立云林县北港柯蔡宗亲会，同时开始规划建立宗亲会馆，2011年10月29日新建宗亲会会馆落成，始有一正式馆场供奉蔡氏先祖并为与世界各国宗亲交流的平台。1980年代中后期两岸关系开始缓和，台湾也开放人民至大陆探亲、宗教、文化交流，北港蔡姓宗亲前"监察委员"蔡素女与蔡林海等人回到大陆，往石狮寻根，虽无具体收获，却在数月后却接到容卿蔡氏族人来函，谓古"洋坑"已改名"容卿"，欢迎族亲前往探访，这是我首次知道"洋坑"改名的讯息。（注：台湾空中大学教授蔡相辉先生多次回闽寻根，查询闽台族谱书籍，仅看到有容卿蔡姓移民台北小洋坑的记载，但是，全无蔡姓移民北港之事。）

当时福建省姓氏源流研究会柯蔡委员会会长兼任福建蔡襄研究会秘书长的蔡干豪先生，联系石狮蔡姓族人后，驱车陪我往石狮容卿参访，并确认容卿是笨港蔡姓的祖居地"洋坑"。

清道光二十一年（1841 年）石狮洋坑蔡氏祠堂坍塌，在台的宗亲闻讯后，立即派人携带资金返乡重修祠堂，乡亲为此勒石铭记。在考察石狮容卿蔡氏家庙时，我在家庙的明堂右侧看到一方道光二十一年（1841 年）石碑，碑文云：

万物本乎天，人本乎祖，祖庙之倾颓，孙子其忍乎。然有不忍之心者，必有不忍之事。我族庆宗，少生峰山，长住台笨，胸怀浩大，气品非常，凡诸义举，靡所不为，而一性仁孝诚敬之心，则本诸夙昔而见于祖庙之倾者也。夫人烟辐辏，户口殷繁，非无饶裕之家，谁念栋折而重新？亦有素封之子，孰悯榱崩而再造？惟其一人闻，先灵不奠，如置身于荆棘，尽孝敬之精诚，备千百之财货，驰书择吉，乙亥爰兴土木之工，用人董事，庚子立见庙宇之竣，猗与休哉！竭诚致敬，承担独出于一人，费用、费财，营建无需于旁贷，大义能建，黄白不惜，宜乎上邀穹苍之眷，下达百神之应，属在族人无以为意，爰立一碑以志其事，务使功名藏于祖庙，德行彰于后世。

　　　　　　十六世孙 本烈撰 董事　迪□　迪□　迪□　汝锦 汝池 本烈
　　　　　　时道光二十一年岁次辛丑瓜月中澣族人谨勒　泉郡西□□刻

蔡氏家庙门口两侧又有民国十一年（1922 年）蔡培东题词石碑数方，蔡培东先生家族与笔者家有数代交情，但石碑落款题"台北蔡培东"，"台北"二字就误成为引导福建宗亲到台北收族认亲无果，而福建学者撰述闽台族谱时，将容卿移民台湾往台北县市方向指引的重要原因。

"笨港"是台湾少数民族土语，荷兰殖民者占据时已见记载。康熙年间设台湾府，当时即有"笨港街"，归台湾府诸罗县管辖。乾隆四年（1739 年），因街肆庞大分为"笨港北街与笨港南街"，蔡姓都居北街。乾隆五十三年（1788 年），林爽文抗清事件后，诸罗县改名嘉义县，笨港街仍沿旧称。光绪十三年（1887 年）

台湾建省，分嘉义县北与彰化县南新设云林县，笨港街被划入云林县，并改称北港街，所以在台湾的洋坑族人（台湾的容卿人）效仿"台笨"旧例，用"台北"来指台湾的北港街。

因为两岸的隔绝，洋坑乡人（石狮容卿）不知台湾历史的转变，福建出版有关闽台族谱都指台北有个小洋坑，但却找不到小洋坑在哪里。再加上洋坑蔡姓移民北港，是多次性移民，且乾隆五十二年林爽文事件时，笨港被攻破，街肆被夷为片土，早期移民家族史料荡然无存，仅祖宗牌位可供比对，以致多年来在台湾的洋坑族人都不知道自己真正的故里在石狮。祠堂碑文的记载，虽然把"台"湾"北"港，写成"台北"，但是记载的历史事件为我们寻根提供了依据。

至三房下三落祠堂参观，因西势里前清旧地名牛灶内，听家中长辈提及蔡姓祖先以贩牛、屠牛为业，直至1970年代北港仍有牛墟、牛灶，北港蔡姓牛贩仍为台北三重地区牛肉供应的主要来源。下三落祠堂内奉祀蔡襄、蔡道宪神像。在灵狮村路上看到了七王爷馆，规模甚小，七王爷为北港峰山蔡姓专有祀神，日据时期留下史料谓庙内奉祀从事复明运动的隆武帝与郑成功家族，余年轻时曾走遍全台各地主要王爷庙，北港之外尚未见过以七王爷馆命名者，容卿亦有此庙，印证两地血缘相接，文化相承，难怪容卿族人谓台湾有小洋坑。

现在，蔡相辉教授已经退休，是台湾宗亲会会长，在牵头编撰族谱，研究海峡两岸妈祖，依然为家族为民族奔走于海峡两岸。

例三，台湾同胞谢长廷寻根对接故事

过去谢长廷虽然知道自己原籍福建省闽南地区，但不知道是哪一个县。20世纪90年代，时任"立委"，曾经几次访问大陆，到过厦门、北京等地，没有到过东山。他曾托人到闽南"寻根"，但没有着落，故一直都有"寻根"之思。2000年7月他在高雄市市长任上当选民进党主席，准备应厦门市市长朱亚衍邀请访问鹭岛时，就有请求大陆有关方面帮助他"寻根"的打算。但因受到党内"基本教义派"及台湾行政当局的阻挠，这一愿望未能实现。然而，他要"寻根"的想法一直并未泯灭，曾对台湾地区的谢氏宗亲团体有所表露。

今年6月之后，当谢长廷在民进党初选中胜出后，台湾谢氏源流委员会致函福建省姓氏源流研究会谢氏委员会，要求协助查找谢长廷祖籍。但由于只是表示谢长廷祖籍可能在闽南，并无详细资料，故谢氏委员会无法给予协助。9月中旬，台湾谢氏源流委员会再次传真致函福建省姓氏研究会谢氏源流委员会，比较详细地介绍了谢长廷族系情况和具体线索。函中说，"台湾民进党谢长廷的祖籍地有说在漳浦，有说在南靖，更有说在同安，莫衷一是。现据可靠消息是在诏安二十六都（郡）。然而，诏安只有一都至五都，没有二十六都，所以确切的祖籍地尚需查觅。谢长廷的先祖（迁台祖）名叫谢光玉，谢光玉的儿子谢建雍（小名'虎鱼'），清代在台湾澎湖任协台，谢建雍儿子谢升源为沪尾（今台湾淡水市）守备（五品官），谢升源子谢庆瑞。谢庆瑞有三子，季子叫谢五珠。谢五珠有三子，长子叫谢泮水。谢泮水有二子，长子叫谢仁寿，谢长廷是次子。"

福建省姓氏源流研究会谢氏委员会副会长、谢氏委员会漳州分会会长谢国城专程赶到东山岛康美镇铜（金本）村，对谢长廷先祖两座坟墓进行现场核查，确认两座坟墓的墓主姓名及立碑石子孙姓名等记载与台湾谢氏源流委员会来函提供的族系情况相符；十日下午，有关文史专家及谢氏宗亲又在东山县铜陵镇顶街发现谢长廷先祖故居及神主牌，这两次发现证实：谢长廷祖籍地在福建东山无疑。

乾隆十六年（1751年），生于台湾并返回祖地就学的第十二世裔孙、石鼓村人何子祥（名读，字行、象宣，号蓉林）会试荣登进士榜，历官浙江浦江、平阳知县，加金华通判衔，是造福闽浙、政声卓著的儒林循吏。他履任前历时4年，于乾隆十九年修成《何氏家谱》9卷10册；履任后自集《蓉林笔抄》4卷，翔实记叙自身仕途业绩和各地民俗风情，现仍完整地保存下来。家谱记载何氏裔孙播迁海峡两岸的情况，既是研究闽台两地谱牒文化的珍贵资料，也是何氏后裔寻根省亲的传家至宝。

三、同宗同名村是编修族谱的基础

闽台同属移民社会，根据最近的人口普查，福建省人口3471万，有2300多个姓氏。台湾人口2337万，有1989个姓氏。福建和台湾的姓氏都有两个组成部分，很小部分是闽越先民后裔（台湾少数民族）的姓氏，绝大部分是中原移民形成的姓氏。闽台姓氏有着密不可分的因果关系。所以在闽台地区，多数的人群都说自己的祖籍是"固始人"或"河洛人"，每个姓氏都有自己的发源地，称郡望或族望。

许多中原士民都是举家或举族南迁，在迁徙福建以后，各姓氏聚族而居，形成福建姓氏分布的重要特点。并依靠他们的政治地位和家族实力来谋求生产资料和经济利益，因而促进宗族制度的形成和巩固，并在沿海地区形成海商家族。各地由一家一姓定居衍派而成单一村落者极为普遍。它体现了宗族以血缘和地缘关系为纽带的特性，也给许多地名村名打上了姓氏宗族的烙印。如李坊、陈坊、蔡坊、潘屋、萧厝、许厝、黄巷、王庄等村落。邵武谢坊原名绣溪，因宋代祖居此地的谢元明成了望族，南宋时改为谢坊。即便是几姓杂处的村落，会以一姓一族为主。亲族联合体的村落也占相当比例，长汀五坊村，就是五氏家族共同聚落形成。福建姓氏分布的特点同人口分布是密不可分的，福州、莆田、泉州、漳州等沿海地区人口密度高，也是大姓聚居之地。以福州为例，其八大姓为林、陈、黄、郑、王、张、李、吴，这些大姓在乡村大多数地区是聚族而居。即使是小姓，也显示聚族而居的现象。以泉州市鲤城区为例，浮桥镇主要姓氏有吴、郑、林，其中吴姓为最大姓，在黄石、岐山、坂头、田中、金浦、延陵等村落聚族而居，占人口大多数。城东乡主要姓氏有魏、蔡、林、刘、郭；东海乡主要姓氏有黄、庄、林、陈、张、李、吴；江南乡主要姓氏有杨、傅、吴、蒋、陈；北峰乡主要姓氏有陈、吴、叶、土；河市乡主要姓氏有刘、土、陈、倪、杨；马甲乡主要姓氏有杜、吴、林、谢；罗溪乡主要姓氏有黄、赖、陈；虹山乡主要姓氏为彭。各家族对自己的姓氏源流和先祖荣耀均极重视。除族谱记载外，其外化形式即集中反映在家族门楼的门额横匾与宗祠长联上。世家望族为显其祖宗显贵，往往在门匾上刻写"尚书第""大夫第""进士第""五代尚书""亚魁天下"等字样。

"同名村"，是海峡两岸尤其是闽台两地极为特殊的一种现象。在台湾，有不少村落的地名、街巷名、公庙名与当地台胞的大陆祖籍地相同，形成海峡两岸同名村，是富有中华民族特色的现象。中国人不论走多远，血脉意识、乡土情怀都是不会改变的。台湾早期移垦社会的建立，特别重视血缘、地缘关系，因彼此间的关系形成同乡聚居的村落，他们不仅团结力量象征为其特色，并把思乡情绪寄托在新开拓聚落地名上，使台湾出现不少冠以大陆原乡的地名，即所谓的籍贯地名，而产生保有地缘特性，在这些乡亲聚落的地名，多数以泉州厝、同安寮或形成聚落存在一大特色。无论是 400 年前到宝岛开荒的先民，还是 60 多年前到台湾的大陆各地民众，在台湾都愿意修族谱、建堂号，目的就是为了不忘根本。依据《重修台湾省通志·地名沿革篇》统计，以及《堂号姓氏考》比例举出，台湾各地冠祖籍地名，约有 130 处之多，并散见于台湾各地，由此可见台湾同宗同名村地名攸关原乡情怀，并富有其特殊关系与文化历史背景。

　　同名村也是同根村、同心村，它饱含着同胞们的爱乡爱土之情，也是在告诉后人，两岸同胞是一家人，证明两岸一脉相承的血缘与亲缘。闽南人徙台后延续了聚姓、聚族而居，始终保持昭穆相承、两地互婚、地名相关、风俗相似、语言相通的亲缘关系，这种移居社会，使台湾犹如"第二个闽南"。

　　漳泉闽南人同族、同乡或父子、兄弟、夫妻举家相率入台，在台湾聚姓聚族而居，建立新的村落。由于受家乡的影响，照搬家乡的语言、建筑、礼俗与乡社保护神以及乡社宗族管理等整套文化风俗。他们在台湾延用家乡的地名，如台北三重埔的长泰、台中县的龙溪、云林县的海澄、嘉义县的云霄、台北的园山、芝山，以及台北市、彰化市、嘉义、台南的诏安，嘉义县的南靖寮、云霄厝等，是漳籍人聚居地。台北新化、云林、台中、桃园等地的泉厝、高雄的南安里，台南市的安平镇，彰化、云林、嘉义、台南等地的安溪里、安溪寮等，是泉籍人聚居地。早期的移民，通常以姓氏加上"厝""寮""庄""广部"等为聚居地命名。明嘉靖年间晋江蚶江欧厝欧阳文卿迁居台湾，将定居地命名为"欧厝村"。晋江永宁粘氏在新聚居地取名"粘厝庄"。晋江祥芝湖厝村移民以台湾新居地为"湖厝"。据《诏安沈氏族谱》记载，康熙二十年（1681 年），东城十七世沈扁随福建水师提督施琅平定台湾，授澎湖都指挥使，镇守澎湖期间战海盗平内乱，安抚民心，百姓安居乐业，深得澎湖民众爱戴，为其树碑"威震澎海"以表纪念。东城沈氏族人随沈诚、沈扁等人入垦台南下营、新营、斗六、苑里等地，子孙繁衍，至清中期已成当地望族。东城沈氏在台后裔众多，沈姓在台人口达 10 万以上，大部分是东城派下的宗亲，集中分布于云林、台南、台北、嘉义为多，斗南、新营等地均建有沈氏宗祠。

　　漳泉闽南人移居台湾后，承接故乡姓祖世系昭穆修谱续牒，仿照祖地宗祠建立祠堂，奉行一切祭仪礼规。他们首先都回祖籍地找寻或索取旧谱，然后按入台嗣裔续修，求全不漏，以供后裔认祖宗，有的还踊跃参加祖家的修谱活动。入台移民参照祖居地昭穆传宗接代。两地世传昭穆，有的由两地族亲共同协商制定，漳浦县赤湖镇和台湾赤湖派陈氏裔孙，因先祖昭穆"道业正均德，兴忠敦君国，科文士克荣，日腾敬圣作，秉常长启泰，家声庆裕扩"的辈序不够，又续"锦水荣光增瑞世，丹山仪羽振文明"。清初晋江石狮洋坑蔡姓徙台后在台北建小洋坑村，把昭穆带入台湾，今已繁衍12代，因辈序不够，又重新编"尊贤育才、心彰有德"辈序，并传回祖居地让族人供用。石狮蚶江李姓入台传衍至10代，清末返故里修宗谱时又续编十一至三十世讳行。这种血浓于水的关系使早期去台的闽南人魂牵梦萦，思念祖家故土，不顾海峡波涛返乡同承昭穆，共叙亲情。

　　据台湾陈永瑞所著《问心斋族谱目录》所载，我们摘出从1960—2000年，台湾各姓宗亲会共编有62部族谱，各姓宗祠14部，各祭祀公业14部，全部90部，据此可知台湾各姓宗亲会、宗祠与祭祀公业编谱以民国20世纪60、70、80年代最盛。兹亦列表统计如下：

编撰年代	1960	1970	1980	1990	2000	合计
宗亲会	3	17	21	13	8	62
宗祠	1	1	4	5	3	14
祭祀公业	1	2	3	4	4	14
小计	5	20	28	22	15	90

第四章
闽台族谱文化与理学文缘研究

第一节　朱子理学对闽台族谱文化的影响

一、族谱文化产生与发展的历史

3000 多年来，族谱在不同时代显现出不同的形态，从出土的甲骨文、金文、碑文等中国早期文字及史类文献对家谱起源的考证，族谱的起源至少可以追溯到先秦时代。周代已有史官修谱制度并撰有《世本·帝系篇》。尽管先秦《世本》早已散失，今本《世本》是清人所辑，但从辑有的篇目可见，《世本》汇集了中国自黄帝到春秋各代天子、诸侯、卿大夫的世族谱系，是一部对前代和当代各血缘集团系谱进行综合、总结的全国性的总谱，《世本》的意义还在于证实谱学研究发轫于周代，是族谱研究的源头。

族谱在不同时代都发挥着不同的作用，其价值与特色非常值得我们研究和探讨。家谱种类丰富多彩，根据家谱记载范围的大小可分为总谱、大宗谱、宗谱、房谱、支谱、房谱；按照编撰特色又分为宗谱、统谱、合谱、联谱等；根据家谱纂修部门的不同又可分为官修族谱、私修族谱。宋代欧阳修曾说："言辞之为言簇也，尚夫聚而有别，姓之为言生也本，其共所自生，氏之为言示也，示其所自分，别其聚，原其生，究其分，此谱所由作也。"苏洵《苏氏族谱引》曰："苏氏族谱，谱苏氏之族也"。到隋唐五代时，王俭和王僧孺的 谱学著作还都在流传，王姓自己的家谱也通行于社会，被奉为天下修谱者的蓝本。此外，北周人王褒所撰的《王氏江左世家》二十卷，佚名氏的《太原王氏家传》二十三卷，南齐人王逡之《续百家谱》四卷、《百家谱拾遗》一卷、《南族谱》二卷，唐朝人王玄感的《姓氏实论》十卷，王方庆的《王氏家牒》十五卷、《家谱》二十卷、《王氏著录》十卷，等等，也都是唐宋时最为通行的谱籍。

据宋欧阳修《新唐书·列传》记载，唐太宗李世民定天下后，命高士廉等编纂《氏族志》，定天下 296 姓，1651 家，分为九等。高士廉所编之《氏族志》，今已散失无存，《晋安林莆田长城林氏族谱》引温彦博所撰《林氏源流总论》一文，估计就是从李世民钦定的高士廉等所编的《氏族志》中转引。欧阳修为蔡襄撰写的墓志铭，也可窥欧阳修在族谱研究初期的一斑，可以说还没有完整的体系和体例。到了苏轼和欧阳询编修族谱开始，才真正形成族谱的体系和体例。

就家谱的形式而言，唐代以前的古谱和现存的以欧阳修、苏洵创制编撰体例为特征的明清家谱有所不同，但家谱作为绵延不绝的人类历史象征受到历代学者的重视，究其原因除了追本溯源寻根问祖的目的以外，还在于对家谱重要价值的认识。

宋代以后，家谱在政治生活中不再发挥门阀等级作用，于是官方修谱的传统禁例被打破，民间编撰家谱风气开始兴盛。家谱也日益多了起来。在士族阶层的推动下家谱的作用也转移到尊祖、敬宗、睦族上，因而，家谱的内容也发生了一些变化。这中间朱熹起到关键性的作用。

在朱熹《家礼》和《朱子家训》为代表的族谱文化理论推动下，体系更加完善，形式更加完备，文化内涵更加丰富，家礼精神更加凸显。朱熹不但领军撰修本族族谱，而且还亲自制定了家训、为多个姓氏撰写族谱序等。尤其是朱熹族谱理论著作《家礼》流传社会以后，《家礼》中的族谱文化成为民间修谱建祠堂的依据，而后又成为官方修谱的依据。

在这以后的一时期的家谱中内容更加完善翔实，分析起来主要包括三大部分：第一部分是世系图，若想知道谱中某人世系所承，属于何代、其父何人，一看此图便即了然；第二部分是家谱正文，是按世系图中所列各人的先后次序编定的，分别介绍各人的字号、父讳、行次、时代、职官、封爵、享年、卒日、谥号、姻配等。这些介绍性的文字，长者五十余字，短者仅二三字，实际是人物小传。使人知其本源，而世系表也因此更加完整；第三部分为附录。对研究姓氏的源流、迁徙、分布、文化等都有较大价值。朱熹改革的族谱，饱含民族文化，包括了族谱、祠庙、祖墓、祭祀、礼仪、族规、家训以及族望、家声等等。

据有关专家资料统计，朱熹帮助各个知名姓氏家族撰写的谱序至少在20篇以上，还有不少家谱祖先图像的赞语题为朱熹所写。如《（浙江绍兴）绍邑邵氏宗谱》中邵乘图像"晋散骑将军讳乘字元盛公像"，为"宋晦庵朱熹题"。到元明清族谱全面走进民间，深入千家万户，流通在全世界的华族中，产生了巨大影响。

朱熹把它总结为："古者大家小族之法，圣人以是叙天伦，敦教科书也，而谱牒尤宗其法"。贯穿了一个"礼"，突出一个"法"。

朱熹撰写的《曹氏族谱序》既简要又较全面系统地论述族谱文化："族谱之设，纪源流，序昭穆，而明宗道之法也，谱牒不修，源流不纪，则人心无管摄，必至法失纲沦，亲疏莫辩，尊祖敬宗之道不明，此谱之所由作也，于归展墓，道历开阳，涉鳙岭，过晓川，宿于门士曹子晋书舍，讲论之余，晋以曹氏族谱，请于为言，阅其始末，知为孔门上蔡候？公之裔，併益知晋之学业渊源，有所本矣，吁，夫谱之作岂易为哉，非公无以绝心，非止无以止邪，然谱岂惟示法于一时而已哉！今日祖父，前时之子孙，率是道，则为孝子慈孙，今日之子孙，后时之祖父，率是道，则为显祖令宗，古今不能异矣，又岂惟推行一时而已哉，明此齐家，而一家兴仁兴让，明此治国，而一国兴仁兴让，国家不能外之矣，故曰道统，人性之同，又曰道者万世无作弊，平平而到正，荡荡而大公，同人之道，尽于斯矣，况曹氏世代儒教而业诗书，隐林泉而亲有道，缕缕不乏，谱牒既成，乃宗盟之盛事，启后人隆礼义，敦孝悌，知爱敬，正风俗，是可以观世教，则谱之道明矣，抑其祖忠节如全晟者，暨其二子忠武如翔者，皆讨贼死忠，竭力王室，忠烈如翔者，追贼死忠，有功于？其孙如遇者，庐墓守孝，始居新安，后数世再迁于婺东，今幸又晋居仁里，读书乐道，潜思力行，皆上蔡之遗风，忠孝之余庆也，于劝天下世家，求其？缨赫奕，盖有之矣，求其忠孝两全，立身行己，追隆上蔡，如曹氏者，我未之见也，于乐之道之，因为题其家庙曰：上蔡世家，为祝于曹氏者，守忠孝之泽，以谨先传，承诗礼训，以开后裔，以居则善俗，以出则善世，其于谱牒有光，而起仁人孝子观法也，书于谱端，以彰规勉曹氏后世之意云尔"。

朱熹这短短的一段序，提出族谱文化的大纲：

1.族谱文化的首要是"纪源流"。他说"谱牒不修，源流不纪，则人心无管摄，必至法失纲沦"，要通过修谱，知道"今日祖父，前时之子孙，率是道，则为孝子慈孙，今日之子孙，后时之祖父，率是道，则为显祖令宗，古今不能异矣，又岂惟推行一时而已哉，明此齐家，而一家兴仁兴让，明此治国，而一国兴仁兴让，国家不能外之矣，故曰道统，人性之同，又曰道者万世无作弊，平平而到正，荡荡而大公，同人之道，尽于斯矣"。

2.族谱文化的第二条是"序昭穆"。族谱要明纲沦，否则"亲疏莫辩，尊祖敬宗之道不明"，以达到"守忠孝之泽，以谨先传，承诗礼训，以开后裔，以居则善俗，以出则善世，其于谱牒有光，而起仁人孝子观法也"。

3.族谱文化终结是要"明宗道之法"。"启后人隆礼义，敦孝悌，知爱敬，正风俗，是可以观世教，则谱之道明矣"，"求其忠孝两全，立身行己"。

因此，朱熹的族谱文化理论，不但在民间扎下了根，而且引起国家的重视，历代皇帝不断下诏书，肯定族谱文化，起到推波助澜的作用。开禧元年（公元1205年），宋宁宗下修谱圣诏："朕闻唐人重姓氏，而谱牒具，后世文儒贵戚之家，浸以沦湮而难考。然自犁锄之卿相，降为录卒之世家，视其子孙，自立如耳？诚能自立虽微而浸著；不能自立虽著而微。人家子孙很多世代之各能自立，庶几于厥祖也。此联之以是改望于天下者。——开禧元年乙丑端月强圉单阏日诏"。

明洪武九年（1376年），明太祖朱元璋也下修谱圣诏："朕承天底定，抚辑承民，霄肝站兢，恐难保，又咨尔意兆，各具天良；务立矩，度之防，睹维新之命；朔芳规于及祖考，懿行于先哲敦朴原本，懋昭上理；虽礼乐俟清世，以而孝悌木，诸人心苟能自克振拨，则可治之，不淳如或即此奋心，亦何不古，率士钦哉，毋忽腾意！——洪武九年丙辰上元日诏"。

清朝，清世祖爱新觉罗·福临（顺治皇帝）下乡谱诏："敦孝弟以重长幼瓜葛，笃宗族以昭雍睦，训子弟以禁非为，明礼节厚风俗"。

可见历朝历代不仅重视修谱，都更重视朱熹的谱学文化，使天下人明礼节厚风俗。因此至于宋元以后，私家修谱之风大盛，散居全国甚至海外各地的各个姓氏家族都有自己的家谱。

明代学者方孝孺在《族谱序》也云："谱者，普也。谱载祖宗远近、姓名、讳号、年号。谱者，步也。敷布远近，百世之纲纪，万代之宗派源流。叙述姓名，谓之谱系；条录婚宦，谓之簿状。天子书之谓之纪，诸侯书之谓之史，大夫书之谓之传，总而言之谓之谱。谱者补也，遗亡者治而补之。故曰：序得姓之根源，纪世数之远近，父昭子穆，百代在于目前。郑玄曰：谱之于家若网在纲，纲张则万目具，谱定则万枝在"。（《逊志斋集》卷一三）

清代史学家章学诚有过"夫家有谱、州有志、国有史，其义一也"之说，把家谱与国史、方志相提并论可见其重要性。古代家谱研究的内容主要在于对谱学的本身，包括谱例的撰写以及家谱发展历史的研究等方面。

明清以后，族谱文化更加完善，在一定意义上可以简单扼要地说谱牒就是一族的档案，它记载着一个族的兴衰、人口状态、婚姻关系、家族播迁、族田族产、族山族坟、族规族训、族脉文化、族史名人等历史文化的全过程。在人口繁茂的中华民族姓氏大家族中，共同修纂的全家族远近祖的公谱称大宗谱、会谱、通谱；同宗共祖的各房分支修纂的族谱有时称为支谱、房谱。家谱属珍贵的人文资料，对于历史学、民俗学、人口学、社会学和经济学的深入研究，均有其不可替代的独特功能。

二、朱熹改造和完善的族谱体系

我国汉族很早就有谱牒，各姓各家自成相异其趣的族谱体系，其他各民族也都有各自的谱书，从中皆可找到大同小异的内容与样貌。中国早期的族谱主要是世系表，唐宋以后逐步演化，经朱熹改造、丰富，至明清一部完整的族谱，应具备下列二十多个项目：谱名、谱序、凡例、谱论、姓氏源流、恩荣录、像赞、世系、家传、族规家法、家训、图像、昭穆、宗祠楹联、五服图、族产契约、祖坟、艺文著述、撰谱人传略、后记等，内容不一而足。

1. 谱名

一般通称为族谱，有称家谱、家乘、家志、家传、通谱、统谱、谱录、谱牒、世牒、世谱、世家、世典、宗谱、支谱、房谱、祖谱、故谱、合谱、谱传、真谱、私谱、本书、族系、族讲、石谱、系谱等，也有的称为渊源录、源流考、清芬录、世恩录、族谱图、大同谱、大成谱、联宗谱、先贤录、传芳集、家传薄、先德传、谱志略、家谱汇编、家模汇编、源流大典等，是以记载父系家族世系、人物事迹为中心的历史图籍。

2. 谱序

稍具规模的家谱，卷首一定会有一篇至几十篇不等的序文，它是每部家谱不可缺少的内容之一。谱序包括新序、旧序、族外人的客序、跋语、目录和刻印人名以及其他关于本族的记述。

3. 谱例

又称凡例，主要是阐述家谱的撰修原则和体例。

4. 谱论

许多家谱都专门辟有谱论一章，专收先贤的谱说、谱论、谱议的篇章和古代经典中的有关论述，对修谱的作用、功能、意义、历史、原理、方法等加以发明和阐述，是研究谱学的宝贵资料。

5. 恩荣录

主要内容为历代皇帝对家族中的官员及其家谱的敕书、诏命、赐字、赐匾、赐诗、赐联、御谥文、御制碑文以及地方官府的赠谕文字等，以显示和炫耀朝廷对该家庭及其成员的奖励和表彰，同时反映该家族的地位和身份。

6. 遗像、像赞

祖先及家族中历代英贤、重要人物的图像数据，一般为正面是遗像，背面是像赞。

7. 姓氏源流考

中国家谱素来有"叙本系，述始封"的传统，明清以来各家谱也大多有记姓氏源流的一章，或称姓氏源流，或称宗族源流。它主要是用来记述本姓来源、本族的历史渊源、始祖、世派、迁徙、各支派间关系、甚至改姓的原委等。

8. 族规族约

是宗族家族成员共同制定的、用以约束和教化族人的宗族法规，是家谱中的重要组成部分。其名称各异，种类很多，诸如家规、家约、家戒、家法、家礼、家典、家仪、家条、族规、族约、祠规、祠约、规范、规条、规矩、条规、戒谕等。

9. 祠堂

记载宗族、家族祠堂修建的历史，介绍祠堂的建筑规模、地理位置，收录有关祠堂的碑文、诗文、祠联、祠匾、祠堂图、建祠捐资人名，记录祠堂内神位世次、配享、附享、祭祀情况等。

10. 五服图

又称服制图。所谓五服，就是指古代丧服制度中的五种服色，即斩衰、齐衰、大功、小功、缌麻。丧服是根据生者与死者的远近亲疏关系而穿着的一种服饰。

11. 世系考

这是家谱中的主体部分，又称为世系图、世系考、世系记等。这部分内容为所有中国家谱所共有，因而成为家谱区别于正史、地方志的最明显的标志。世系表除欧阳修、苏洵所发明的欧式图谱和苏式图谱外，还有两种比较常见：（1）宝塔式图谱。这一图谱形式何人所创、创于何时目前尚无定论，不过至迟已在南宋时出现，因此很可能也是南宋人的产品。（2）牒记式图谱：这一图谱的特点是分别按世代以文字叙述先人的事迹，既不用线条，也不用图表。

12. 传记

家谱中的传记又称行状、行述、行实、事状、志略等，其体裁有传记、行状、寿文、贺序、墓志、祭文以及抄自史传中的数据，主要载录家族成员中"方行可书"的"忠臣孝子""节妇义夫"的事迹和传记资料。

13. 谱系本记

也称作世序、世系录、先世考等，主要内容与世系部分大致相同，记载本族成员的简况即本人名讳、父名讳、排行、字号、生卒年月、寿数等。

14. 族产

记录家族、宗族的集体财产，如祀田、坟地、义庄、学田、义墅、山林、房屋等。

15. 契据文约

专门登载与记录和族产有关的契据文约、管理制度以及宗族、家族内部关于承嗣、婚姻、分家等的文书及契约。

16. 坟茔

记载族中公共坟地的情况，包括墓地图、坟向、祖坟及各支派墓地分布等。

17. 名迹录

记载与本族或族中成员有关的山水桥梁、亭台堂舍、庵寺书院等。

18. 任宦记

记载族中成员历代官宦名人事迹，其内容与传记部分大致相同，包括履历、科第、政绩、功勋、著作、学说等。

19. 年谱

是按照年、月、日专门记载一个人生平事迹的一种体裁。

20. 艺文

收录家族、宗族成员的著述，包括奏疏、殿试文、万言策、诗词和各式文章等。

21. 字辈昭穆

又称派语、派行诗、行第、派引、排行等，专门登载族内成员姓名排行的字语。

22. 领谱字号

中国古代家谱修好后，在派发给族中成员前，对每部谱都编以号码。

23. 余庆录

又称长生普、续后篇。指家谱修完后，专门留数页空白纸，留待后世子孙续，以示绵延不绝。

24. 撰修、捐资人名

家谱的撰修或续修，是家族、宗族中的一件大事，涉及族中许多人员，且须动员全族成员捐款助修。

以上是家谱的基本格式。一部小的家谱也许不可能将上述基本格式全部用到，但格式中的主要部分如谱序、凡例、世系图、传记、家规、艺文、字辈谱等肯定会有，其中最重要要交代清楚本族的姓氏源流、世系和家训，原因在于这三者：姓源乃氏族之根由，世系为宗亲之依归，家训系民族之张本。家谱也正是凭借上述内容将家族的历史渊源、迁徙情况、历代英贤等保存下来，并流传后世。

由此可见，一部完整的家谱，就是一部家族史或宗族百科全书。通过这部家谱，我们可以了解到该家族的历史沿革、世系繁衍、人口变化、居地变迁、婚姻状况，该家族成员在科第、官职等政治生活中的地位、作用和事迹，该家族的经济情况和丧葬、礼典、家规、家法等典章制度等。而家谱也正是将这些内容以书、图、志、表、史的形式记录下来，是与正史和方志并列的三大文史宝库，是中华民族灿烂的文化瑰宝。

闽台地区的大家族都认为，重视族谱对家族发展具有积极意义。福建的张载、蔡襄、杨时、李侗、朱熹、蔡元定、黄榦、苏颂、蔡新、真德秀、林则徐、黄道周、蓝鼎元、林语堂等许许多多的家族都十分重视族谱的编撰，而且族谱编撰的体系完善，很有特色，许多族谱至今都保持得比较完好。

台湾也一样，名门望族也都重视族谱的编撰，台湾地区的家族一般都把福建族谱作为闽台的祖谱，大多族谱与福建族谱都形成对接。从形式上内容上对大陆族谱有全面的继承和延续。台湾谱牒专家许明镇在研究台湾族谱时，对台湾一些大家族族谱进行比较研究。他认为"台湾的家族谱承载着和大陆原乡最真实密切、最庄严慎重的记载，舍弃家族谱台湾和大陆将会藕断丝连、失根断枝。试以台湾中部两大家族为例略加说明，台中雾峰林家出了林文察、林朝栋父子领有显赫的军功、留有豪华宅第，更重要的是林家子孙重视传承、编有族谱，雾峰林家因而至今能够维持名声不坠！反观彰化鹿港施世榜家族，施世榜当年在台湾和大陆泉州两地称盛、宅第连云，尤以开发彰化平原建八堡圳，有大功于世，但子孙不重传承、未编族谱，落得如今声名不彰，令人嗟叹可惜之至！"（见蔡干豪《海峡百姓论坛论文选集》，许明镇《台湾公私单位收藏家族谱之最新调查报告》）

三、族谱文化研究与应用的历史

中华民族自古重视族谱的研究。族谱研究与应用起于何时没有具体记载，但是至少我们可以看到，族谱的应用与研究始于汉代，《史记》中有关帝王谱牒的记载，说明汉代司马迁已经把家谱资料应用到史学领域——纪传体史书的撰写中去。后代史学家继承了这一传统，后代编撰的纪传体断代史如班固撰《汉书》、陈寿撰《三国》……都不同程度地运用了谱牒资料。中国古代对家谱资料的应用主要在史书、方志和人物评传的撰写过程，体现了谱牒的史料价值。

到了21世纪20年代，随着社会科学新领域的开拓，有学者从人口学、优生学、遗传学等新学科的角度肯定族谱的重要价值，并倡导对族谱资料进行深入研究。著名史学家梁启超在1923年出版的《中国近三百年学术史》中说："欲考族制组织法，欲考各时代各地方婚姻平均年龄、平均寿数，欲考父母两系遗传，欲考男女产生两性比例，欲考出生率与死亡率比较……无数问题，恐除了族谱家谱外，更无他途可以得资料"。为此他提出广收家谱并对家谱进行研究，"我国乡乡家家皆有家谱，实可谓史界瑰宝，如将来有公立大图书馆能尽集天下之谱，学者分科研究，实不朽之盛业"。古史辩派的创始人、著名学者顾颉刚也说："我国历史资料浩如渊海，但尚有二个金矿未曾开发，一为方志，一为族谱。"肯定了家谱在新的历史时期所具有的重要的史料价值。

在梁启超等的倡导下，学术界出现了研究谱牒的热潮，北京图书馆致函社会各界广征家谱。1945年杨殿珣撰《中国家谱学通论》就是利用馆藏家谱撰写的研究论文。1931年南京国学图书馆馆长柳诒徵撰《族谱研究举例》一文可视为对梁文的呼应，该文中有将太仓王氏与武进庄氏比较，分析人口的数量与增殖的例子，开了利用家谱资料进行人口问题研究的先例。利用谱牒资料对人口问题进行研究的学者还有谭其骧，其著《湖南人由来考》系根据氏族谱系资料对湖南7个县的人口来源做了考证。1949年以前在谱学研究领域颇有建树的学者有潘光旦、罗香林等人。潘光旦从 1929 年发表第一篇论文《中国家谱学略史》以后，数年间陆续发表了《家谱与宗法》《家谱还有些什么意义》《说家谱作法》等论文，还就遗传与人才的问题进行研究，发表了《明清两代嘉兴的望族》《中国伶人血缘之研究》《人文选择与中华民族》《近代苏州的人才》等；罗香林 30 年代起就重视家谱研究，1971 年在香港出版的《中国族谱研究》论文集，大多为早年的研究成果。他们的研究对谱学理论的普及与发展具有不可磨灭的贡献。

二三十年代中国学术界对家谱研究的热情是由史学领域的变革引起的。近代史学的显著特征是打破了以往以政治史为中心的史学研究传统，将史学研究转为对人类社会生活的关注。新史家们认为，"欲知历史真相，决不能单看台面上几个大人物几桩大事件便算完结，重要的是看见整个社会的活动变化"（梁启超语）。史学研究的发展，必然要求突破仅从正史中寻找史料的传统局限，拓展史料收集的范围。因此这一时期的史学家们特别重视新史料的发现，包括地下发掘的考古资料和异域发现的史料记载都是他们关注和搜集的目标。家谱作为在家族内部编撰的、不公开发行的史籍，又具有不可替代的社会史研究的史料价值，理所当然地引起了学者们的兴趣。史学观念的更新与史料范围的扩展是引发谱学研究的直接原因。

由于战乱等原因，1949 年前的谱学研究展开得并不充分。其中谱牒资料的缺乏也是一个重要因素，在不得轻易示人的祖规家训的警戒下，家谱资料的搜集比较困难，以北京图书馆为例，从 1928 年到 1945 年总共收集到家谱 247 种，仅占馆藏的十分之一。大图书馆尚且如此，一般研究机构要获得研究资料的难度更是可想而知了。

1949 年以后，家谱作为封建残余受到人们的唾弃，对家谱的研究也理所当然地停顿下来。60 年代出于对封建族权的批判，有人写了《封建家谱谈》，这是至今所见祖国大陆解放到十一届三中全会之间唯一的一篇关于家谱的论文，家谱研究基本处于空白状态。但作为家谱的搜集却是一个千载难逢的好机会，土地改革、批判封建宗族，一系列的政治运动使藏于深阁的家谱被作为封建残余扫地出门，从上海图书馆成为全国收藏家谱原件最多的图书馆来看，其家谱有许多来自造纸厂回收的废纸堆。这种情况也见于其他图书馆，比如北京图书馆，解放初统计为353种，到1985年清点馆藏已有2228种，大多为土改时期和"文革"时期所得。正是有识之士对这批历史遗产的保存，才为日后的学术研究奠定了资料基础。

中共十一届三中全会以后，人们的思想得到解放，认识到中国的传统文化是个宝藏，值得好好发掘。海外华人的寻根意识及对家谱文化的重视则对祖国大陆家谱研究的开展起了推波助澜的作用。在中国与世界的沟通日益加强的文化背景下，中国家谱研究蓬勃地开展起来了。尤其是闽台族谱的研究具有特殊意义，对海峡两岸的迁徙、交流、福建与台湾的开发、发展，海峡两岸族群的形成、构成，海峡两岸的家族认同、民族认同以至国家认同都有着积极的意义。

根植于中国宗法社会的中国谱牒，伴随着民族文化产生而产生、发展而发展，是民族文化的宝贵遗产。随着中原士族移民福建，族谱开始在福建产生与发展。唐代以后，福建编修族谱兴起。宋代以后，随着政治、文化中心的南移，福建的家族制度趋于完善，谱牒文化的体系也基本确立，体例也日趋完备。明清以后，福建人大量迁移台湾，台湾谱牒兴起，又形成了闽台同根同祖的谱牒文化。从当前保存下来的族谱来看，福建家族的族谱最早的是西汉开始修撰的，唐宋时期就进入士族家庭，明清时期形成修撰族谱的高潮。而台湾族谱基本上都是在明末清初开始修撰的，至清朝中后叶，大户人家就普遍修撰族谱，台湾光复后形成编撰族谱的高潮。从现存族谱文献看，虽然老谱数量有限，依然可以看到唐宋以前的福建族谱比较粗犷，世系部分已经比较成熟，郡望堂号都记载翔实，序言题跋完整；到宋代的谱牒中家族文化、家规祖训普遍已经形成。至清代，谱牒体系细化的现象更加明显，一般的世家大族除了共同编修总谱外，各房各支还编修房谱、支谱；同姓宗族之间还共同编修统谱或联谱，有些同源而不同姓之间也有修合谱。

第二节　闽台族谱文献的体例研究

一、闽台族谱都有共同的修撰理论

闽台谱牒有共同的修谱理论。闽台族谱除了承继中原撰修谱牒的理论体系，四种基本的记述格式：欧式、苏式、宝塔式和牒记式以外，宋代福建出了两个谱牒学专家，一个是北宋的泉州人吕夏卿，在编撰《新唐书》时，创设《世系》诸表。另一位是南宋的莆田人郑樵，在《通志》中，创立了《氏族略》。他们对谱牒学的研究成果影响全国，对闽台谱牒的修纂起到重要理论指导作用。台湾连横等志书大家在编修台湾地方志时就十分重视台湾族谱的收集和利用，把台湾族谱融入地方志，为研究台湾移民史、开发史、人文史提供了真实的素材。

二、闽台族谱都有比较完善的体系

闽台族谱具有典型的中华民族文化内涵，福建族谱的编撰高峰期是宋代到清代，所以受到朱熹《家礼》的影响十分深刻，许多家族族谱中都发现朱熹撰写的"序"，或朱熹题写的"家宝"或"忠孝廉节"等扉页，族谱的体例也遵循朱熹制定的族谱体例，比较完善的族谱其内容基本上都有谱序、凡例、谱论、姓氏源流、恩荣录、像赞、世系、家传、族规家法、家训、图像、昭穆等二十多项，许多还收录了家庭祭祀的程序、祝文等，形成比较完整的体系。闽台两岸长期共修族谱，在比较完整的闽台族谱里所保留的文化内涵基本一样。

闽台谱牒的修撰规范完整：

一是结构完备，闽台传统族谱主要有以下几个部分的内容：1.谱序；2.凡例；3.家族的世系和血缘关系图表；4.恩荣录；5.族规；6.祠堂、祖墓、族产、契约文书；7.人物传与科名录；8.艺文与轶事。

二是脉络完整，明朝建立以后，大兴修谱之风，出现普及化态势，福建各地民间不仅家族有谱，而且根据家族的延伸，家族的分支或各房也修撰支谱、房谱、家谱。

三是定期续修，一般为小宗谱 30 年一修，也就是一代人修一次；大宗谱 60 年一修，各个家族都把修谱修撰作为重要的永久性事业。

四是有完备的修撰谱的仪式和相关规程。

三、闽台族谱都重视追根溯源尊前裕后

我是谁？我从哪里来？将往何处去？这是三大哲学问题，也是中华民族最关心的哲学问题。中国人最通常的回答仅有一句话"尊前裕后"，其中却包含两种意涵，对列祖列宗系尊前敬祖，为后世子孙则垂裕后昆；说的更白一点，其实这正是中国人修谱之目的或谓族谱之作用所在。闽台的每一部族谱都有记载本家族修谱的目的，通常会开宗明义列在卷首"谱序"里点明，亦有作为祖训明载"家训"篇章，各姓人家用词发挥就大有文章，目的就是阐明修谱立族的意义，教诲子孙不要数典忘祖。

细读闽台族谱，不论是哪一个姓氏，都有共同的源脉，上述到三皇五帝，公认为炎黄子孙。有三千到五千年的得姓先祖，发祥地郡望。因此，纵观闽台族谱，多数都称源自"河南光州固始"。谱牒文化是宗族制度的产物，福建宗族制度随着北方士民不断地移居福建而逐步建立。福建和台湾民众主要是中原迁徙入闽再入台，共同的血脉，形成了共同的修谱族系基础，虽然历史上出现过许许多多人为的中断阻力，但是在民间民众的修谱从来没有间断。闽台族谱多数族谱可以对接，这就是闽台族谱的共同特点之一。

四、闽台族谱都重视族规家训

闽台族谱都有共同的特点，一部比较完善的族谱都有族规家训。两岸汉族族谱内有家训，回族穆斯林则用"圣训"一词。泉州市历史研究会编印出版《泉州回族谱牒资料选编》，书中构成"圣训"的基本元素，是仅次于《可兰经》的典籍，为行教固本的重要准据，且因宗教教义的诠释不尽相同，对中心信仰理想也各有各的坚持，可是各民族各姓氏对本固邦宁看法一致。海峡两岸共修的族谱，

有时家训都一样；甚至同姓族谱都有同样的家规祖训。如朱姓族谱，几乎都有《朱子家训》《朱子格言》，蔡氏族谱都有蔡襄《论忠孝》，台湾黄氏族谱都有黄守恭家规祖训等。

家族之家训，实际上是一些治家教子的名言警句，有的是从世上名人或先贤启示金言摘录而来，也有采取族贤名家所撰，其间古有明训："一粥一饭，当思来之不易；半丝半缕，勿忘物力维艰"，宣扬的就是我国传统节俭持家思想，与现在提倡的简约风依然吻合。在古今家训当中最被人推崇的，想必是颜氏家训和朱子治家格言了，至今脍炙人口，一直流传甚广。台湾范氏族谱记载，他们是范仲淹的后裔，族谱多有范仲淹家训："重天伦，出奸淫，除盗窃，包坟墓，守祀产，辨继嗣，恤遗体，笃恩爱，禁招赘，供徭役，止争讼"。台湾游氏尊游酢为先祖，族谱游酢诲子诗："三十年前宿草庐，五年三第世间无；门前獬廌公裳在，只恐儿孙不读书"。就是民进党的游锡堃，在同福建省姓氏源流研究会游嘉瑞会长一行到台北游氏祠堂"立雪堂"拜访时，他还得出面到祠堂与大陆宗亲见面，声称自己是"游酢后裔"。这就是闽台族谱的特殊魅力。也是闽台地区各个家族能够兴旺发达、源远流长的基本保障。

第三节　闽台族谱的文化特色

一、闽台谱牒的基本特点

闽台两岸谱牒由于历史的原因，在历史上都发生过多次的中断修撰的问题，20 世纪 50 年代在台湾开始复兴，80 年代改革开放以来，随着海外华人归乡"寻根热"的出现和中华民族传统意识的复兴，福建谱牒文化重新兴盛。尤其是福建的谱牒文化作为海峡两岸血缘认同的重要依据，对海峡两岸和平发展和祖国的和平统一大业有重要意义。

闽台家谱的相关机构众多。修撰和研究、收藏机构不断出现。海峡两岸都出现由宗亲自发组织的临时修谱机构，形成从乡村到城市的经久不衰的谱牒文化热。

在各地各宗族族谱研究的基础上，出现了许多谱牒修撰机构，台湾姓氏源流学会比较早，随后闽台的各姓宗亲联合会、各姓氏协会、姓氏源流研究会等专门研究机构陆续涌现。谱牒作为学术研究的价值日益受学术文化界广泛重视。

闽台族谱收藏的多样化。千余年来，历代所修家谱是难以计数的，这其中绝大部分因年代久远，已经湮没于历史的长河之中。留传至今的和新修的家谱，大约不会少于数万种。这些家谱，分藏于海内外各类公藏机构和私人手中，其中公藏占有主导部分，私藏更不容忽视，私藏肯定超过公藏。台湾出现存谱机构比较早，50 年代初就大量涌现。现在闽台的公共图书馆、各地的文化馆、博物馆、纪念馆、档案馆、档案室、文物商店、修志会机构都有多少不等的收藏，台湾高雄和闽西都有专门的客家族谱馆。

专业机构的出现和参与。台湾的文献会在 20 世纪 50 年代就开始族谱研究工作，收集整理了大量台湾族谱，对全台谱牒和人口迁徙、祖籍状况进行全面调研，编著出版了大量的很有价值的研究资料。福建闽台缘博物馆、漳台族谱馆是近期出现的闽台族谱专项研究机构。1984 年以后，福建省陆续成立省、市、县三级地方志编纂委员会，编纂三级志书，一些从事地方志工作的人员被聘请参加族谱的编修工作，形成地方志与谱牒同时发展的局面。到 20 世纪末，福建省地方志编纂委员会决定编修姓氏志，各市、县也同时进行姓氏志的编纂。姓氏志主要是在各姓族谱的基础上进行编纂的，对现存的新、旧族谱进行较系统的介绍，更加凸显了族谱的文化价值，推动了族谱更大规模地编修。

可见，闽台谱牒文化因为同根同源有许多共同特色，密不可分。

二、台湾现代家谱的体例及对福建族谱的影响

台湾光复以后，特别是从 20 世纪五六十年代开始，台湾地区首先发起族谱热，台湾的族谱热给台湾现代族谱注入了许多新鲜的变革：

对于旧族谱的体例，台湾学者中大多数人希望能对旧体例加以变通，如"小传"可以更详细一些。由于当初台湾的多数族谱属于"小谱"即支谱，有许多旧谱规模偏小，仅数页，这是远远不满足当代信息发展需求的。如何对旧体例加以

改进，仁者见仁，智者见智。盛清沂认为："族谱的编撰，究应取何种体例，窃以必先明其性属与功用，二者已明，始可加以论列，而推究其编著方法。"他认为，家谱的属性为史书，其功用"非纯宗法，而为尊宗、敬祖、修身、齐家……"，由于台湾新一代谱牒专家的努力与变革，台湾新谱的"小传"内容更加丰富，传记的范围更加广泛。他们的这个改革后来也影响了大陆（福建）族谱的改革。从闽台新谱的"小传"看，现在海峡两岸的族谱已经基本相似。

对朱熹的族谱体例，近代社会也有不少争辩，许多名家仁者见仁、智者见智。如易熙吾先生曾提出现代家谱必须有以下二十目，即：书签、叙、凡例、目录、图像、谱名、世系表、家传、姓源、家训家规、科名、仕宦、坟墓、祀产、大事、艺文、家庭秘传艺事、人口统计、病历统计、死年统计等。盛清沂先生认为，此二十目不大适应现代社会，有些可以取消，有些可以修改。为此，他提出了十九目的设想。这十九目是：定名、题词、荣典、序、凡例、考、世系、世录、图像、志、家训、茔墓祭田、祠庙、胜迹、宗族团体、杂记、统计、创作与发明、修谱本末等。实际上这些还是不脱旧例，所以易熙吾先生后来提出新家谱必须具备以下十点就算可以了，即：文献、怀旧、鉴古、遗传与优生、户口、社会、后嗣、移民、用宏等。其实争论的焦点在于双方对新家谱是否应沿袭旧谱体例有不同意见。时代变了，家谱体例要不要变？陈绍馨先生认为："我们应尽量保持其（族谱）原来的体裁，因修改大多，恐会引起大多数宗亲的反感，或使他们失去兴趣；但无论如何，必须使它带有现代性意义，就是使它成为一族之生命史的记录。同时也能成为社会科学上之调查研究资料。"

通过对台湾新家谱的阅读，我们发现大多数台湾家谱在某些方面做了改进。如用了新式标点符号，行文用白话，地名沿袭历史原名（或加注现名），记时乃用朝代年号，但有中外历法对注，对儿童也记录在谱（旧谱11岁以下儿童死亡不记录谱，5岁以下儿童也不记录，这不利于人口统计），新谱对女性也开始重视。对改嫁再婚等情况加以记载，对养子出赘入赘，族人出家为僧尼也应记入，对褒贬应该接近事实，如此等等。台湾族谱中由于对出赘入赘的观念变化，出现大量的双姓族谱、联谱等，这个问题对福建族谱的影响相对较少。

台湾历史学家林恩显先生就台湾族谱面临的变革，专门修撰了《林合吉堂家谱》，他说，作此谱"以供一般家族、家庭制谱的参考，同时就教于学者方家"。林恩显编的现代家谱，体例如下：谱前是房屋分布图。然后分：一，源流。二，世系表及传略（这是家谱中的主要部分）。三，杂记。这份现代家谱在世系表中增加了一些内容，如表中先祖，除了文字叙述外，有照片的还须贴照片；表中增加了血型一栏，这是很有意义的。另外，新家谱还设有学历、经历、人口迁移、葬地等。旧时女子不入谱，新谱却在"杂记"中有"嫁出部分世系表"，各房女子悉数收录。当然，新家谱规模宏大，又如《平安高氏族谱》道林纸 16 开，300多页，内容收罗颇富，功夫很深，引用文献也很多，都是很有特色。

台湾新族谱基本上用铅字印刷和电子排版，精装装潢；传统的手工传抄族谱基本没有了。台湾的新族谱对福建当代的新族谱有许多借鉴作用。福建省内修谱高潮是从 20 世纪 70 年代开始，台湾多数的新族谱改革对闽南地区影响较大，但是闽南族谱的装潢有的要求更高，用宣纸印刷加精装；而对福建闽西北地区影响较小。闽西北地区的民间依然热衷手抄族谱。

三、台湾族谱热影响广泛普及社会各个阶层

五六十年代兴起的台湾族谱热，影响了台湾社会的各个阶层。许多台湾政要、名人和普通百姓一样，也是数典不忘祖，时时记住他们是中华炎黄子孙，他们的祖先来自大陆，他们的根在大陆、在闽南。1988 年 9 月，原台湾台中市法院院长王甲乙到蚶江谒祖恳亲，返台后还辗转寄给故乡一封书函："故乡风情，亲友欢欣接待，亲情犹历历在目，得偿父母宿愿。……嗣后如有机会，当再前往大陆与各位亲友欢聚"。眷念故土亲情之心跃然纸上。

1991 年 8 月 8 日，被誉为台湾"音乐教父"的许常惠教授，遵先母遗嘱，会集美国、日本等地亲人一行 11 人千里迢迢到石狮蚶江寻根，在蚶江"泉合利商行"的后裔王丽水处得到清代珍藏至今的陈旧族谱，个个热泪盈眶："这是正宗族谱，根找到了"。

1998 年 10 月，原台湾"行政院长"林洋港到祖居地龙海市角美埔尾寻根探

亲，受到乡亲热情款待，并共叙早日盼望祖国统一的心情。

　　据相关资料和调查表明，台湾大批政要祖籍在福建、在闽南，包括前任台湾地区领导人陈水扁祖籍漳州诏安，副领导人吕秀莲祖籍漳州南靖，前"行政院长"游锡堃、前"外交副部长"高英茂，以及国民党前主席连战、国民党原副主席林洋港、原地区副领导人谢东闵的祖籍地都在漳州。

　　原台湾"立法委员"蔡培火，原台北市市长高玉树，原"交通部长"郭南宏，曾任高雄市、台南市市长苏南成等，还有著名工商界企业家、台塑集团王永庆、王永在兄弟，亚洲信和集团郑周敏、郑绵绵父女的祖籍也均是泉州。

第五章
闽台族谱文献对接的历史研究

海峡两岸各个姓氏不仅重视编撰族谱，更重视海峡两岸联合编撰、重视族谱的族源对接。福建族谱注意上延重视与祖源地中原对接，下延重视与子孙播迁地台湾和海内外对接，经常为了对接会想方设法按照族谱记载的方向到各地寻找。这就是敬祖穆族，认祖归宗。福建各个家族的敬祖穆族，认祖归宗观念也深深地影响到迁徙到台湾或海外的支派。纵观闽台族谱，海峡两岸联合编撰族谱不仅从明清时期就开始，而且是十分普遍。因此，福建的族谱、台湾的族谱、海外的族谱只要不中断往往都可以对接上。改革开放以来，闽、台以及海外族亲回到大陆寻根谒祖，回来续修族谱，甚至共修族谱的越来越多。因此，每年都可以看到各个姓氏的海内外宗亲共同举行祭祀先祖的活动，而且越来越频繁。

第一节　闽台共同编撰族谱的分析

按照传统习俗，修谱就是慎终追远、敦亲睦族，为敬祖收族，所以福建的家族在修谱时必然要通知分散在全国各地的族人回到祖籍地续修族谱，有的发出信函、有的派人前往通知。从现存的《台湾区族谱目录》和"台北故宫博物院所藏族谱简目"看，海峡两岸共修的族谱都超过50%的比例。如"台北故宫博物院所藏族谱简目"共收录10300部族谱简目，扣除韩国、琉球族谱，其中中国族谱范畴的有10043部。在10043部族谱中扣除族谱理论、协议规约书、芳名录、讣闻、会员名册、宗亲大会手册和百家姓文献等，实际收录台湾族谱7000多部，其中海峡两岸共修与共存的族谱有 5170 多部，占 73.86%。

　　从现存族谱资料看福建与黄淮的中原地区族谱对接在唐宋以前就开始了。现存的台湾族谱文献目录，可以看到海峡两岸共修的族谱是从明清开始。五千多部台湾族谱中主要为福建台湾共修的族谱，其次是广东台湾共修的族谱，此外还有少量的台湾与河南、河北、安徽、浙江、江苏、江西、山东、山西、四川、湖南、湖北、宁夏、甘肃等省区共修的族谱。在海峡两岸的中国人早已形成族谱对接，台湾同胞继承中华民族优良传统，寻根谒祖，编撰族谱。尤其是在 1946 年台湾光复以后到 2000 年之间的 50 多年里，台湾同胞编撰的族谱更加重视海峡两岸的血脉对接。

　　（一）闽台族谱都保持长期形成的阶段修谱惯例。每 10 年一小修，30 年族谱中修、60 年族谱大修，都要派出大批族人翻山越岭寻觅散落各地的族人，甚至不惜远越重洋，到族人聚居地探望，收集资料，共修族谱；外地的子孙后裔不论多么艰难困苦，也都要回到祖籍地对接族谱，生怕中断成为"不靠谱"的人。如，台湾赖氏保持大陆修撰族谱的惯例，10 年一小修，30 年一中修，60 年一总修。1926 年，为本族源之义，感祖宗之德泽，"尊敬祖宗，昭垂于海岛"，在台赖姓宗亲组织赴平和谒祖团接谱。1931 年，五美派赖姓又派族亲赖锡三"梯山航海，端返心田祖乡"抄录旧谱，回台后又重修族谱：核对各派谱，对照考察谱藉，"知心田派下皆以卜隆公为一世祖"。他们在《重修五美派家谱》记载："自前清康乾之世，舀曾祖云从公，由漳州平和县心田乡迁居来台，惨淡经营，辛勤创业，为台岛开基之祖。娶妣黄氏，生子五男，长天水，次天仙，三天河，四天露，五天在"。台湾赖氏返乡抄谱，就是要接上台湾开基地和福建祖地的血脉联系，使后代子孙知道开盛祖。所以，现在人们所看到的漳台两地的《赖氏族谱》，家族源流、堂号、文献和赖姓历代簪缨、祖像等的记载都是相同的。依族谱往上溯，家族的来龙去脉一清二楚。

　　（二）闽台族谱由于保持共同编修族谱不间断的惯例，许多族谱都可以直接对接。这些两岸共修的族谱，从始祖、世系、衍派都一样，只是总谱保持在祖祠，分支谱保留在各个分支（包括台湾的分支）。我们列举几部闽台族谱进行比较分析。

例一《儒林张氏家乘》：

晋江的《儒林张氏家乘》，编撰时间较早，在《泉州府志》"理学名儒"中有所记载，系崇祀乡贤祠的明代张晚（字廷芳，内坑上方人）修编于永乐年间（1402—1409 年）。谱载："刘裕篡晋，令郎中令张祎鸠恭帝，祎叹曰'岂可鸠主以求荣'，乃自饮殉之。张祎一支子孙南渡居晋江古陵之张林。至唐末，有曰延鲁，率泉郡众耆老迎王潮入泉匡时之难"。泉州太守胡器于 1411 年为廷芳谱叙跋："……唯晋邑张氏廷芳，诉其鼻祖自晋宋江左播迁，迄今有千余载"之说。佐证其晋宋江左播迁，该谱 1638 年，1730 年，1741 年，1800 年，1867 年，1940 年均有续修，是一部海峡两岸共修的族谱。

1. 张延鲁有二子，长子张镜斋。镜斋生九子：长子仁郎、三子礼郎居张林，次子义郎（上仓房）居德化，四子智郎（厅上房）居唐厝宅荔枝埔，五子信郎（楼下房）居赤西、大嶝岛、阳塘，六子恭郎居内坑上方，七子敬郎居同安，八子逊郎居安溪大坪、东市，九子让郎居漳浦、长泰。宋代有 23 人第进士名，载于《泉州府志》、晋江同安县志，誉称"儒林传芳"即儒林派。胡太守谱跋："……子孙绳绳有足观者、良由先世所积之深有以启之……"之誉句。

2. 延鲁次子称鉴湖派，南宋裔孙张汝锡尚书于绍兴年间在郡城凤山建东岳大庙，庙旁建有檀樾张公祠。明代天启年间有裔孙探花、大学士、书法家张瑞图。鉴湖派居陈埭湖中、青阳、惠安东湖（今称东桥）5000 人丁，崇武港墘 6000 人丁，分支台湾裔孙众多。

3. 儒林九大房派存有明、清旧谱数十部，史料珍贵，内容丰富。仅居张林之长、三房清代康、雍、乾三朝即有 300 余人迁居台湾之明确记载。七房旧谱有南宋迁居澎湖之记载。六房上方负公（名佛保）于 1265 年迁同安板桥开基（今厦门市集美区后溪镇板桥十八社万人丁）。板桥张氏康熙、乾隆年间迁台子孙众多，台湾板桥地名为念祖也。爱国侨领陈嘉庚先生元配张夫人乃集美板桥人氏，其所出为陈氏长子陈厥福（济民）、次子厥祥、长女陈爱礼（夫李光前先生）、次女来好、四子博济、五子国庆、八女爱英。旧同安地区张氏大都是儒林张氏六房、七房分衍。金门旧属同安县缓德乡翔风里，田赋归马巷厅统之，民国四年（1915年）置金门县。金门张氏大都也是儒林张氏六房及七房后裔。六房上方宋末有福星、允三、仪福三兄弟迁金门沙美开基，繁衍子孙众多，建有宗祠并组有宗亲理事会。近年来多次组团到上方谒祖，捐资台币百万助建上方宗祠。

4. 七房（同安房）张均正于南宋1274年迁金门青屿开基，经几代努力，成为富庶渔、盐之村。惜乎明正统己巳（1449年）沙县、尤溪邓茂七起事祸及金门青屿。张益彬组乡勇御之，反被仇家诬之通匪。益彬论死，论戌等宗人被缉捕，年仅十四五岁之张敏、张本、张庆三从兄弟被阉入宫为太监。三兄弟因侍奉英宗、宪宗有功，后张敏任司礼监，张本镇南京，张庆镇浙江，荫及宗族子侄入国子监而仕宦。金门青屿张氏，明、清二代即有9人第进士，15名举人，10名贡生。张敏侄儿张苗任南京通政使（从二品）。致仕后于郡城建通政第（通政巨第已废，通政巷名今仍存）。张苗与蔡观慧、顾美等17人组为逸乐会，蔡观慧之子蔡清（虚斋）曾为文记之，《同安县志》《金门县志》皆将其列入文苑。张苗后裔有"一门六进士，五世四藩台"之荣耀。金门青屿张均正后裔分支厦门禾山霞边，集美后溪洪村、后门，翔安新店东园、泉州市区，永春环翠，石狮永宁、梅港，惠安洛阳石任等地，子孙达数万。石任是著名侨村，在村1500人，居菲律宾、香港1500人。近日又据谱发现儒林七房十世张世麒，生于1157年，1182年开基福清海口青屿，子孙分支福清、平潭二县20余乡镇达数万人，迁居印尼及台湾也不少。他们据旧谱而前来晋江省亲谒祖。

5. 金门儒林张氏后裔中青年几乎迁移台湾谋生，老年者仍恋金门故土，近十年来经常组团回同安、晋江谒祖探亲。据台湾谱牒界详细考研，儒林张氏六房、七房、八房（安溪房）分支台湾后裔达20余万。八房安溪大坪张氏于清康熙、乾隆年间纷纷迁居台北木栅种茶，在台北木栅建有著名祖祠集应庙。

晋宋江左播迁，张祎后裔入泉于今已有1600年历史，有谱可考海内外裔孙约百余万人。近几年来纷纷组团回来谒祖、探亲、查阅、校对两地族史、谱系，联系宗祖，增进亲情。

例二　闽台两岸共修的薛氏宗谱：

福建福安高岑《河东郡三廉薛氏宗谱》，始修于唐代，历代修撰，道光七年（1827 年）重修，顺治十四年（1657 年）续修，同治九年（1870 年）续修，宣统元年（1909 年）续修。谱辑序文、庙文、执事纪名、行派、例言、家训、祠规、族诫、祠图、坟茔、世系等纪事，子孙分派莆田、闽南、金门及台湾和海内外。三廉薛氏系八闽第一进士薛令之及其后裔的族谱。薛令之，字君珍，号明月先生，长溪西乡石矾津（今福安市溪潭乡廉村）人，生于唐永淳二年（683 年）八月十五日。福建（时称建安郡）首位进士，官至太子侍讲。着有：《明月先生集》《补阙集》《草堂吟》《屈轶草》《自悼》等。谱载补阙祠始建于唐光化二年（898 年），历经盛衰，至清乾隆十八年（1753 年）重建。道光二十八年（1848 年），咸丰八年（1858 年）重修。主祭唐补阙薛令之。族谱存于祠堂。

《金门薛氏宗谱》，1991 年金门珠山文献会编印，铅印本全一册。首修于清乾隆五十七年（1792 年），道光二十八年（1848 年）薛师言重修，光绪十九年（1893 年）、民国二十年（1931 年）薛承爵再度增补成谱。1976 年再度增补。族谱记载脉出八闽第一进士薛令之。改谱记载金门珠山薛氏 600 多年 26 个世系基本完整，现金门珠山存有历代族谱及其资料。1991 年由金门珠山文献会编印。

据资料记载福建福安薛氏为了编撰族谱，曾经派员到金门和台湾收集和核对资料。金门薛氏编撰族谱时也曾经派员回到祖籍地核对资料，族谱编竣后又组团到祖庙祭祀先祖。从闽台薛氏宗谱记载对比，二者内容虽然各有侧重，都尊薛令之为入闽开基祖。近年来，两地共同编撰族谱，两岸达成共识。

例三《温陵钱江施氏族谱》：

《温陵钱江施氏族谱》记载，元代迁福清的族人施华，娶何氏，生三子曰泰、春、秦。明洪武九年（1376 年）征戍边兵，三丁抽一。里甲欺何氏孤寡，强迫刚成年的施泰去当兵，何氏惧其子孱弱不堪远戍，让其避匿，结果何氏被官府抓去，施以"十针埋指"苦刑。施泰当时"逃之北港，附人养育"。北港即今台湾云林县西，亦谓魍港，早时为台湾与大陆互市之口。施泰去台的记录，当为最早见载于谱牒者。

钱江施氏大量迁台始于清初。据清乾隆初年所修族谱记载，住台的族人有：二十世协腾、协尾（洋霞）；二十一世孟慨（洋霞）、届凤（上厝）、曙守（东坂）；二十二世仲庆、仲福、仲殿（洋霞）、隆奎（上厝）；二十三世妈承、妈养（后新厝）、季汉（洋霞）、浚紫（上厝）、浚祉、浚熟（东坂）、维位（埭北）；二十四世枢统（上厝）；二十五世肇恺（石厦）、肇为、肇光、肇治（上厝）等多人。而据台湾方面资料，钱江施氏于康熙中、末叶有施仕风、施仕美徙居今台南市，施路成人垦今北港，施光建入垦今彰化埔盐。雍正年间，施善轩、施增轩徙居今台南市，施枢人垦今鹿港。乾隆年间，施衍盾入垦今高雄市，施国爽、施国标、施国坛、施国廉、施国坯、施国壤、施国达、施文载、施文协、施国宝等，后来迁居今台南市。施闹人垦今嘉义义竹，施枢壹携孙拔翠入垦今北港，施补、施枢长、施店、施士洽、施国盘及施文鼎、文经、文穆兄弟等，先后入垦今鹿港；施文肯入垦今鹿港，后迁台南；施良方、良让兄弟入垦今台北市。嘉庆年间，施阁砌、施妈光入垦今高雄市左营区；施泰岩徙居今台南市，其子琼芳、孙士洁为台湾仅有的父子进士；施莺、施渠华入垦今嘉义县；施门入垦今北港；施世意及施阁君、阁雾、阁灿、阁刻兄弟，施渠简、施衍税、施仙程等先后入垦今鹿港。道光年间，施泰生入垦今屏东万丹；施埕迁居今台南市；施阁巢迁居今嘉义市。咸丰年间，施参入垦今台中市。此外，还有众多钱江施氏分支同安、安溪复迁居台湾的，难以一一计数。清乾隆四十五年（1780年），钱江施氏族人迁往台湾鹿港时，自祖庙奉玄天上帝木雕像一尊，在住居地建小庙崇祀。咸丰元年（1851年）又将小庙扩大，改建新庙。1964年重修。现庙中尚存咸丰元年由施氏二房份弟子所立的"真如法界"匾，还有1964年重修时由浔海树德堂所立的"福我宗族"匾以及由高雄市施姓宗亲会赠的"真如殿"庙号匾。

钱江施氏还与浔江施氏在台南建立施氏宗祠。以"临濮堂"作为凝聚宗谊的标识。该祠建于1927年，坐落于台南平西区海安路。门前古榕参天，修竹摇曳，小桥流水，祠右还有一座清咸丰年间从晋江南沙岗大房头分香的六姓王府庙。日据时期，日本人不准台湾人民建筑祠堂，该祠是以扩建六姓王府为由申请建造的。祠中神龛内挂的祖先画像，上首为鲁惠公，下首为浔江施氏始祖炳、四世祖菊斋

及钱江始祖施典。神龛两旁供奉钱江、浔江往台祖先神位，还有历代施氏先贤及
献地建祠有功的族人神位。宗祠设有管理委员会，设立奖学金、养老基金，负责
救助族人，联络宗谊。每年举行春秋二祭，不仅台湾各地施氏，海外施姓华侨也
常往祭拜。

例四闽台两部林氏族谱：

《林氏开族统汇图谱》，东晋已编纂林氏宗谱成集，唐贞观六年（632 年）中
书全温彦博撰写《林氏源流总序》，唐贞元间林蕴从国史馆获国家重要史料，续
修宗谱《续庆图》，唐宪宗时林宝《元和姓纂序》宗谱日臻完整。宋、元、明、
清四朝，林宗谱均有大规模编修。明代以前谱牒大部失散；民国十三年（1924 年）
粤东广传垂远刻本；1985 年重修本，定名为《闽林开族千年谱》分五集出版，第
一集自黄帝至唐九牧，第二集《阙下林家》，第三集《九牧林家》《游洋林家》（迁
台的部分），第四集《雾峰林家》，第五集《闽林总集》。载入闽始祖林禄，原籍
济南，东晋明帝太宁三年奉勒守晋安郡。林氏入闽衍派世系谱图载至十七世九牧。
上溯的有：长林衍派世系四十五世，林氏发源帝系图三十四世。（现存广东省中
山纪念图书馆，装订：线装，索取号：25.6/0632）

《台湾雾峰林氏族谱》原名《西河林氏族谱》，系主要记录台湾雾峰林石派下
而改名。台湾银行经济研究室编，台中林献堂等主持修辑，民国二十四年（1935
年）纂修。1971 年铅字本，不分卷共 2 册。分两帙，公谱、私谱。公谱载林石以
上，溯其源流。载有谱序、凡例、世纪源流、比干公墓识语铜盘铭、比干墓先师
孔子书、唐太宗追赠比干太师诏及祭文、重修太师殷比干祠墓碑记、晋安郡王禄
公墓识语、宋仁宗皇帝御书题诗、世系。私谱载林石以下，演其支派。主要分两
目，一为家传，太高祖石公、高祖考逊公、曾祖考甲寅公、祖考奠国公、先伯父
文凤公、先二伯父文典公、先考文钦公等诸家传，还有曾祖考太对翁、先伯祖刚
愍公家传、先考荫堂公家传，先祖父志芳公家传；二为世系、世谱，志历世系
与列祖名讳、生卒、婚葬等项。冠像有比干、林坚、林放、林禄四幅；修谱董事
图像有林献堂、林幼春、林烈堂、林阶堂、林秋金、林耀亭、林玉书七人；祖先
图像有林奠国（附陈望曾撰像赞墨迹）、林刚愍、林文明、林文钦（附梁启超撰

像赞墨迹）、林荫堂、林绍堂、林熙堂、林辑堂、林俊堂、林纪堂、林澄堂、林祖密计 12 幅；绘图及石刻插图有：比干墓图、比干铜盘铭图、孔子墨迹石刻图、晋安林禄墓图、宋仁宗御书石刻图、朱熹墨迹石刻图；题字有日据时期台湾总督中山健及国民政府主席林森墨迹；还有比干至唐林攒 29 人像赞。载自始祖子慕公迁于莆坪（今平和），传世十四至太高祖石公，始入台湾；初寓彰化，数迁至大里杙庄。载有雾峰林氏与台湾史有关纪事。

这两部族谱虽然出自海峡两岸不同的林氏宗亲民间社团，但是他们都认同共同的中原远祖"比干"，认同在福建的先祖"林禄"，就自然而然形成对接。

例五南安《诗山戴氏谱志》和台湾《诗山戴氏族谱》：

《诗山戴氏谱志》南安诗山戴氏家族谱牒，戴棋兰主编。始修于明代十八世戴真祥，嘉靖、万历、清康熙、乾隆续修；1949 年，三十二世戴少斐九修；1991 至 1994 年第十次续修，1995 年刊印出版，不分卷共 26 册。第一册刊述有目录、序文、族史、诰命、图像等；第二册至第六册分载各派世系图，第七册至二十四册列述各世派传述；第二十五册刊列传；第二十六册附录杂志、地舆、古迹、祖山、物产诸项，并刊历代名贤、当代人名录、政治沿革、风物志、华侨志以及补遗等项纪事。谱载戴九郎原籍河南光州固始石壁潭戴家巷，唐末随王绪入闽，居南安诗山锦坂肇启一族。

台湾《诗山戴氏族谱》三十九卷，清戴希朱撰修，台北龙文出版社股份有限公司，2003 年重印钞本，共 10 册。谱载戴九郎原籍河南光州固始石壁潭戴家巷，唐末随王绪入闽，居南安诗山锦坂肇启一族，后裔明清时期播迁台湾。

这两部族谱同名，作者不同，始修年代不同，但是异曲同工，记载了海峡两岸的诗山戴氏发展的族史，两谱完全可以吻合对接。

例六《晋泉丁氏族谱》：

《晋泉丁氏族谱》为元代来泉州晋江陈埭的穆斯林后裔。正德乙亥年（1515年）丁仪始修，康熙二十六年续修。内载一世祖丁谨（1251—1298 年），字慎思，自姑苏行贾于闽泉居城南文山里。传纥裤子弟丁嗣（1273—1305 年）。三世丁夔（1298—1379 年），因元末世乱，率子丁善迁居晋江二十七都陈江雁沟里（今陈埭），围海垦田，兴修水利，经营海荡滩涂成大族。十六世丁苏、丁派等一批人迁台湾诸罗县斗六厅开发，成为丁氏聚居村落；从陈埭迁东石，又从东石迁台湾嘉义义竹乡后镇村。除居港澳台和海外者，有 2 万多人聚居在陈埭江头、溪边、岸兜、鹏头、西坂、四境、花厅口 7 个村。

台湾《晋泉丁氏族谱》是一部海峡两岸以及海外族人共修的福建回族族谱，全面记载了福建回族丁氏形成、发展和播迁的历史。

例七海峡两岸《鉴湖张氏宗谱》：

晋江《鉴湖张氏宗谱》，始修无考，明永乐十年（1412 年）张观使主持纂修，历代重修。内载清河延鲁公鉴湖一世，越州人，后随闽王王审知与其兄王潮攻下泉州，因迎王潮有功宠锡冠带恩受司农卿。干宁三年（896 年）于晋江南岸屯垦，并迁居湖澄，湖澄有个大湖泊，后称为鉴湖。延鲁公为闽南鉴湖派张氏入闽始祖。还载张士箱携张方高四侄，垦殖台湾，发迹后，协力重建湮没百余年的鉴湖张氏家庙。

《台湾鉴湖张氏族谱》为尹章义修撰。1985 年张士箱家族拓展史研纂委员会印行。内载张氏宗族先人盛唐中叶南迁，定居闽南武荣州（今南安）；光启二年（886 年）王潮入闽，延鲁公率众迎守泉州安定地方，后迁晋江鉴湖乡，延鲁公为开基祖，鉴湖第二十世张士箱入台拓垦彰化一带。

这两部族谱都是出自鉴湖张氏族人之手，是一套上下祠堂对接的族谱，从族谱中可以了解鉴湖张氏在海峡两岸的发展史。

例八刘氏族谱：

《温陵刘氏宗谱》泉郡晋江祥芝（今石狮）刘氏宗族谱牒。始修于南宋末年，历代续修，明崇祯四年（1631 年）十六世刘氏增修，今本为清末祥芝刘氏纂修，残本。不分卷共 2 册，第一册记述自宋迄明修谱的序，有朱熹、蔡元定、文天祥等人序文，追溯始祖渊源；第二册前叙谱序，载祠庙、祖茔、山川诸项，后刊列世系谱录，载至九世，其后谱本蚀灭原传。载该族为北宋太尉刘明公之后，南宋时其裔孙刘制置肇迁泉州，传至五世刘文聚，迁居祥芝开基一脉，以祥芝为晋江、石狮、同安等刘氏的堂号。同安还有西池的玉山始祖刘瑶，元代同安县令以及县城"米市刘"的"金安",先祖来自金门。20 世纪 30 年代,同安县城的王公楼王、米市刘、渡船头许等来自金门的居民每年清明节结伴乘菜船返金门扫墓。

《台湾刘氏初学者谱(不分卷)》该谱系台湾刘氏大宗谱。该谱作于日据台湾时期,1934 年台湾刘麒麟编修。编者遍访台湾刘氏诸宗谱牒,总纂一辑。该谱谱序之中,追本思源,上溯盘古辟开地,而在世系中,以山西平阳府监明为始祖,于刘累奔河南鲁山县,其后代一脉为中山靖王及至刘备,他们的裔孙分别移徙至广东、福建,各衍支脉,所以该谱中就有福建平和派、漳浦派、晋江派、同安派等,以及广东饶平派等,而在该谱之中则统一归于同宗。该谱不分卷次,计三册,前二册为谱源、世系图,第三册为空栏格,待后代裔宗续修补入。

这两部族谱,前者为泉州刘氏,后者除了泉州刘氏族裔以外,还记载了漳州、广东饶平迁台的刘氏族裔。

例九《马崎连氏》:

《马崎连氏》,原有钞本 1 册,20 世纪 60 年代遗失,2006 重修族谱正式出版。2005 年,马崎连氏组建族谱编纂小组,并邀请漳州台办、龙海台办和龙海方志委领导给予协调和指导。2006 年正式付梓,共 30 多万字,内容有连氏渊源;马崎连氏渊源;马崎连氏系谱志;还有宗祠、人物、风物名胜、台湾连氏宗亲行事录、马崎与台湾连氏、岐山连氏碑文节录等。族谱还收集了部分反映马崎连氏的文物古迹、名胜古迹、村容村貌、寻根祭祖以及相关人物活动等的珍贵照片。其中《台南马兵营连氏世系图》就是连战寄到马崎社的。族谱内容主要根据马崎现有的族谱资料、牌匾、地方志书等,以及龙海连氏宗亲会宗亲多年来查证资料。内载开台始祖兴位公为马崎连氏十世。连战为第十八世(连兴位的第九世孙),系出连山氏望出上党先世有居于漳州府龙溪县万松关马崎社二十七都,大清康熙年间(约 1682 年),上党连氏后裔连兴位从龙海马崎村渡海到台湾,定居于台湾城内凌南坊马兵营境(时称马崎上党连氏)。

台湾的《马崎上党连氏族谱》与福建的《马崎连氏》基本元素都一样,上延与迁台部分基本一样。两家在编撰族谱时都是一道协商寻求历史的准确性。

例十书洋吕厝《吕氏族谱》：

南靖书洋吕厝《吕氏族谱》，始修无载，2001 重修，不分卷 1 册。有台湾吕秀莲的胞兄吕传胜作的谱序；所载世系从一世到二十世，谱系流派良簋公派下。内载吕氏第七十五世入闽始祖佛义，第七十六世良簋移居南靖书洋吕厝龙潭楼。良簋公移在古竹溪口居住，良簋公移漳州府南靖书洋社蔡溪头进赘蔡家，未姓蔡延用本姓。传到第四代吕乾旺，于清嘉庆年间迁到吕厝，为吕厝一派肇基始祖。清朝至康熙年间，龙潭楼吕氏子孙从第十世至十二世，有良簋后代德佑、尾子几十人迁徙台湾。其中，第十一世吕廷玉夫妇、第十二世吕夏渊迁台湾，后来居桃园县，成为桃园吕氏开基祖。吕廷玉后裔在台五六千人，在桃园先后兴建吕氏河东祠堂、吕祖圣殿及吕祖陵寝等在台湾著名的祭祖物业。吕夏渊后裔在台二万余人。名人吕秀莲，是南靖书洋镇龙潭楼吕氏第十七代孙。清乾隆五年（1740 年），书洋吕氏第十代孙吕惟良的第六个儿子携妻子渡台，在桃园埔子拓荒，后裔有六七千人。

有闽粤《吕氏新族谱》为华侨大学吕日清所编纂。1992 年合修谱，不分卷。载序言、吕氏来源、吕氏王侯志、吕氏分支姓氏志，分述吕氏人口分布、吕氏世系及广东吕氏世系、吕氏古代人物志、编后记等。内载吕占，号竞茂，唐中和年间随王潮、王审知入闽，居泉州。广东吕氏有二大支派，一支为北宋年间哲宗宰相吕大防的后代大防公派，另一支则是南宋著名学者吕祖谦的后代东莱公派。名人有吕夏卿、吕惠卿、吕本中、吕祖谦等。明末清初迁徙台湾，绝大部分由福建泉州、厦门、漳州和广东潮州等地区迁入，泉、厦、漳、潮的吕姓虽是两支派，即一支为吕竞茂派，一支为吕蒙正派，实则一家亲，因吕竞茂与吕蒙正同为吕諲后裔，故闽台吕姓同宗同祖，门额皆可书"河东世胄"。台湾民进党第 11 届代理党主席吕秀莲，卸任台湾地区副领导人，曾经回籍地福建南靖县书洋乡田中村寻根谒祖。

台湾各个家族的族谱中，还有早期迁台移民先祖不忘祖家故土的许许多多的记载。他们在家谱族谱家训中记载他们的血脉来源，叮嘱子孙要牢记祖居地，要回去归宗谒祖。因此，自清至民国时期，台胞寻根认祖祭典活动从未停止过，或携妻带子回归故里，或同宗组团返乡祭祖。有的祭祖活动是和共纂族谱、修葺宗祠紧密联系在一起的。同时，谱牒记载台湾与漳泉闽南两地宗亲相互认祖、探访事例，不胜枚举。

第二节　海峡两岸族谱对接中存在的问题

百余年来并没有隔断两岸地缘相近、血缘相亲、文缘相承、商缘相连、法缘相循的五缘文化联系。回顾两岸历史，台湾曾隶属于中国福建省，乃历史事实。海峡两岸闽台人民有着撰修、续修、珍藏族谱的传统。历代谱牒蕴藏大量地理、经济、人文、社会等诸方面的资料，尤其是姓氏、宗族源流的资料为台胞到祖国大陆寻根访祖提供了方便。改革开放以来，台湾同胞回闽寻根，许多都实现对接，但是由于历史的原因海峡两岸还有许多族谱对接不上。如福建省姓氏源流研究会会长曾经帮助台湾道教协会副会长许昭男先生对接族谱，在许先生自己寻根的基础上，请福建省姓氏源流研究会许氏委员会、漳州市道教协会以及漳州市市委统战部帮助，仅仅用了六七个月时间，就顺利完成对接工作。而帮助台湾新竹的原市长蔡仁坚先生对接族谱，他的先人是从同安县迁台的，至今已经数年，他自己也经常回厦门大学任教，也多次亲临打听，至今依然没有结果。

闽台两地之间的台湾海峡在长期以来本来就对闽台交流有一道阻碍，海峡两岸的族人要续修族谱都要冒着生命危险，往返于海峡之间。到了清朝末中日甲午战争，台湾被迫割让给日本统治50年，台湾光复后又因国共内战，台湾与大陆政治隔阂又60余年。尤其是日据时期，日本在台湾实行"皇民化"统治，破坏祠堂家庙、不许中国人用中国姓氏、更不许台湾民众编撰族谱等等。人为的迫害和破坏，给海峡两岸的同修族谱带来难以估量的困难，造成闽台族谱对接百年的中断。再加上近几十年来，随着社会经济发展，行政区划出现了多次变更、大大小小地名改变的频繁；由于各种各样的原因，引起家族性的迁徙，经济发展带来了人口流动加速等等多种原因，致使许多福建各地的古地名与现在地名对应不上，至今为止还有许多台湾同胞只知道自己的祖籍地（或福建的郡望），却找不到开台祖的先人具体村落。林林总总这些都给闽台两岸族谱对接带来了很大困难。

台湾史学家连雅堂《台湾通史》自序:"洪维我祖宗,渡大海,入荒险,以拓殖斯士,为子孙万年之业者,其功伟矣"。就是告知台湾的发展根基,是台湾祖先移民所奠定。有幸改革开放40年来两岸的不断开放交流,让台湾人有更多的血缘与地缘之寻根机会。今天台胞的祖先,一般都能找出明末清初移民台湾前在闽、粤两地祖籍地的血缘,甚至深入去探索更遥远的祖居地,原乡大部分是渊源于中原。

台胞和海外华人与大陆中国人一样具有敬祖尊亲的情结和浓厚的乡土意识,宗族、家庭观念和乡土意识导致中国人在各种社会活动中注重同宗同乡的关系,这种特点在明清时期台湾移民社会中尤为明显。大陆向台湾移民以同宗同族同乡迁徙的居多,这种血缘、地缘关系,对乡土情谊的维持、巩固起着重要作用。他们在异乡求生存和发展,需要团结互助、敦睦宗亲的亲情,同时视发展致富、衣锦还乡、光宗耀祖为人生最大的荣耀,撰修族谱正是认祖归宗观念的体现。有的人临终前念念不忘告诫子孙,他们来自祖国大陆,一定要将族谱、家谱续修下来。他们说,族谱是他们回家的路,有了族谱他们才有可能才有机会回去祖居地寻根谒祖,认祖归宗。明清以来,在台湾移民社会中因谱牒文化衍生的寻根谒祖、宗亲睦族的民俗活动,缔造着两岸人民的精神纽带。谱牒在探究闽台姓氏渊源和寻根谒祖方面起着不可替代的作用。2007年,福建省姓氏源流研究会举办了首届海峡百姓论坛暨闽台族谱展,原定邀请闽台嘉宾规模200多人,最多控制在300人。结果消息传出,吸引了好几个省市的各姓宗亲1600多人云集福州。除了论坛邀请的100多名台湾宗亲,100多名大陆宗亲外,其他都是不请自来,为了观看族谱展,有从江西、广东、浙江坐车到福州的,有从湖南、湖北、四川乘飞机前来参加的,甚至有的人赶到福州,族谱展已经谢幕。其中有一位台湾102岁的陈姓宗亲带着孙子乘飞机从台湾赶到福州要求参加论坛,台湾王氏的几位宗亲看到展出的一部王审知的族谱,要求允许他们把族谱全部拍照下来,当时因为展览期间不好拍照,他们就住宿下来,等了三天,待展览结束才拍下全部册页,如愿回台湾。

第三节　闽台族谱是台胞回家的路

闽台各个姓氏都特别注重本家族谱的完整性。他们都把族谱看成是回家寻根的路，因此在编撰族谱时慎之又慎。几乎台湾的每一部族谱都有这个家族迁徙台湾的许多信息。这是他们在编撰时注重收集整理的宝贵文献财富。

现以台湾《卢氏宗图》内容为例，研究关于闽台之关系文献。卢氏传台湾已有 205 年（1808—2013 年）之久，这一幅手抄本族谱文献，其中含有不少重要的家族信息，包括姓氏源流、修谱序文、世系宗图、历次修谱、历史名人等资料，从这些珍贵历史资料，都足以见证闽台两地卢姓宗亲，他们在血缘与地缘之间的传承与互动关系。

《卢氏宗图》编修于清嘉庆十三年（1808 年），编修者是始祖理成公第十四世、卢氏安溪卓源派下裔孙卢允霞；在宗图中记载当时他："移居台湾北路淡水艋舺街"，并于"嘉庆十三年仲冬，回家稽阅族谱，敬录是图"。由此可知，修谱者祖籍地是在福建安溪，后来他移居台北艋舺街，并早在清嘉庆十三年，就回到祖籍地去抄录族谱。这是一幅姓氏宗图，内容仅有谱序及世系两部分，其中有卢氏六大房之衍派、迁徙台湾裔孙之名单、历次修谱人名与序文，其主要功能在于提供子孙辨别世系，同时也可见证闽台两地姓氏家族之历史发展关系。阅读谱中之关键性人物，借此还可延伸了解卢经的"忠谏"事迹，卢允霞的"京控"事件，窥探卢若腾之"抗清"经过，以及台湾设立各种"祭祀公业"之缘由，这些课题与当时的政治、军事、司法、社会，均牵涉到一些关联性。

依《卢氏宗图》内容记载：

远祖：如金公，河南光州固始人，宰相卢杞叔父。唐朝时，随岳父陈元光入垦福建云霄。传至云陂公，移居永定太平里。

始祖：理成公，徙漳州龙溪县目（墨）场，宋嘉熙元年（1237 年），移居汀州连城，再迁居龙岩。其后裔于明成化七年（1471 年），迁居漳平县永福里世禄乡蔼平山。

房祖：理成公传二世祖志能公，志能公传三世祖太常公、讳清，明洪武十三年（1380年），钦升武略将军；生子六人，分成六大房，其中老大房生二子，分成两支。从第五世起，子孙散居福建各地开基。

迁台：迁居台湾之房派裔孙，仅有老大房秉华公、安溪卓源祖第七世尧平公及永安公派下之裔孙15人；第七世尧平公传下裔孙只有一人，第七世永安公传下五房支派计有14人。其他各大房派，包括老大房秉崇公及老二房、老三房、老四房、老五房、老六房派下，宗图并未记载有迁徙台湾之裔孙。

现今卢姓在台湾地区人口数约11万人，在姓氏总人口排名中，位居第42。台湾各地卢姓之祖籍，绝大部分属闽南籍，粤东籍次之。据考证，清乾隆五十五年（1790年），移住台北艋舺的安溪人渐多。根据族谱文献考证，兴化店卢家和北新庄卢家，这两支派同为唐末御史中丞卢邹、宋代卢童、明初员外郎卢孝忠之后裔，祖先开基福建同安，他们与金门贤聚卢氏，同以卢邹公为入闽始祖。在现在新北市所辖淡水区的卢氏，及淡水兴化店卢家和三芝北新庄卢家，都是当地的名望大家族之一。新北市之卢氏近代名人，包括有曾经担任台北县议会议长卢阿山，淡水镇农会前理事长卢再传，历任三芝乡长、台北县议员卢根德，台湾省"立委"卢修一，前台北市教育局局长卢启华，前台北市卢姓宗亲会及台北市烈山五姓宗亲会理事长卢忠义等多人。其中卢再传、卢启华、卢忠义三人之先世，都是来自福建安溪卓源乡龙头社，同属卓源祖派下之裔孙。

台湾地区由卢氏族人成立的宗亲会组织，包括：台北市卢姓宗亲会、桃园县卢姓宗亲会、新竹县卢氏宗亲会、彰化县卢氏宗亲会、宜兰县卢姓宗亲会、金门卢氏宗亲会、台北市烈山五姓宗亲会、高雄市烈山五姓宗亲会……著名的祭祀公业团体，则有：新北市卢察院祭祀公业、新北市卢世馨祭祀公业、新竹县卢电光祭祀公业等。

以《卢氏宗图》之内容作为基本资料，再辅以台湾公私藏卢氏族谱文献内容，同时也亲自访谈在台卢姓宗亲。文章内容涵盖卢氏之渊源、世系、丁口、字辈、修谱、谱序、名人，依序介绍，并附上宗图复印件，以资探讨早期卢姓之家族历史，并借此次研讨会之机会，就教于方家。

据《卢氏宗图》数据记载，有始祖理成公之子孙，从明末清初年间创修族谱与宗图，传至卢允霞最后一次续修，他们总共有 6 次修谱之记录：

1. 八世大玉公，九世魁谱公、魁环公，稽前辑后，约明末清初，兴修宗图族谱。

2. 呈三公接承而重修之，顺治元年。

3. 明灿公辑而续之，康熙三十六年。

4. 允明公又辑而续之，年不详。

5. 允文公又从而续之，乾隆五十四年。

6. 允霞公又辑而续之，嘉庆十三年仲冬。

以上 6 次修谱人名之房支别：第 1 次是由大四房漳平祖裔孙（八，九世）共同修撰；第 2 次呈三公（十一世）属安溪卓源祖永安公派下五房三支裔孙；第 3 次明灿公（十二世）属永安公派下长房二支裔孙；第 4 次允明公（十四世）属永安公派下长房二支裔孙；第 5 次允文公（十四世）亦属永安公派下五房三支裔孙；第 6 次卢允霞（十四世）也是永安公派下五房三支，他于清嘉庆十三年（1808 年）回籍完成抄谱工作使命。

查阅现有台湾地区族谱目录，除旧本《卢氏宗图》外，另外可以提供给卢氏族人重修族谱参考之族谱文献，附记如下：

1. 《卢氏家谱》，（清）卢元璞序，同治十一年（1872 年）抄本。

2. 《姜卢纪氏族谱》，姜卢纪氏族谱编辑委员会编辑，商工文化出版社，1967 年出版。

3. 《卢氏大族谱》，卢俊华编辑，创译出版社，1972 年出版。

4. 《金门贤聚卢姓族谱》，卢怀琪编撰，金门县卢氏亲会，2006 年出版。

5. 《卢氏来台玉招公派下大族谱》，卢文凡编撰，2004 年 12 月出版。

在《卢氏宗图》历次修谱序文中，记载卢氏共有 6 次修辑族谱纪录，而卢允霞是最后一次亲自抄录族谱世系及祖先人名之宗亲。自他而后，至今已经超过 200 年，除偶见一些简略家谱数据或祭祀公业系统图等祖先人名数据外，在台湾尚未有族人续修族谱之举动或刊印族谱之成果。在《卢氏宗图》记载家族成员中，至少有 15 位祖先在清初就来到台湾垦殖发展，他们都迁居在台北与台南两个地方，目前其子孙人数与分居地方，因资料欠缺而未能详考。反之，在台卢氏宗亲未必能够知道他们的迁台始祖，为了建立一个比较完整的家族历史，因此由卢氏宗亲发起合作计划，并以《卢氏宗图》数据作为基础，大家共同进行族谱世系对接工作，确有其必要性。

那些早期迁台移民不忘祖家故土，在家谱族谱中记载他们的血脉来源，叮嘱子孙要牢记祖居地，要回去归宗谒祖。因此，自清至民国时期，台胞寻根认祖祭典活动从未停止过，或携妻带子回归故里，或同宗组团返乡祭祖。有的祭祖活动是和共纂族谱、修葺宗祠紧密联系在一起的。同时，谱牒记载台湾与漳泉闽南两地宗亲相互认祖、探访事例，不胜枚举。

一、台湾同胞回大陆寻根，主要依靠族谱进行对接

只要做到 10 年一小修，30 年一中修，60 年一大修，对接是不难的。但是，目前大都不会一帆风顺，因为由于长期的两岸人为隔绝，很多人已经多代没有续修族谱；也有的人根本没有修过族谱；还有一些人过去有族谱，由于年代久远，族谱破损、丢失等等诸多原因。所以，台湾同胞都十分注意保管好自家的族谱，保护好祖墓和神祖牌。有族谱当然对接就很容易，万一没有族谱，就要通过神祖牌、墓碑上的郡望，也有可能找到先祖，续修族谱。

对于闽台族谱对接，台湾的许多专家学者都做过很多探讨。如，台湾文献会主委杨绪贤的《台湾区姓氏堂号考》（1979），曾对占台湾总人口 96.42% 的前百大姓的《姓氏起源》《播迁播迁》《渡台始祖》做了考证：认为台湾民众的祖先大多来自闽、粤，这些事实都可从台湾的族谱文献或家庙与墓碑记载中，找到很明显的血缘与地缘渊源。又如，以《台湾源流》主编林永安先生自己家族的祖籍地考察为例，林氏族谱记载祖籍就是福建诏安，他是渡台第七代，在台湾的祖莹墓碑也都铭刻"诏邑"，即是要告知裔孙，祖先是来自福建诏安。所以就能较快找到先祖的祖籍地。

福建的一些族谱有迁台族人的婚姻记载，也可以通过婚姻迹象找到台湾宗亲的行迹。如有些早期去台拓垦的闽南人，由于种种限制，往往不带眷属，有的人在台娶妻生子繁衍生息。谱牒对此亦有记载。以南靖 53 姓谱载迁台祖或其后裔婚姻状况的可见 68 例，有的是一夫多妻，或一妻多妾。两地互婚也不鲜见。在晋江蚶江石壁、莲埭及永宁林氏族谱中记载两地互婚的有 62 人。由于通婚，使两岸骨肉亲情更加密切。像这类族谱，记载属于较完善的，也可以通过福建祖地的族谱，找到迁台族人的行迹。

福建谱牒中还有去台移民卒葬台湾年月及地点的记载，龙海平宁《谢氏族谱》在清代修撰时就记载"十一世猛，卒乾隆十年，葬台湾凤山呵猴街后；十一世启江，乳名鸿，乾隆十四年卒葬台湾诸罗县麻豆水屈头瓦窑尾"。其十一、十二世族人在台卒葬人数有 20 余丁。入台开基及其后裔卒葬台湾，其墓碑都要补上祖籍地名，以示不忘根，不忘本。不少开台祖及其后裔还归葬祖地，以示叶落归根。如台北魏氏归葬漳州南靖就有 10 多穴。台北板桥林本源族人林维源晚年居厦门，卒葬祖地龙溪县莆山社。海澄县和平、阪里、西门坑卢姓于清乾隆年间入台，分衍台湾各地。清同治十年（1871 年）第十六世卢连骑病故台湾，其子卢训、卢评将父灵柩运回祖地安葬。有的死后找不到骨骸，其后裔则以制银牌"招魂"方式将之归葬祖地。这种情况在谱牒中也有记载。

此外，谱牒对入台移民在文化、教育、科举仕途方面的建树也有记载，有的对族人取得功名记载颇详。所有这些记载都可以成为海峡两岸寻根的线索。

二、族谱记载台湾宗亲回乡寻根续谱的列举

明清以来，绝大多数台湾宗亲与祖地保持着联系，直至民国期间亦无中断。台湾同胞重视祖家宗祠祖庙及祖宗陵墓，不仅经常回乡祭祖，也常捐款参与维修宗祠祖庙。大陆乡亲不仅在宗谱中记载台胞捐资芳名，有的还勒石以示纪念。许多台胞牢记祖训，乐善好施，还经常为祖家公益事业做出不可磨灭的贡献。在闽台族谱中也很重视族人回乡祭祖的记载。如：

南靖奎洋《庄氏族谱》记载，清咸丰二年，在台族人十六世裔孙，庠生庄景温从台湾回乡祭祖时，因鉴于对台庄氏族人情形的了解，便在故乡主持续修《庄

氏族谱》。据谱载，至清咸丰时其庄姓入台族人达 300 多人。

安溪三洋乡《杨氏族谱》记载，清咸丰六年安溪三洋乡杨氏族亲举行祭祖大典，台胞组团回乡参加祭典活动，并续修族谱，将居台湾的各地族人一一记入谱中。

石狮洋坑《蔡氏族谱》记载，清道光二十一年（1841 年）石狮洋坑蔡氏祠堂坍塌，在台的宗亲闻讯后，立即派人携带资金返乡重修祠堂，乡亲为在台的宗亲此般情意勒石铭记。

龙溪县白石堡《林氏族谱》记载，清嘉庆年间开始，台湾巨富林本源家族林平侯在祖居地龙溪县白石堡莆山社创办"永泽堂""林氏义庄"，赈济贫民。他是个慈善家。在台湾发财了，没有忘记故乡父老乡亲的贫困，捐出田产，模仿范仲淹建义庄。道光元年（1821 年）开始救济宗亲。义庄行善经历了四代人，共 116 年，直到 1937 年抗战爆发，两岸交通中断，才被迫停止。

1987 年后，两岸关系缓和，台湾再度掀起"寻根热"，组团到大陆寻根谒祖络绎不绝。漳浦县镇海卫〔清雍正十二年（1739 年）划归海澄县，今属龙海市〕，于清顺治十八年（1661 年）入台开基的陈氏宗亲，今台南安平区元龙堂陈姓裔孙已遍布台湾各地。他们根据《元龙堂族谱》记载，其祖先来自镇海旗尾石井脚。1988 年元龙堂陈氏推举代表专程到祖地寻根，经实地查对，确认祖居地，喜出望外，与故土亲人共叙亲情，并到处拍照合影。

原海澄县圭海许氏包括今龙海市东园镇峨山、港滨、美山、文山等 16 个村庄，有 8000 多户 3 万多人口。圭海与台湾同宗乡亲均以"高阳"为郡望，自清以降，经常返乡祭祖。1987 年后，分衍台湾各地的许氏族人多次组团返乡谒祖认亲、追根溯源。

综上所述，台湾人的根在大陆、在闽南，两岸闽南人同根同源，有着深厚的历史渊源关系。大陆闽南人对台湾的开发及政治、经济、社会、文化、教育等方面的贡献是世界公认的事实。

数百年来，谱牒文化已将海峡两岸同胞紧密联系在一起，一切企图将台湾从中国分裂出去的阴谋是不可能得逞的。陈水扁、吕秀莲之流数典忘祖，不承认自己是中国人，其违背良心的丑恶嘴面和行径必遭历史所唾弃。

三、怎样依据族谱寻根减少弯路

（一）了解族源祖源。了解本姓氏的族源祖源、迁徙概况、郡望堂号，祠堂古迹、楹联典故、族谱文献，熟悉本姓氏的概况，有利于寻根时的沟通和资料收集。更重要的是需要寻根者能够依据基本线索，深入探索，收集资料，加强方方面面的研究，分析我们所收集的文献资料、去粗取精。

一般讲，首先要根据你提供的资料确定你的祖籍。祖籍一般意义是指，你现居地的先祖的迁出地，即你的开基始祖是从什么地方迁来的。我们说祖籍河南，就是从河南迁来的。开基始祖一般是指你现居地的第一人，当然迁出地的祖先也叫始祖，台湾同胞经常称祖籍地祖为唐山祖。

1.知道现居开基始祖的寻根祖籍，即从什么地方来，是谁之后裔。

2.不知道现居始祖是谁，当然也涉及从什么地方来，是你所寻觅的姓氏的哪一支。

（二）熟悉族谱世系。姓氏是个人、家庭、家族祖传的代表符号，家谱则是寻根问祖的神圣证物。家谱中的祖籍一般都要提到从什么地方来，这有两种情况：

1.先祖在家谱中的确切记载；

2.先祖的传说，即始祖修家谱时根据先祖的口传，这里有相当一部分具有可靠性。

始祖的考证问题。是不是发现始祖名就一定是始祖呢？回答是否定的。因为古代相同名也是很多的。一是要看他的所属年代，也就是同名人上下不能差60年，如果相差大于60年，那就不可能是始祖，也就是说必须是同时代。因明清时60岁以上的人是很少的，再加上如果史志或文字中有记载至少是十几岁，活70多岁就更少。这些因素都要考虑。如果年龄相符，还要看主要经历，没明确记载的看与祖先传说或其他记载有无联系。如果一个始祖传说是医生，如果你能发现医方或关于医学方面的文字资料，那么你就能肯定是始祖。

查族谱，先要查对谱名、郡望、堂号，这三者符合你的寻根需求，就可以深入查看谱序。谱序是谱牒的灵魂，是谱眼，可以帮助你了解这个家族的来龙去脉，谱序有我们所需要查询的线索了，就进一步查对开基祖，查对世系、查对昭穆字辈。这样就可以找到你要寻找的先人名、字、号。

（三）家谱地望对接，如闽台多数的族谱原始祖籍是"河南光州固始"，闽台祖籍是"河南光州固始"是因为出自两晋时期的衣冠南渡，八姓入闽；唐代，陈元光开漳和王审知入闽两次大规模入闽。"山西洪洞大槐树"因为明代时此地政府专设移民局，是移民的集散地，不是祖籍地，只是移民大潮的始发地，所以中国不少人都习惯称自己是大槐树下的人。台湾祖籍早期入垦台湾的郡望有"唐山"，明清以后入垦台湾的地望有"晋江""同安""汀州""石壁"等，这个祖籍地望就会具体一点，就更便于寻根谒祖。所以寻找地望郡望要尽量具体，最好能够落实到具体的聚落。

有祖籍地明确记载的，就要首先确定其现在地名是什么，因为古代地名大多与现在地名不一样，就省名讲一般不会有差错，但是县名村名变化较多。比如"汀州府"现在已经不存在，过去范围很大，现在人们最多知道"汀州府"驻地在现在的长汀县；又如"福州府长溪县"，现在的福州市没有这个建制，是在北宋以前的宁德地区那一带；"泉州"，唐朝前期是现在的福州，唐朝后期是现在的泉州。也有县名在消失，比如"崇安县"，随着"武夷山市"成立"崇安县"就成了历史，一般县名或村名，在现有的地图或电话薄邮政编码中或什么参考资料中能直接查到这就简单了。随着农村城市化许许多多小地名都消失了，查不到，还需要用专门工具书，如《古今地名辞典》、史志专著等等。再查不到还可以与当地的方志研究机构或本姓氏宗亲会联系询问，或用其他各种办法进行考证。

还有些情况较复杂，如果家谱中都发现一个同名，不但要查看其字、号是不是相同，还需要考查其夫人，但家谱一般都是记载夫人名为李氏或王氏，如何考查呢？有这么几种情况：一个夫人，都是同姓，准确率只有50%，因为女人同姓也很多，尤其大姓；如二个夫人，如都同姓，准确率也只有70%；如是三个夫人都同姓，至少是90%的把握。但有一条，若只要都出现一个同姓节女、烈女，那么准确率100%，因为古代节女是对女性的最高赞誉，在当时是极少的。家谱中写有节女或烈女，这不是本族自我的褒扬，是当时朝廷给予的表彰和奖赏的荣誉。

　　这里面有些特别的情况，远祖籍与近祖籍结合，出现祖籍地与祖籍地的混淆，这种情况也不少。江西曾经有这么一个实例，在同名同宗家谱中说祖籍在江西腾越地区，经考证，江西并无腾越，而云南保山市有腾越，然后又根据辈数的大概年限，家庭搬迁分析，最后得出始祖出生在江西，二世后开始迁入云南腾越地区。这是一种远祖籍的省份名与近祖籍的县和地区混合而成的特别情况。

　　还有一种情况，家谱中只记载现居地和祖坟在哪个村，那么是不是能断言，一定是该村的某氏的后代呢？也许该村有南北两支某姓，这是不能简单地回答的。通过该村某氏家谱考证没发现联系，与该村字辈又根本不稳合，但始祖还一定与该村有关，那么怎么分析呢？从祖坟地分析属其中哪一支之地，最后在双方家谱中发现都有同一人记载，始得断定是本族。

　　（四）根据寻根诗歌提示寻根。以历史流传下来的寻根诗句为寻根依据，这是寻根典故的主要寻根办法。如，福建黄峭公有三房妻妾——官氏、吴氏、郑氏，各生七子共21子，155个孙儿，形成了个巨大家族。在黄峭公80岁寿诞的那天，把子孙都叫到跟前说："世人都祈求多子多福多寿。但尧帝说得好'多寿则多忧，多男则多惧。'你们兄弟都已经成人，我不想把你们留在身边。希望你们远走高飞、自谋发展，开拓创业。我戎马生涯一辈子，走遍半个天下，沃土到处有，只要勇于开疆拓土，都能成乐土。"儿孙们领会了峭公的教诲，仅留三房长子，其余的子孙，每人分发碎银一升、骏马一匹、族谱一册。临别时赠诗一首："信马登程往异方，任寻胜地振纲常。足离此境非吾境，身在他乡即故乡。早暮莫忘亲嘱咐，春秋须荐祖蒸尝。漫云富贵由天定，三七男儿当自强"。18个儿子带着黄峭山的嘱托，扬鞭催马，任骏马东西南北奔驰，待马歇息的地方，就是各自立业开基之地。子孙由闽北而闽西南而星散各地。

　　黄氏黄峭公后裔寻根有寻根诗句。

　　外八句诗一首：(录自台湾桃园黄氏族谱）

　　骏马匆匆出异方，任从胜地立纲常；

　　年深外境犹吾镜，日久他乡即故乡。

朝夕莫忘亲命语，晨昏须庆祖宗香；

祈愿苍天垂庇佑，三七男儿总炽昌。

内八句诗一首：（录自台湾桃园黄氏族谱）

才郎峭老有三妻，官吴郑氏七子齐；

创业兴家朝祖德，归来报命省亲为。

吾年九八难相会，奕叶分枝为汝题；

倘有富贵与贫贱，相逢须念同根蒂。

虽然有所不同，但是内容基本相似，一样可以作为寻根谒祖的依据。依据此诗句黄峭公后裔基本可以对接。

（五）要善于巧于寻觅。只要找到和自己家族谱牒同一宗族同一支派的族谱，对接就相对简单了。目前海内外族谱馆藏很多，各地都有图书馆、族谱馆。在福建有泉州的中国闽台缘博物馆、福建省泉州海外交通史博物馆、漳州漳台宗亲文化族谱对接馆、福建省图书馆、福建师范大学图书馆、上杭客家族谱馆、福建省档案馆以及各地的档案馆、图书馆多有大量馆藏。国家图书馆、上海图书馆等馆藏族谱历史都很久，都有大量族谱可供查询。由上海图书馆牵头、全球 22 个编委会协力编纂的《中国家谱总目》，于 2000 年立项，成书后将集存世中国家谱之大成。据了解，该书眼下已完成征集工作。此次共征到家谱目录 61000 份，其中近年新谱约占一半。收集到的新谱数量，从地域上来说，以淮河以南地区为主，其中江西、湖南最多，北方以山东为多，闽台族谱为数也不少。在福建民间几乎家家户户都有族谱。

（六）以字辈入手"寻根问祖"，效率较高。查系谱，从自己家里往上查；同一姓氏查辈分顺序最靠谱，只要是没有中断过的族谱，同一个祖宗，辈分系谱表是一样的。但是，所谓通用字辈，在未查清自己血缘系传之前请慎用，最好不用。

如《全国杨氏家谱字辈字派排行》为杨氏宗亲提供了这样一个查询字辈的平台，"请你在查找比对时，不要囿于你生活的地区，也许你的完整字辈就在其他省市区。毕竟我们杨氏是一大姓，古往今来，迁播各地，枝繁叶茂……"

有相当一部分同宗提到：我是什么地方人，现在所排字辈是什么辈第几辈，这是无法寻根的。最主要的原因是仅有几个字辈没有什么意义。家谱中的字辈关系，意义的大小看你家谱历史的长远，如明末清初的字辈关系，那是极其有价值的。那时家族这一条遵循的比较严格。如果家谱较近，只是在你家族的近期有效，那也不是寻根的目的所在。而且家族的历史播迁因素，使得字辈关系受到了影响。一方面是字辈本身的固有性质，它让你有可能系根，另一方面因播迁和战乱使这种关系破坏甚至失传。还存在一个情况，近代以来许多人取名已经不按照字辈来取，所以字辈越近，遵循的越不好，现在的家庭中不是规律地排宗字辈取名，而是按父母喜好取名。所以这些因素都是在寻根查究家谱中应该考虑到和值得注意的。

一般家谱记载情况最清楚，前三代字辈与老家相同的，是同族的可能性大。寻亲发现前几代字辈相同，后来可能忘记了祖籍字辈，有出现自创字辈现象的；再就是连续三代以上字辈相同的，是本族宗亲的可能性也大；如果字辈用字及顺序相同，个别用字音同字不同者，或许是传承口误，可以认定是同宗。

字辈是中国传承千年的重要取名形式，也是古代一种特别"礼"制，它一直延续到现代。由于各种原因，自五六十年代以后，世人对字辈谱变得陌生，年轻一代更是不讲究字辈取名。昭穆起源于三千多年前的周朝初期。据《辞海》解释：一、古代宗法制度，宗庙次序，始祖庙居中，以下父子（祖、父）递为昭穆，以左为昭，右为穆。《周礼·春官·小宗伯》："辨庙祧之昭穆"。郑玄注："父曰昭，子曰穆"。二、坟地葬位的左右次序。《周礼·春官·冢人》："先王之葬居中，以昭穆为左右"。三、祭祀时，子孙也按此种规定排列行礼。《礼记·祭统》："夫祭有昭穆。昭穆者，所以别父子、远近、长幼、亲疏之序而无乱也"。可见，昭穆是伴随祭祖活动而诞生的，它的出现就具有敬祖敦宗的内涵。

字辈在谱中又称昭穆、字派、行派、派序，即用以表明同宗亲家族世系血缘秩序的命名字辈序列。中国是一个农业社会，聚族而居、安土重迁在农业大环境下，成了传统家庭的重心，由此而衍生出来的道德价值观，首先是儒家倡导的"礼"，形成长幼有序、孝悌仁爱的道德观念，并用家庭成员约定俗成和继承下来的风俗习惯，有效地维护血缘秩序，履行个人在血缘等级关系中被确认的权利和义务。华人的姓名系统，是早年维系血缘秩序的重要环节；而"字辈谱"正是这一血缘秩序文化的象征。

典型的华人"姓 + 名"形式，是由一字姓与二字名所构成。姓为祖先遗传；名字中的第一字是作为家族辈份的象征，须按族谱字辈所定；通常名字中的第二字，则按父母意愿自由选取。因字辈谱为同宗族人所共有，大家都按系谱取名，所以这类名字在民间又称"族名""谱名"。

一般上，族谱字辈所选的字是从开基祖开始厘订的，族谱始修先祖来编撰写入家谱，具有宗族的权威性，后裔子孙按照族谱字辈取名，一辈一字，世次分明地传承下去。即使家族分迁，散居各方，或年代久远，支派浩繁，世系庞杂，只要按族谱字辈取名，就可保证同宗血脉的一气贯通，世系井然而不致紊乱。

所以，族谱字辈谱制度条例，是确保家族血缘秩序永不紊乱的重要方法。过去家谱在编订字辈之前，均有明确的诠释。如明代《太原郡王氏宗谱》载："行第原为合族定名分而设，使子子孙孙，承承继继，不致有干犯之嫌。故凡世家巨族，莫不皆然。事为至巨，而非泛立也"。

在中国，以字辈取名是汉族文化习俗，也有少数民族因受汉文化影响而讲究字辈谱。如广东凤坪的蓝氏畲族，从 6 世纪到 13 世纪生前的字辈为"友、元、奕、世、德、如、真、金"，死后则以"千、万、大、小、百"五个字辈称呼。死后另立字辈，这是畲族字辈不同于汉族字辈之处。如蓝氏一世祖叫蓝千七郎，二世祖为蓝万五郎，三世祖蓝大二十三郎，四世祖蓝小大郎，五世祖蓝百一郎。到六世祖又循环到千字上，如蓝某，死后称为蓝千六郎。从第九代起，去世后改以谥号，如九世祖蓝世亭，谥纯谨蓝公；十世祖蓝德桥，谥性善蓝公。有学者认为，畲族的这套姓名制度，显然是认同汉族文化的变异字辈谱。

闽台两地的世传昭穆，有的还是两地族亲共同协商制定，并视为家族的文化瑰宝而长期奉行不违，至今保存完备，是寻根谒祖的最好依据。

台湾同胞林瑞典先生的先祖自清朝乾隆中叶渡台后，至今已过了 220 余年，能与大陆的祖籍地后裔一次对接成功，真的是应验了祖德流芳、祖上有灵，让人不可思议。五年来，闽台林姓宗亲除通信联络外，还有数次往来联谊续缘交流，真正成就了两岸一家亲。回祖籍地拜会谒祖已有 10 次，亲赴厦门同安浦头家庙续探大陆祖源，取得了《同安林氏世系谱略》《金紫美宗浦头族谱（1994 年重修）》，并协助建立磁灶林返祖居地之再公世系与渡台世系的联结，都增补入了重修的浦头族谱中，完成两岸林姓的联谱编修工作。今以四字联词呈现本家宗派源流如次：

　　开闽禄公 源流阙下 分支金紫 派出美宗 房属伯晋 磁灶玉麟 渡台传公

　　回籍再公 国贞厖孙 棉兰亚章

　　两岸三地 裔传十二 同祖同源 崇祖耀宗

2015 年冬至，与老家北极殿主委、侄儿林立到厦门同安瑶头大元殿参香，得知台湾已有百余座主祀玄天上帝的宫庙以此为祖庙。参加同安开基祖美宗公祖牌轮祀交接时，又欣逢福建安溪老祖（宋朝金紫光禄大夫）绘像也正迎来同安区潘涂、下山头、浦头及新厝顶四个林氏宗祠轮拜盛典，荣幸之至。

（七）根据族谱中记载的郡望地望寻根。"郡望"一词，是"郡"与"望"的合称。"郡"是行政区划，"望"是名门望族，"郡望"连用，即表示某一地域范围内的名门大族。古称郡中为众人所仰望的贵显家族。地望，即姓氏古籍中常用的"郡望"，指魏晋南北朝至隋唐时每郡显贵的家族，意思是世居某郡为当地所仰望，并以此而别于其他的同姓族人。历代的姓氏书中，其中有一类是以论地望为主，如唐代柳芳的《氏族论》和南朝刘孝标的《世说新语》。宋代人也常以郡望自称，比如，刘攽有两种著作分别题为《彭城集》和《中山诗话》，这里，彭城和中山均为刘氏郡望，并非其人籍贯，刘攽之籍贯在临川新喻（今江西新余）。姚铉本是庐州人，却自称其是"吴兴姚氏"之后。宋《百家姓》中所标明的"郡望"，是沿袭唐代所形成的名门望族的地理分布。由于长期形成的以姓氏、郡望表明出身门第贵贱和社会地位的影响，以郡望标注姓氏的习俗，仍然十分盛行。

再如弘农杨氏、清河张氏、太原王氏、陇西李氏、吴兴姚氏等也是地望的代表性姓氏。

郡望现象到现在尚不绝迹，归因于人们的寻根念祖的观念意识。现在人们还很重视自己姓氏的来历和郡望，特别是现代寓居台湾和海外的华人，大都把自己的姓氏、郡望、家谱视为命根子，常常以同姓、同郡望来联宗认亲。据资料统计，在当今台湾 2200 万人口中，汉族占 96.4% 以上，几乎每一个姓氏都保留着传统的姓氏郡望，以示不忘对故土先人的眷恋之情。台湾同胞每遇红白之事，多在门前悬挂标有郡望的灯笼，以示世人。

尤其近年来随着全球寻根热的兴起，海外炎黄子孙纷纷归国，旅游观光，寻根问祖。姓氏郡望成为他们追寻家世渊源，谒祖朝宗的重要依据。"姓氏郡望"这一传统的历史文化遗产，在团结海内外炎黄子孙，增强中华民族的凝聚力、向心力，促进祖国和平统一大业等方面，仍具有现实的意义。

东晋时期，大批北方士族南下，"过江名士多如鲫"。为了保持他们的郡望，专门在江南设置北方原地的行政机构，这就叫"侨置州郡"。

（八）根据家族特有文化寻根。

例一，根据族谱记载祠堂的堂号寻根。堂号则是郡望的进一步分化和发展，是某一郡望中某一房支的称号。在某一姓氏中的某一支成为望族后，由于不断繁衍发展和迁徙的缘故，往往会进一步分化为许多不同的房支和系派。这些房支和系派与郡望不同的人一样，也会有贫富贵贱之分，为了加以区别，便在郡望之下出现了许多新的名号，这种名号有时称为房号，有时则称为堂号。如上述"三槐堂"本是王姓中的"琅邪王氏"的一个分支，北宋初年，这支人的开创者王祜在所住的庭院中栽植了三棵槐树，以勉励子孙努力仕宦位登公卿（槐树在古代是公卿的标志），此后，其子孙果然实现了他的夙愿。为了纪念王祜，这支王姓人便称"三槐王氏"，或王氏"三槐堂"。这里的"三槐"或"三槐堂"就是这支王姓人的堂号。蔡氏宗族，海内外都用"济阳"为堂号。

由福建闽南外迁的梁克家后裔以"梅镜堂"和"梅镜传芳"对接。海内外梁克家后裔皆"梅镜堂"。关于"梅镜堂"的来历典故，据传梁克家游学潮州期间，揭阳县令陈彦光（同安人）见梁克家少年英俊，遂以女儿许之。一日女儿晨妆，镜中出梅花影，后花园的梅花也盛开。陈县令大喜，约梁克家游园，并命赋诗。梁克家即吟："老菊残梧九月霜，谁将先暖入东堂。不因造物于人厚，肯放寒枝特地香。九鼎燮调端有待，百花羞涩敢言香。看来冰玉相辉映，好取龙吟播乐章"。此诗竟为其及第入相之谶,遂题揭阳县府第为"梅镜堂"。台湾的梁氏,不论是河洛,还是客家,绝大多数都属于"梅镜堂"。他们寻根谒祖,都以"梅镜堂"对接。

台湾和海外侨胞把郡望作为追宗溯源原乡故土的空间符号,呈现具有两层或者三层以上的认同关系。如:大厅正堂写着中古时期中国北方地望的堂号是第一层认同关系,这一层认同关系基本上在唐宋时就已经成形;祠堂、公厅或大厅的祖先牌位及墓碑写的是闽东、闽南、闽西、粤东等某地祖籍地,或者在台、闽、粤自立堂号则是第二层认同关系,这个可以探寻以祖籍地为主体的认同关系;更进一步,将堂号及墓碑祖籍地改为台湾本地地名,则是第三层认同关系,这个可以探寻以台湾为主体的认同关系。将台湾的客家和闽南两族群对照,似乎是前者较趋向于第一层认同关系;后者则较倾向于第二层甚至第三层的认同关系。

台湾的汉族移民大部分是明末至1948年间,由闽粤两省百姓入垦,历经数百年的同化整合,归并为闽南语和客家语两群。使用闽南语的地区为泉州府、漳州府、永春州、龙岩州等,其次为潮州府及惠州府沿海地区;使用客家语的地区为汀州府、漳州府西南部、龙岩州西南部、潮州府、嘉应州及惠州府东半部等。台湾汉人祖先牌位和墓碑的祖籍地,大部分习惯上是以县级行政区为祖籍地,但却常用习惯使用简称、旧名、别称的形式书写。

闽南族群的形成,基本上是经过五胡乱华及唐末宋初两次离乱的大迁徙所催化成形的;客家人则在经历了漫长的时间洪流,沿途吸纳其他族群的份子逐步南迁所成形的。客家人在备极艰辛的山居生活环境及迁徙过程中逐步酝酿出务本之安土重迁的内地性格,如强烈的中原思想、重农的维生方式、集体主义、严谨的宗族组织等;相邻的闽南族群则借由靠海的地利,逐渐发展出海洋性格,如盛行个人主义、松散的宗族组织、重商以及向海的维生方式等。

台湾客家人的祭祖方式盛行以宗族为单位的集体祭祀(严格执行的一年三节集体祭祀行为);闽南人则盛行以家族为单位自行祭拜直系祖先,扫墓的行为也类似于祭祖。这种文化行为也反映在客家人多聚族而居,同宗辈分名字按字辈排列有条不紊;闽南人多半在分家后,在自己分得的土地上盖房子,取名较少排字辈的规矩。另外，客家人在用餐时，尤其是晚餐，通常是集体用餐或者在最年长男性用完餐后，其他晚辈才能开始用餐；闽南人这方面则较无严谨的常规约束，常常是各自端着碗盛满饭菜各自散开。这些生活习性多多少少对应出闽南族群偏向个人主义，而客家人则偏向于以宗族（或家族）为单位的集体主义。

例二，根据族谱记载的传说故事寻根。晋江内坑吕厝蔡氏族谱记载，清朝中叶，尚治公派下十世孙思聪公往台开基，族谱史料记载，台湾小琉球的蔡氏宗亲同吕厝的蔡姓是同宗同源。在吕厝衍派的蔡氏族谱上记载着，因理学名宦抗元名将"吕大奎"拒不降元，遭遇朝廷杀害，朝廷派官府的兵，到各府县属姓吕的族民都要剿。吕厝的族人也不例外，自然受其株连，官兵人马到达吕厝时，村中的男者都远避之，唯独吕妈蔡氏在门口的水井旁洗菜，官兵问吕妈姓氏，因吕妈听不懂，只好双手拿起菜比起动作，正好吕妈是青阳蔡氏乃蔡姓。官兵闻言蔡姓，即引兵返而不剿吕厝。事后里人尽知其因，怕恐兵复来，暂称吕姓为蔡姓。至祸患平息后，里人仍议去蔡复吕，讵料天运，疾病数来，人不安宁，伤亡惨重，即定吕姓改为蔡姓。村中的民众才得以安宁，所以吕厝为属"吕骨蔡皮"。但是没有很长时间，族谱对接不上。2013 年，吕厝村老协会通过多次与台湾的蔡氏宗亲沟通联系。2013 年 5 月，吕正钟先生为着中国统一大业的事项到泉州来开会。吕正钟与蔡干豪等几位宗亲，在会议的期间内抽空一阵子，特地从泉州府城前往晋江吕厝村来研究探索。2013 年年底，吕厝村 22 位族人代表带着两本私人族谱与大公谱前往台湾寻亲。"由于年代悠久，他们迁台至今已有 300 年之久，再加上社会动荡，我们总有一些年代无法对接。"于是，他们就问台湾宗亲："你们的先辈有没有留下什么故事？"这时，台湾宗亲中一位 80 多岁高龄的老人，便讲起历代祖先流传的正德皇帝南巡的故事，从始至终与大陆祖先流传至今的过程一模一样。

原来，相传明代正德年间，正德皇帝游江南的时候，随身携带的一粒夜明珠丢失在吕厝村东北面的一座山坡上，找了许久未果。后来天色已晚，正德皇帝就借宿在一位名叫"顺仁"的平民家中。顺仁家境贫寒，只有便粥一壶、便菜一碟招待客人。由于劳累一天，正德皇帝连吃三碗粥，并问顺仁今晚吃的饭菜叫什么。

顺仁起了两种高贵的名称回答客人："你刚才吃的粥叫珍珠粥,菜是银蛏蟹。"晚上两人同床睡,客人说,我作一个上联给你对下联,你意下如何? 顺仁便答那你讲来听听吧。客人说出上联:"千里为重重山重水重庆府"。顺仁听后思想一灵便随口答下联:"一人为大大邦大国大君王"。客人听后真钦佩,连说三声妙、妙、妙,可甘将元才。正德回朝多年后,有一次突然想起南巡时在福建泉州南门外晋江四都吕厝顺仁家中,吃了一顿非常美味的珍珠粥和银蛏蟹。便令厨师下厨准备,然而朝廷内外无人知晓这两道菜,最后正德只好调顺仁到宫中去。顺仁一听,暗暗叫苦,想到当年皇帝亲手拿尿壶给他小解,如果到宫中肯定人头落地。于是假装得病,之后郁郁寡欢、卧病而终。正德闻言恩人逝世后,深感痛惜,便下圣旨,赐封吕厝乡建一座开三个大门的大宗祠,钦赐"金狮一对,银鼓一个";赐封顺仁为"户部主事"。"正德皇帝钦赐的金狮一对、银鼓一个,事实上到吕厝的祠堂只有石狮一对,石鼓一个。"由于历史悠久,只有保留石狮一只;2013年12月份,吕厝村仿制了一对石狮、一个石鼓,重立于宗祠门口。"户部主事"的牌匾高悬在祠堂主殿上。通过这个故事对接,2015年3月29日,福建省晋江市内坑镇吕厝村迎来与他们阔别300年的台湾蔡氏宗亲的首次相聚并举行祭典。

例三,根据族谱记载的寻根楹联寻根。祠堂内常有寻根联。浦县赤湖镇陈氏大宗"崇孝堂"内,有两副楹联:"锦水荣光增瑞世,丹山仪羽振文明";"崇德象贤文若武云龙变耀,孝先尊祖迩如遐汗马辉煌"。这两副楹联,皆为赤湖派裔孙,清乾隆年间武进士,澎湖、安平协镇陈宾回乡谒祖所作。经协商,楹联作为漳浦和台湾赤湖派陈姓裔孙的传世昭穆,并与此前祖先的昭穆"道业正均德,兴思敦君国,科文士克荣,日胜敬圣作,秉常长启泰,家声庆裕扩"相衔接。长泰县江都村连氏宗祠"瞻依堂"内,也有一对楹联:"国土升华光世德,惟思懋建永昌宗"。系连氏裔孙、光绪二年荣登丙子科台湾府举人连日春所撰。后来,江都和开台连氏家族共同将它编入族谱,作为子孙昭穆,从十二世启用,至今相沿。南靖县庙兜村郭姓和迁居台北的庙兜派郭姓,于清嘉庆十二年(1807年)续修族谱时,共同商定了从十六世起使用的昭穆:"文章华国,诗礼传家"。1983年,鉴于两岸庙兜派郭姓子孙已传到"传"字辈和"家"字辈,而辈序需要延续下去,郭姓家族经协商，续订了"兴学奕世，盛德耀宗"的昭穆，在两岸庙兜派郭姓家族中共同使用。"九龙世第，十德家风"，这是福建武平林氏宗祠以及武平地区林姓住宅大门最常见到的一副对联。这副对联，犹如一张名片，只要看到大门两侧贴有这样的对联，不用问，准是林家住宅。这副楹联内容，讲的是战国时的赵国宰相林皋，生有九子，德才兼备，被时人称之为"九龙"，家族被称为"九龙之门"；父子十人，同以德才见称，他的家族也因此称为"十德之门"。"十德"既是指父子十人，也指当时被认为的君子具有的十种美德，即仁、智、义、礼、乐、忠、信、天、地、德。对联既赞美了先祖，又以有这样的祖辈为荣。他们的后裔不论迁徙到台湾还是海外，都会在自己的祠堂和族谱应用这副对联。

例四，根据族谱记载的族神寻根。中国传统宗教中，佛教的修行之地一般称为寺、庙，道教的修道场所一般称为宫、观，民间信仰则无相应规则，有多种不同的名称。宗教信仰上，客家人奉祀的神祇较闽南人单纯，且趋向于自然崇拜或者与土地息息相关的神祇，尤其在"伯公"信仰上更发挥得淋漓尽致。闽南人居住的西部沿海地区则盛行王爷、妈祖等与海有关的传统民间信仰，加上处处有应公庙，田野调查时常常可听闻与海有关之大同小异的神鬼灵异传说。前者的农业性格与后者的海洋性格的对照又是一例。其次，捡骨及重葬习俗的差异也体现出客家人比闽南人对于现居地有更强烈"他乡作客"的心态。同是福建，对妇女儿童保护神，闽东闽北信仰临水夫人，闽南信仰注生娘娘。同是闽南人，泉州对清水祖师信仰多一些，漳州、厦门对保生大帝信仰多一些；漳州多三坪祖师、开漳圣王庙，泉州就比较少，厦门兼而有之。

族神信仰对接。如，清水祖师原为闽南民间信仰的重要神灵，闽南一带多称为"乌面祖师"，在台湾地区又称为"祖师公"或"祖师爷"。据北宋政和三年（1113年）撰写的《清水祖师本传》介绍，清水祖师的出生地为永春县小姑乡，即今福建省永春县岵山镇铺上村；祖师姓陈，名普足，自幼出家，修习佛法；先在大云院、高泰山等处修行，后至大静山拜明禅师为师，道成业就，拜辞而还，后移住麻章，乡人尊称为"麻章上人"；生前造桥祈雨，广行善事；北宋元丰六年（1083年），应邀至清溪祈雨有验，民众留请驻足，遂移居张岩，喜其山水清秀，改名为"清水岩"；祖师在清水岩修路造桥，治病救人，为民消灾祛难，声名远播；祖师圆寂于北宋徽宗建中靖国元年（1101 年），享年 65 岁。清水祖师信仰产生于我国南宋时代的福建安溪地区（原名为"清溪"，后改名为"安溪"），主要信众是当时该地区的民间百姓和部分政府官员。自明清以来，安溪地区民众因生存需要陆续向外迁徙移民，清水祖师信仰又随着安溪移民的步伐传播到了我国的港、澳、台地区乃至东南亚各国，至今在泰国、新加坡、马来西亚、印度尼西亚、缅甸和菲律宾等国建有分炉寺庙数十处，构成了广泛的清水祖师信仰网络。根据厦门大学教授郭志超的考察研究，明神宗万历二年（1574 年）安溪华侨在泰国北大年所建的"祖师公祠"（后改名为"灵慈宫"）即是东南亚地区第一座宫庙。以后相继建立的新加坡的金兰庙，马来西亚槟城的蛇庙，大普公坛祖师庙，吉隆坡清水祖师庙，印尼椰城丹绒加乙祖师庙，缅甸仰光的福山寺，泰国曼谷的达叻仔顺祖庙，菲律宾马尼拉的祖师庙等，都供奉清水祖师。组成了以闽南安溪籍为主并包含有其他中国地域的华人信众的信仰网络。根据这个家族神的信仰，寻根区域会大大缩小。在较小的区域内寻找始迁祖的祖籍地，就相对容易了。

又如，相传清顺治七年（1650 年）有一商人是王公爷后裔谢德瑞，奉带谢王公的香火从闽南来台到台南永康大湾，因尿急，就把香火挂在树枝，在附近方便。事后想取回香火，却怎么样都拔不动，就在这里筑草屋安奉。而后漳州府龙溪县二十八都宝树社人谢德明，是陈郡谢安后裔，把故乡宝树社王公庙所祭祀的祖先——广惠圣王谢安的神像带到台湾，来到长兴上里大湾庄谢德瑞草屋，在大湾谢家家里设坛奉祀，各姓人氏都来膜拜，香火鼎盛。各村庄人民都受到了庇佑，众人便推派各姓族长与谢德明的儿子谢德福共商兴建公庙，以便大家随时奉祀。康熙十八年（1679 年）改建砖瓦庙宇，命名为大湾王公庙。后来更名为广护宫。在台南永康大湾的广护宫，是整个永康历史最悠久的庙宇，也是此地居民的信仰中心。

又如，闽台赖姓是以"心田五美"故事和族庙"元保宫"进行对接。"心田五美"用来比喻子女品德优秀，非常有本事，很有出息。说的是清朝台湾台中三份埔一个叫赖云从的人，他的五个儿子各具才能，忠孝双全，非常优秀，被人们称"心田五美"。他们的祖籍在福建平和坂仔镇心田乡。他们的后裔所建祠堂称为"五美堂",分衍台中市赖厝里等十七个村庄,发展成为台中一带影响最大的赖姓支派"五美派",形成一旺族。闽台的心田赖氏铭记"心田"二字,在门额、灯号、祠堂、祖坟墓碑上至今都刻着。

随着这个宗族不断壮大,乾隆四十五年(1780年),族人在台中市赖厝部建了"元保宫",取名意思是追念元始,保佑合族安居乐业,饮水思源。清雍正年间,他们又把祖地心田宫保生大帝的香火及圣像被奉请到赖厝部。"元保宫"开始主祀保生大帝。

元保宫凌霄宝殿现有碑记:"雍正年间,平和县心田村赖氏来此拓荒,遂将心田宫保生大帝香火分灵来此庙祀,以为乡土之守护神也"。大陆平和县坂仔镇心田村的心田宫就是台湾元保宫的祖宫。两岸交往没有间断。

第六章
新时期家谱的收集和利用

　　家谱是我国珍贵文化遗产之一，1984 年国家文化部、教育部和国家档案局联合发文指出："家谱是我国宝贵的文化遗产中亟待发掘的一部分，蕴藏着大量人口学、社会学、民族学、民俗学、经济史、人物传记、宗族制度以及地方史的资料。它不仅对开展学术研究有重要价值，而且对当前某些工作也起着很大的作用。要充分发挥家谱在统战工作中的重要作用。"许多"根"在大陆的台湾同胞、海外侨胞的思乡之情日趋浓烈，他们也极需要家谱来寻根究底，查找自己的血缘关系。如何收集、管理、利用好族谱是摆在我们面前亟待解决的重要课题。

第一节　闽台谱牒文化的历史与当今的作用

一、谱牒的历史文化作用

　　中国家谱有着悠久历史，重视资料的搜集工作是历代编写家谱的传统。各朝各代编修家谱都把资料工作放在首要位置。家谱是记载一个血缘家族的世系和事迹为主要内容的史类文献。以历史事实说话，用历史的实际经历来反映家谱发展的历史和现状。自周代史官创建修谱制度始，一直为官修。周代就有最著名的谱牒《世本》，是记载古代黄帝以来到春秋战国的历代帝王诸侯的世系的谱书，它依据大量的王诸大夫的谱牒资料写成。以后的皇室玉牒。当时的族谱是明确贵族血脉，作为王室用人的依据。随着社会的发展，到宋代，随着民间私修家谱的兴起，修谱由官修演变为私修。族谱逐步走进士族家庭进而开始走进百姓家，而且内容越来越多，家谱的范围逐渐扩大，内容丰富，都依据和记载了大量的资料，体例越来越规范和完善。明清以后，家谱的修纂已非常广泛，几乎姓姓有谱，族族有谱，家家有谱。这些浩如烟海的民间家谱，与国家正史、地方志同为祖国的文化遗产，并列为中国史学的三大支柱。成为民间祭祀、收族、寻根的依据。在生产劳动、保护家族、组织教育、社会保障，甚至抵御外族入侵中都发挥过重要作用。中国社科院研究中心刘宁研究员说："族谱是中国特有的文化遗产，国史、地方志、族谱同属珍贵的人文资料。具有重要的文物、文献价值，以及寻根问祖、凝聚血缘等作用。"

家谱能够明确反映当时政治及意识形态的变迁过程。在中国，古代社会是宗法社会，宗法是维护社会秩序和统治阶级统治人民的重要工具，而宗法建立的基础就是血缘关系，因此对于家族的血缘关系进行记载有着重要的现实意义。家谱虽然只是记载了当时社会某家的历史及事迹，但是却足以见证当时社会经济发展的一种状况。

族谱作为家族历史与事迹记载的家谱，对开展家族史、宗族制度乃至人口史、法律史、社会史等学科的研究有着重要作用。家谱中蕴藏着大量的有价值的史料，对学术领域的拓展和繁荣学术文化都有重要意义，这座宝藏值得进一步开发。今天，明清时期，族谱的编撰由于相对泛滥，虽然出现了攀附、攀名人的渊源问题，存在家族观念膨胀、错漏等问题，但是家族的迁徙、发展、经济、文化方面的记载都会客观地反映出修谱年代的社会经济面貌。加上族谱是密不见外人的，对家族内部的问题从来不回避，对了解当时的社会矛盾和家族现象是重要的历史依据。著名历史学家傅家麟先生的科研，开创了中国社会经济学派，很重要的就是依靠民间族谱和契约文献，找出中国社会的经济发展脉络。所以，族谱还是我们研究历史不可缺少的重要资料。

当代编修新家谱，主要是族中乡贤牵头，许多都是离退休的党员领导干部主持，更多与村史社区史的编撰结合，要发挥家谱"存史、学术、教化、凝聚"功能，为社会主义建设、繁荣学术研究、增强民族团结服务，就要搜集大量的、全面的、翔实的资料，用史实回顾过去，说明现在，展望未来，以家谱发展历史和现状，反映 1949 年以来社会主义革命和社会主义建设的基本过程和发展规律。

二、家谱的社会经济文化价值

家谱能够明确反映当时政治及意识形态的变迁过程。在中国，古代社会是宗法社会，宗法是维护社会秩序和统治阶级统治人民的重要工具，而宗法建立的基础就是血缘关系，因此对于家族的血缘关系进行记载有着重要的现实意义。家谱虽然只是记载了当时社会某家的历史及事迹，但是却足以见证当时社会经济发展的一种状况。

不同时代的家谱，在当时的社会、政治、经济、文化活动中，都曾发挥过不同的作用，其最初的最根本的作用是"别婚姻"。从商周到汉代，家谱的主要作用是祭祀祖先、证明血统、辨别世系，以利优生优育；同时，又是权力和财产继承的依据。进入魏晋南北朝的门阀社会后，家谱在政治、社会生活方面的重要性大大增强，家谱的主要作用是证明门第，做官、婚姻嫁娶以及社会交往等，都要以家谱为依据，家谱由家族文献转而成为一种政治工具。隋唐两代，取士多由科举，家谱在选官方面的政治作用削弱，在婚姻等方面的作用增大。宋代以后，取士、婚嫁不看重门第，各社会阶层的成员升降变迁也很频繁，家谱的政治作用基本消失，编修家谱成为家族内部的事情，家谱的作用也随之发生变化。宋元明清几代家谱的纂修主要是为记录家族历史，纯洁家族血统，尊祖、敬宗、睦族，团结、约束家族成员，教育后代，提高本家族在社会中的地位和声望，家谱的教育功能增强，家谱中大量出现家族祖先的善举恩荣和各种家训、家箴，对于传播封建伦理、稳定社会秩序发挥了一定作用。因而，家谱的纂修无论是唐代以前还是宋代以后，往往都得到政府的支持和鼓励。此外，明清两代科举取士，各地中举名额都有一定数额，一些考生往往冒移籍贯，避多就少，迁往文化相对不发达地区，以期容易考上，就如同当今高考前变更籍贯一般，为此，经常引起诉讼，家谱此时又将发挥证明作用。清代旗人袭爵、出仕，需要出示家谱以为凭据，这可以看作家谱的政治作用的一点绪余。所以闽台的少数民族也与汉人一样，重视家族族谱的修撰，是研究少数民族史的原始记载。这也是重要的历史文化价值。

谱牒有弘扬民族文化价值。谱牒文化中蕴藏着极其丰富的中华民族文化精华。谱牒不仅仅为封建时代宗族制度的研究提供了最基本的资料。宗族制度是封建宗法关系的重要组成部分，是封建统治的基础，也是中国传统文化的一个重要内容和民族文化植根的土壤。家谱中对于封建宗族制度的记载十分全面，包括有关宗族的构成，祠堂的组织、规模、结构、职能、管理范围与官府的关系等，祠产的类型、数量、形成、经营方式和收入用途，族学的规模、收录学生的范围、资金来源、维持方式、奖励内容等。家谱中的族约、宗规、家训、家礼、家箴等，既是封建伦理，也是道德行为规范，在其他类型文献中，是很难如此集中的。其中保存许多优良的道德传统和爱国爱乡事迹，与当今社会倡导的回归中华民族文化家园、构建和谐社会有共通之处，值得借鉴与弘扬。

三、有利于社会稳定和谐

中国革命先行者孙中山先生曾对江夏堂《黄氏族谱》题词说："谱牒记述着中华民族由宗族的团结，扩展到国家的团结，这是中国人应有的良好团结观念，应加以利用。"由家谱发展的历史阶段可以看出，在社会主义社会的今天，家谱的政治功能和对家族成员的控制作用虽然已经不存在了，但是其文化教育功能、历史资料功能和家族联谊功能还是依然存在的。

由于家谱内容的多样性，因而其教育作用也必然表现在多个方面。但是其族规、祖训，则是用以专门约束族人言行的。内容多是宣扬儒家传统的伦理道德，提倡穷人要安分守己，富人要捐资恤族，和睦乡邻，遵守国家法令，承担国家赋役义务以及对违反族规的处罚办法等等。如福建泰宁清代的《陈氏族谱》家规为："敦孝悌，穆宗族，和邻里，务正业，笃伦理，保坟墓，守祭田，时祭祀，禁招赘，戒溺女，禁卖子，戒争讼，禁盗窃，重出妻，维宗祀，厚风俗"。族中对犯规者必须进行教育，情节严重的扭送官府处理，屡教不改者逐出家门（村落）。诸如此类的族规似乎封建色彩很严重，但是对社会稳定起到很大促进作用，大体相当于本族的法律法规，所以有的家谱又称作"家法"。对于广大族众，具有较好的教育和制约作用。

家谱家规祖训对于爱国主义教育有着重要的指导意义。家规祖训中虽然难免留下封建社会的历史痕迹，但都是以"修身齐家平天下"为基本原则，是积极向上的文化特色。如蔡襄、杨时、林则徐等许许多多名人的家规祖训，很多家训对于今天我们在思想品德方面的教育都仍然具有一定的借鉴意义。他们的家规祖训中纪委网站都给予刊登，对于今天我们在思想品德方面的教育都仍然具有一定的借鉴意义，对于爱国主义教育和其他的品质教育，也都有着一系列的指导意义。台湾族谱中家训是福建家训的延续，许多基本一样，有部分家族会增加迁台祖的祖训或台湾名人的祖训，总体是健康爱国爱乡爱家的，对于爱国主义教育和其他的品质教育，也都有着一系列的指导意义。

四、谱牒有社会科学和经济研究价值

谱牒有社会科学研究价值。族谱中有姓氏源流、先世考、像赞、恩荣录、祠堂、坟墓、族产、族规、家礼、世系、传记、仕宦录、艺文、字辈等，仍然蕴藏着大量有关人口学、社会学、民族学、民俗学、经济史、家族制度以及有关地方历史和人物的资料，具有很高的史料价值。当代地方文化，特别是地方志的编纂对族谱编修的影响很大，是人文学科的重要研究依据，对于古代人物研究具有相当权威的资料价值。由于家谱的特点是记录家族人物，重要人物专门写有传记，而且支脉清晰。这些资料，虽然会有溢美之词，但大多数内容还是可靠的，完全可以填补史学研究的许多空白。谱牒为移民问题的研究提供了第一手资料。在中国历史上，各朝代人口的流动是很频繁的，而任何一部家谱都要记录族源和迁徙情况，本家族的始迁祖由何处而来，迁居原因，经何处而定居此地，定居后又有哪个支房迁出，迁移的原因、数量、迁居何处、移民生活、移民与当地土著的关系、迁居与本房的关系等，都须记载清楚。

而闽台两地姓氏五缘文化关系紧密，但由于海峡的隔离，两岸家族分多聚少，加上过去交通不便，台湾海峡无风三尺浪，所以对族谱的重视程度更高。为有利于认祖归宗，尤其是对于台湾的记载尤其注重，如云霄何地的《何氏族谱》清清楚楚记载了清代东渡台湾的 300 多人。能带到台湾的族谱也是很有限的。多数人只能记住自己的郡望堂号。

家谱蕴含着丰富的经济学价值，是对当时经济现状的历史记载，对于我国经济的发展具有重要的历史价值和参考意义。首先，一个宗族的共同财产，是家族存在的经济基础，经济基础决定上层建筑，因此，族谱当中对家族经济状况的叙述十分详尽，通过族谱对财产的记载，可大致估算出当地的经济状况及生产力发展水平。其次，家谱对整个家族中房契和地契的记载比较详尽，为土地的历史研究提供了重要的信息。家谱在经济发展中的现实价值也具有重要的意义，我国利用家谱进行宗亲联谊活动，吸引海内外侨胞投资内地产业，目前已经取得了显著成效。

除此之外，家谱资料还为地方史、家庭结构、社会结构、妇女地位、优生学、民俗学、经济史、科技史、宗教史、中外关系史等领域的研究，提供了大量的可信资料，具有极为重要的价值，这已是学界共识。但由于家谱是私人纂修，有些记述华而不实，言过其实，有些内容妄相假托、有意捏造，这都是能够理解的。问题是我们在使用时要注意鉴别，区别对待，去伪存真。只有这样，方能使我们的研究翔实、可信。

五、谱牒是编纂方志的重要资料来源

谱牒中的史料非常丰富，是编纂方志的一个很重要的资料来源。在史料价值方面，由于家谱记载的地方性、基层性、群众性和典型性特点，其作用也会是多方面的。比如人物传记，尽管家谱往往存在着为尊者讳，为尊者美言的特点，致使有些失真成分，但是只要我们仔细分析当时当地的人文环境和各种材料之间的联系，并不难辨别其中的真伪。正因如此，家谱往往才会有某些正史或志书难以比拟的信史价值。因此，自古以来谱牒与方志编纂的关系密切，历代政府、名人、史志学者都予以充分的重视。

唐朝刘知几在编纂《史通》时就主张把谱牒编入。宋朝乐史编纂的《太平环宇记》中辟"姓氏"等门类，广辑谱牒入书。郑樵在所编的《通志》中亦辟有

《氏族略》，辑入的谱牒达 170 余部。清朝章学诚认为："传状志述，一人之史也；家乘谱牒，一家之史也；部府县志，一国之史也；综纪一朝，天下之史也"。从史学角度阐明传、谱、志、史的性质和相互地位关系。他还主张设立志科，提出"民间修造谱牒和传状志述……都要呈副报告于志科"。民国时期《深州风土记》主编吴汝纶在拟定的《资料采访条例》中有这样内容："采族姓流所自"，规定要从谱牒中收集资料。甘鹏云在《方志商》中提出"……族姓之源流、风俗、习惯、礼教沿革……均应逐县调查"。对谱牒资料的重视不言而喻。傅振伦在 20 世纪 30 年代所撰的《中国方志学通论》中把谱牒列为方志资料文献资料类，以为要认真搜集。

1957 年，毛泽东在谈及研究历史问题时说："搜集家谱、族谱加以研究，可以知道人类社会发展的规律，也可以为人文地理，聚落地理提供宝贵的资料。"

新中国第一届修志中，专家学者和方志工作者也对谱牒资料在方志编纂中的重要性给予充分的重视。

1985 年，国家档案局、教育部、文化部联合发文，明确指出："家谱是我国宝贵文化遗产中亟待发掘的一部分，蕴藏着大量有关人口学、社会学、民族学、民俗学、经济学、人物传记、宗族制度以及地方史的资料，它不仅对开展学术研究有重要价值，而且对当前某些工作也起着很大作用"。文中还指出："随着对外开放政策的实行，许多根在大陆的台湾同胞、海外侨胞的思乡之情日趋浓烈，他们也亟需利用宗谱来寻找自己的血缘关系"。

王复兴在《方志学基础》中指出："谱牒，包括家谱、族谱、宗谱等，这类资料对族属、人名、生卒日期、世系关系等的记载较准确，间或记有人物生平，有的还涉及社会与自然状况。民主革命时期的某些情况，在修得较晚的家谱中也间有涉及。……要广泛征集"。

来新夏主编的《方志学概论》在谈到方志资料来源时提出：对谱牒资料"应本着批判地继承的态度，从中搜集对修新志有用的资料"。

林衍经在《方志学综论》中圈定方志资料收集范围，其中包括名人望族的家谱。

刘光禄在《中国方志学概要》资料收集中说："特别是当地著名人物书信、日记、手稿、家谱，具有较高的史料价值。……对于研究地名、风俗、方言、历史人物及历史事件等具有重要的作用"。《清流县志》主编李升宝在《谱牒的渊源利用》一文中说："谱牒提供民族人口变迁的历史，融汇了社会、政治、经济、文化等各方面史料，内容极其丰富，……是地方史料的佼佼者"。

浙江包崇跳在《试论谱牒的资料作用及其他》、胡汝明在《浅谈家谱》、李光云在《试述宗谱在修志中的作用》的文章中，都对谱牒资料对方志编纂的作用做了各方面的阐述。他们在方志编纂的具体实践中深切体会到："谱牒蕴藏有大量的地方志的资料，可作为信史的补充"。

福建省方志办和福建省姓氏源流研究会目前正在广泛利用族谱文献编撰《福建省姓氏志》。福建的福州市、漳州市、莆田市等部分设区市的方志办，都分别根据族谱文献编撰方志。

此外，福建省部分县（市）志也在这方面做了大量工作。《宁化县志》在人口卷下设人口流动、姓氏构成章，引用大量谱牒资料，其中"宁化县部分姓氏流迁登记表"所查考的谱牒达 104 部。志末附录"关于巫罗俊授职和爵封情况的调查"中也提到巫姓后裔从《巫氏重修族谱》为入志人物巫罗俊的身世和职位提供资料的情况。这些谱牒资料为这个号称"客家祖地""客家中转站"的县份增添不少浓厚的地方特色。《德化县志》在人口机械变动一节中设《951—1861 年外地迁入部分姓氏表》，为 56 个姓氏分始祖姓名、迁入定居时间、何处迁来等栏，做了较详细介绍。谱牒资料的整理利用使这一章节的记叙显得充实，可读性强。《建宁县志》在编人口民族与姓氏节中记叙："县地方志办公室组织熟悉地情人员深入各乡调查统计，并摘录各姓现（残）存宗（族或家）谱，取得 59 个姓氏徙居及分布状况的资料"。在《部分姓氏源流调查表》中列出这些姓氏现聚居地和播迁源流等情况。《清流县志》在人口与人民生活卷中设姓氏节，对县内 22 个主要姓氏来源等情况做了简要的记叙。其资料来源亦取自各姓氏的谱牒。

六、谱牒是海外联谊的主要路径

谱牒有重要海外联谊价值。福建是我国重要侨乡，也是台湾同胞的主要祖籍地。台湾和海外同胞、侨胞到福建寻根问祖，使谱牒具有政治意义上的作用。在海外的炎黄子孙已超过 5500 多万，分布在五大洲一百多个国家和地区，尽管有相当部分已加入所在国国籍，但民族与文化认同并没有改变。在世界近万个华人社团中，以宗亲会、同乡会为代表的亲缘性社团占了很大比例，并且发挥着积极作用。谱牒可以为他们的后裔寻根问祖提供可靠的根据，也更增加了他们对故国故乡的依恋之情。福建的姓氏源流研究在协助台港澳同胞和海外侨胞寻根探源、开展海内外姓氏源流学术交流、海外联谊、彰扬先贤业绩等方面，取得了丰硕成果，为海内外同胞、侨胞搭起了一座民族寻根之桥。

谱牒是台胞寻根谒祖的依据。由于闽台族谱的特殊性，长期以来对台湾同胞寻根谒祖起到了极其重要的作用。虽然历史的各种原因两岸族谱修撰多次中断，给台胞寻根谒祖带来许多不便，但是由于海峡两岸宗亲的努力，各地各姓氏宗亲组织为闽台宗亲的联络提供大量珍贵史料，逐步地使海峡两岸族谱对接，台湾多数名人都可以在福建找到自己的祖根，也凸显族谱的社会价值。在改革开放后福建的修谱热潮中，台湾宗亲对于宗族的修谱活动给予大力支持，为修谱捐资，并提供台湾宗亲资料，使新编族谱包含迁台宗亲的世系，部分实现闽台宗亲世系的延续。通过族谱的编修，可以促进同宗同族间的团结互助，满足海内外炎黄子孙"寻根谒祖"的需求，对推动祖国和平统一大业有积极作用。

谱牒文化有利于推动和平发展。台湾自古以来就是中国领土，台湾人民是中华民族的一部分，早已是不争的事实。台湾早期移民大多是从大陆的广东、福建去的，尤以福建为最多。古代大陆移民台湾历史悠久，明清时期就有三次高潮：第一次是明末天启年间，泉州、漳州一带贫民迁居台湾达 3000 多人，崇祯年间又有数万人。第二次是郑成功收复台湾后，跟随郑成功而去。第三次是康熙年间清政府统一了台湾郑氏政权，开放海禁，移民人数多达几十万。近年来，随着海峡两岸交往的增多，大批台湾同胞回大陆探亲寻根，已成为一股不可逆转的潮流。

海峡两岸要统一，利用家谱资料联络亲情，是一个非常重要的措施。闽台谱牒文化研究推动了海峡两岸民间交流，对海峡两岸和平发展，完成祖国和平统一大业有很好的促进作用。2007 年 9 月到 2018 年 6 月，福建省海外联谊会、福建省中华文化学院、福建省姓氏源流研究会分别在福建福州、台湾台中、福建泉州、台湾高雄、福建漳州、台湾高雄、福建武夷山、台湾新北、福建龙岩、台湾新竹召开了 10 届海峡百姓论坛，论姓氏源流、谈海峡同根，闽台一家，进行族谱对接、村庄对接。每次论坛都有一千多名到数千名的海峡两岸民众自费交流，在台湾不分蓝营绿营，不分党派，大家欢聚一堂，共叙亲情宗谊。这样的族谱对接引导了数百万的台湾同胞和海外侨胞回大陆寻根。现在海峡百姓论坛已经成为海峡两岸民间交流的重要品牌。

七、族谱对海峡两岸和平统一起到的特殊作用

革命先行者孙中山先生昭示："族谱记述中华民族由宗族的团结，扩展到国家民族的大团结，这是中国人才有的良好的传统观念，应加以利用"。借重族谱来团结宗族，还要结合宗族团体，进而成为强盛国族，这是团结必经之路。因此，长期以来引起海内外广大华人世界对族谱、祠堂等家国文化的研究。台湾的陆炳文先生曾经在退休前就开始利用各种机会收集台湾族谱百余部，走访了 300 多座台湾祠堂，根据台湾族谱和祠堂资料编著《寻根三书》，通过族谱联结谱系，共促宗族的团结，成为团体的国族，诚属两岸中国人的时代使命。《寻根三书》的第一部《台湾各姓祠堂巡礼》，邀请了台湾省政府原主席林洋港，作序云："国父在民族主义第六讲中，有言：要善用中国固有的团体，像家族团体和宗族团体，大家联合起来，成一个大国族的团体，共同去奋斗"。

台湾的每一部族谱都为维系这大陆的血脉，维系这大陆的文化，只要是真正的台湾人，都会毫不犹豫地说自己的根在福建在大陆，自己是中国人。如，台湾嘉义溪口刘氏宗祠，兴宁刘氏族谱姓源篇有句："综西汉之世，皇子而封王者三十余人，王子而封侯者四百余人。卯金之裔，由是遍布天下。"从台湾刘氏历代族谱一卷，河北沧州刘氏家谱三卷首一卷、南皮刘氏家谱、上元刘氏家谱六卷，山

西洪洞刘氏宗谱八卷首一卷末一卷、洪洞刘氏族谱五卷、洪沿刘氏宗谱六卷、洪洞刘氏族谱、洪洞刘氏族谱不分卷、洪洞刘氏族谱十七卷首一卷、平定刘氏族谱不分卷、辽宁沈阳刘氏家族谱不分卷、沈阳刘氏家谱、辽阳刘氏宗谱一卷、凌源刘氏宗谱十卷，到江苏南京刘氏家谱、沛县彭城堂刘氏族谱、丰县刘氏宗谱十卷、丰县刘氏宗谱十三卷、泗阳像树刘氏宗谱四卷、宝应刘氏家谱六卷首一卷、宝应刘氏家谱一卷，以上 22 部家乘谱牒，无一不把两岸刘姓乃至各姓人家，根缠在一起，心系在一起，关系绊在一起，交往凑在一起，前途拌在一起。

长久以来闽台间关系，相对于其他各省市来说，比较密切，独具渊源，素有五缘之说：地缘、血缘、法缘、商缘和文缘，2011 年，在泉州召开首届闽台民间族谱研讨会时，国民党前主席吴伯雄先生还题匾"闽台五缘"赠送中国闽台缘博物馆。由于谱牒大会主题鲜明，海内外各地学者专家，各姓宗亲因谱而连缘，更好地推动两岸民间谱牒流通发展，共同促进对中华民族姓氏谱牒这一珍贵文明遗产的传承与保护，实有助于两岸关系和平发展，亦有益于中华文化伟大复兴。

闽台族谱对台湾同胞有着特殊的意义，在改革开放初期，由于台湾同胞根在福建，以祖籍地的亲情吸引了成千上万的同胞回到厦门、泉州故里投资设厂，回到故里修桥修路修祠堂，创办社会福利事业，起到了很好作用。从厦门市和闽南地区的台资投资情况看，同胞的投资在改革开放初期起到了重要作用，占海外引资的 60% 以上。对福建的经济发展起到了重要促进作用。

最近的数十年间，海峡两岸的族谱研究专家学者基于个人志趣和使命感，在海峡两岸积极收集族谱资料，自 20 世纪七八十年代开始就奔走于闽台两地以及全国各地，长期投入姓氏宗祠和族谱的调研工作，参加大陆举办的各类族谱文化论坛，为海峡两岸的族谱对接不遗余力地呼吁。台湾一位退休老人说，近一二十年来，他脚踏实地走遍台湾各地宗祠 300 座，走过福建、河南以及族谱上记载过的省份，千方百计搜罗两岸本姓族谱近百册，把这个算是冷僻不受重视的工作作为志业。如陆炳文先生当年给中华电视台节目主持过"鲲岛探源——百家姓"，让他感到自豪。

台湾同胞认为，由于台湾在短短的 300 多年历史之中，政权变动频繁，对台湾民众的人格塑造与文化发展影响极大。也造成部分台湾民众国族认同的困难，台湾民众的宿命观与"无根性"由此而生，加上长期以来，后来者与外来者大多位居政治高位，掌握经济优势，先来的台湾民众屈居劣势，自卑感油然萌生，因此台湾数百年来抗争不断，社会一直都不平静，延伸至今天两岸的统"独"争议，实为中华民族的不幸。

特别是李登辉登台以来，搞"去中国化"，把西方文化更大力度地引进到台湾。在台湾推行所谓选举文化，在选举利益高于一切的特殊政治环境下，民粹政治大行其道，致使当前台湾有近半民众因为与蒋介石独裁相向而赞成"台湾独立"，造成台湾的严重内耗矛盾加剧，并影响到两岸关系和平发展。大家期盼通过族谱、通过海峡两岸的民间交流，以民促官、以民促统，尽快改变当前两岸分离的民族悲剧。

通过两岸族谱的研究，有利于准确了解：（一）大陆汉人为主体（有部分大陆少数民族）的移民台湾的开发与生根；（二）台湾荷据日据时期，特别是日本殖民者在台湾"去中国化"情况及其后遗症；（三）台湾开发与姓氏渊源关系；（四）台湾的妈祖信仰为代表的民间信仰与姓氏渊源。以回顾各姓氏的祖先对台湾开发的贡献，并探讨两岸相互融和、实现双赢。从改革开放以来，特别是2007年举办第一届海峡百姓论坛，大张旗鼓进行海峡两岸族谱对接、同名村同宗村对接以来，千军万马的民间寻根谒祖姓氏文化交流活动，促进了海峡两岸民众对姓氏文化的更加深刻了解。即使在蔡英文执政期间，这项交流不但没有中断，而且热情更加高涨。

总之，民间家谱是我国特有的传统文化遗产，它对史志的编纂、学术研究具有重要的参考作用；对传承民族文化，方便海内外华人寻根具有独特作用；对当前经济建设，特别是招商引资、旅游开发能起到意想不到的推动作用。开发利用好民间家谱资源无疑有着重要的社会价值和经济价值。

八、族谱相关问题的思考与根源

长期以来人们对族谱的褒贬不一。这里有两个原因，一是族谱本身的局限性，二是对族谱认识的观念问题。一般地说：正史，是中央政府举全国之力，由国内的史官或史家等精英人才修撰，它的品味和可信度都最高；方志，是地方政府举一地之力，由该地熟稔情况的顶尖人才修撰，其品味和可信度也是很高的；族谱则有所不同，虽也是族内的拔尖文化人在做，但由于文化程度不齐、参考资料缺失等，往往带有很大的局限性。如果用金字塔的上部、中部、下部来分别比作正史、方志、族谱，那么越往金字塔下部的可信度越低。

（一）族谱与其他古籍一样确实存在不少自身问题。五代以前是官修家谱，家谱有着不同寻常的政治功能，据说有的家族为了抬高自己的门第和郡望，肆意编造家族世系，连一些开国的君主概莫例外。顾炎武《日知录》卷二三《姓》云："汉时碑文所述氏族之始多不可据。如魏蒋济《郊议》称曹腾碑文云：曹氏，族出自邾。王沈《魏书》云：其先出于黄帝。而魏武作《家传》自云：曹，叔振铎之后。陈思王作《武帝诔》曰：于穆武王胄稷周。则又姬姓之后，以国为氏者矣。及至景初中，明帝从高堂隆议，谓魏为舜后，诏曰：曹氏，世系出自有虞氏，则又不知其何所据。夫以一代之君而三易其祖，岂不可笑？况于士大夫乎！"真可谓一针见血，说的很尖锐也很明白。据《晋书》，魏武帝曹操的父亲曹嵩，本姓夏侯，因过继给宦官曹腾而改姓曹。王沈云"其先出于黄帝"；操之次子陈思王曹植说曹氏出自姬姓，以国为氏；操之孙子魏明帝曹叡还郑重"隆议"曹姓出自有虞氏。作为魏国之君的曹氏，况且三易其祖，士大夫为了入仕、联姻，更是可以数易其祖。或许，他们根本就不清楚自己的祖先是谁，只是看谁的利用价值最大，就攀附谁作为祖先。古代如此，后人继之惟恐不及。"宋元以后，私家之谱，不登于朝，于是支离傅会，纷纭踳驳，私造官阶，倒置年代，遥遥华胄，徒为有识者喷饭之助矣。"（钱大昕：《潜研堂文集·卷二六·钜鹿姚氏族谱序》）文天祥就说过，家谱"凿凿精实，百无二三"。浏阳张氏八修族谱（清嘉庆二十四年孝友堂木活字本），张声扬等在福建六修、江西义宁州七修张氏族谱的基础上续貂浏邑张氏世系，称受姓世祖挥。黄帝之子少昊金天氏第五子，字玉爵，号天禄，当诞时始制弓矢，因赐姓张。奉汉留侯张良、唐相张九龄为祖，"八修"尊挥第一百三十四代孙化孙公为始祖，宋淳熙至淳祐时人。而何祖于何时从何地迁浏阳，谱却未载，世系源流缕述不清。

这些历史问题，在许多古籍中也多有存在。我们不能因为族谱的瑕疵，全盘否定，也有待于我们在对族谱研究基础上去粗存精，去伪存真。更重要的中华民族所有姓氏都把自己的根追述到炎黄二帝，其实这不必大惊小怪，这只是中华民族的文化认同，并不是真正的攀附。对待这种现象更多的是理解和包容。更不要用西方的那种理念全盘否定中华民族的文化传承的理念。

（二）另一方面必须客观地说，"古史辨"派，或曰疑古派，是20世纪20年代的"疑古"思潮，主要是由胡适、顾颉刚等人发起的。他们承袭晚清今文经学家的"疑古"之风，对传统的观念提出大胆的怀疑。他们当时所提出的众多"惊世骇俗"的观点，对于20世纪初期的思想解放运动，对于打破当时一味"信古"的封建传统观念确实起到强烈的冲击作用，过去千百年立起来的偶像都被打倒了，思想自然得到了一次空前的解放。从这一方面讲，它确实是有积极作用的，确实适应了那个时代的要求。他们所提出的众多问题，有不少属于对问题的过激反应，所以也一直是百年来学术界继续探讨的问题。

也必须指出，"古史辨"派的考证方法，存在着许多先天不足，他们仅仅用西方简单的"辨伪"方法，从书本到书本去寻找他们认为属于"作伪"的证据，结果造成了大量的"冤假错案"，这种"冤假错案"一直影响到1966年的"文化大革命"。最严重的问题是两个方面：一是使中国古史出现了长长的空白；二是把大量传世的古籍判为后人的伪作，一时间凡先秦的古书几无可信之作的状况，这自然为我们正确认识中国古代文明史，为中国学术史的研究带来了许多困惑。以至于在后来的相当长时间，我们必须重新去做大量的工作来进行重新的"释古"工作。古史的研究，最著名的，也是大家都知道的是，前些年我们国家实行的"夏商周断代工程"，"断代工程"不仅是为了搞清年代，更重要的是要找到"夏"，这个在范文澜的《中国通史》中还称为"传说"的朝代，而在顾颉刚的考证中，大禹不是真实的人，而是"一条虫"。至于尧舜时代，那更是不真实的，不存在的。当然，经过了很多学科学研究者的共同努力，尤其是考古发掘的成就已经表明，不仅夏朝是真实存在的，就是尧舜的时代也正在得到确认。在古籍的研究方面，我们确实很幸运，从 20 世纪 70 年代起，大量记载有古代典籍的竹简、帛书陆续被考古工作者发掘出来，最著名的如长沙马王堆的帛书、湖北郭店楚简、包山楚简、安徽阜阳双古堆汉简、山东临沂银雀山汉简、湖南里耶秦简、长沙吴简等。还有新近几年整理出来的上博简、清华简、北大简等等，此外，还有青铜器上的金文、殷墟的甲骨文等等。这些出土的文献资料，不仅有传世的众多先秦古籍，还有不少是失传的古籍，如《孙膑兵法》《唐勒赋》等。如此丰富的出土文献资料，让我们对中国古代的文化学术的状况有了新的认识和理解，事实证明，"疑古派"们对于中国古代典籍提出的诸多问题是缺乏根据的。可见他们那套"辨伪"的方法并不可靠，其中主观唯心主义的因素甚多，实证的依据不足。正因为这种状况，早在"疑古"思潮泛滥的时候，我国许多著名学者已提出不同的意见进行批评。许多人都知道鲁迅在《故事新编》的《理水》这篇作品中，刻画了舍身忘我、不辞疲劳率领民众治水的英雄大禹，而嘲笑那躲在高地上戴着眼镜，考证"大禹是条虫"的教授。同样，在对屈原的研究中，鲁迅、郭沫若、陆侃如、游国恩等一致反对胡适在《读楚辞》的演讲文中，提出屈原是否真有其人，《楚辞》中的作品是否为屈原所作，以及所谓屈原是"箭垛式"的历史人物的说法。而王国维则提出应当应用"二重证据法"来研究古代史和古代文化的重要理论，即将地下考古发掘资料同传世的典籍、文献资料结合起来进行研究，并埋头于甲骨文研究和新发现的西北"流沙坠简"的研究，商王朝的世系就是他根据甲骨文的研究排列出来的。后来，香港中文大学的饶宗颐教授在此基础上发展并提出"三重证据法"，冯友兰则提出在破除"信古"之后，不应停留在"疑古"阶段，更应当花大力气做"释古"的工作，也就是用科学的手段正确研究和探讨中国的文明史。这些都是为了反对古代史研究中的民族虚无主义。辨伪应是一项非常慎重的工作，尤其是对于古籍、对于传世的古代文献资料，因为古人已作古，无法为自己辩护，如果给他们制造了"冤假错案"，那就太不应该了。毛泽东同志在《反对本本主义》中曾经批评过那种一味以西方文化的本，否定中国文化，否定实践，否定实事求是的错误。由于"古史辨"派的思维，也引起文化不自信。

李学勤先生的一部重要著作，书名叫《走出疑古时代》（辽宁大学出版社

1997 年 12 月第 2 版）。国家文物局新出版的杂志，在创刊号上有一篇文章，题目叫《走出尧舜传说时代》，写的是在山西临汾传说中的尧舜故都进行考古发掘的情况，用考古发掘的资料证明，历史上确实有过"尧舜"的时代，因为那里发现了大型宫殿遗址，发现朝代更迭的确切印迹，碳 14 测定也证实了这样一个时代的存在。那么，为什么这些书、这些文章都要用"走出"这样的字眼呢？这些问题，应当追溯到 20 世纪之初史学界发生的一次重大的学术思潮——"疑古"思潮。之所以用这么多篇幅来谈近百年的中国古代史，中国古代文化的研究状况，是为了说明，我们在地方史研究中，包括在谱牒的研究中也应当走出"疑古"的旧圈圈，用科学的方法来研究地方史，研究谱牒中的家族史，这样才能有新的发现、新的发展。

其实，古籍中有一些错误的乃至荒诞的记载，并不奇怪，这是时代的特色，是人类的童年时期的思维。如《诗经·大雅·生民》一向被认为是周民族的史诗。其中写周人的始祖后稷是因他的母亲姜嫄"履帝武敏"，怀孕而生的……《史记·高祖本纪》写刘邦是他的母亲在大水塘旁睡觉，有龙盘在她身上，怀孕而生下刘邦……这些也可视为古代帝王家的族谱资料，算不算虚妄，荒诞呢？此类记载自然只能是"神话""传说"，而非真实的。但我们是否因此就否定周民族的历史、汉王朝历史的真实性呢？！这种童年思维西方世界也是如此，《圣经》就是典型，圣经中的创世纪的幼稚性并不比中国高明。中国人类的童年，无论如何追述都是自己的祖先，只是把祖先神格化罢了；西方的《圣经》把所有的一切都归结到万能的上帝，他们的荒诞大大超越中国的任何神话。

（三）传统的族谱都是民间谱牒师进行编撰，在民间交流。由于过去谱牒师的文化水准良莠不齐，难免给部分族谱带来瑕疵。大多民间族谱是靠手抄流传，有的编谱抄写人文字水平不高，在传抄过程中难免会出现文字错讹的现象；有部分靠刻板印刷，大多数的工匠文化水平也不高，造成少数族谱严重者乃至于张冠李戴，这当然是不容忽视的问题。尤其是清朝，族谱在民间突然流行，当时的科举制度要求参加各级考试者都必须有族谱辨认身世，就如我们"文化大革命"的政审一样。没有族谱就是不靠谱，就会失去考试资格。因此修谱时要是找补到远祖，有的往往为增其家族之荣耀而拉历史上的同姓名人入谱，认为祖先，这种状况确实是存在的。然而，历史地考察，闽台族谱最早的始修于西汉，许多大族家谱多自北宋开始撰修，此后便一代一代地续修并流传下来。应当讲，修谱者对于离自己年代较近的祖先，在记载上是比较慎重的，不至于随便拉人来充当，贻人笑柄。因此，许多学者都已注意到这种情况，指出应当重视谱牒的相关记载，以之补官方资料之不足。福建厦门《许氏族谱》先祖是汉代的许滢，漳州的《许氏族谱》始祖是唐初随陈政、陈元光父子入闽的府兵校尉许天正。族谱分别记载开同安、开漳始祖后，有多代空阙，直到北宋时期才出现不间断的世系，这显示出它是和全国各姓氏同步进行编谱的。他们在先祖入闽前的状况难以接上时，基本都保持空阙，没有去胡乱攀附。又如族谱中记载了清代许氏族人迁台的史料，就十分准确，为后来台湾许氏族人寻根认祖提供了依据。我们从中可以看出编谱人是严肃认真对待这一工作的。因此，轻易以材料虚假来看待多数族谱资料的想法是不恰当的。我们在与闽台各个姓氏宗亲交流中，都可以看到，所有寻根的人们，都很严肃对待自己祖先的血脉，甚至还会争论的面红耳赤，绝不苟且；并不是像某些"疑古派"们说的全然是攀附。

这也是我所以要提出观念更新的原因。何为观念更新？就是说，我们应当在进行地方史、谱牒的研究中有新的更加科学的思维，才能使我们工作出现新的变化，采用新的方法。事实上，观念的更新、方法的更新是对旧观点、旧方法的扬弃，对在实际工作中已发现不适应新情况乃至不够科学的方法，就应当有新的思路、新的方法来代替。大家都知道，过去我国在司法审判中，对犯罪嫌疑人采用"有罪推定"，结果是"逼供信"，造成一些冤假错案的产生，现在采用的是"无罪推定"，避免了许多问题。因此，我们应当敢于抛弃那些已被事实证明并不合理也不科学的观念和方法，代之以更加合理、更加科学的观念和方法，这样就可避免盲目性、避免工作中的失误。毋庸讳言，过去在漳州地方史研究中，有些先生用的是"疑古"派的方法，来考察传世的地方史和族谱资料的记载，证出了许多"伪"文、"伪"诗。导致一些学者对这段开漳史中的主要人物的出身与史迹产生诸多的怀疑，在证据并不充分的情况，通通以伪文、伪作视之，显然是不够慎重的。对于这一类资料进行辨伪，并非不对，但应取十分慎重的态度，避免形成冤假错案的可能。我之所以要强调这一问题，是因为这些观点对地方史工作者影响颇大，致使一些人至今深信不疑，奉为圭臬。当前即使对口传史，不仅史学界重视，在国际上也颇受关注，是非物质文化遗产的保护对象，而传世的文献资料其可信度应当比口传史更高，这是毫无疑义的。

第二节　当前族谱编撰问题

在宗亲活动日益频繁、海外寻根备受重视、姓氏研究深入发展的推动下，当代福建族谱的编修已经形成风气，各个家族相互影响、相互攀比，使族谱的体例越来越完备，装帧越来越精美，总的来看，新谱的编修深受当代地方志编纂的影响，大体上有以下几个明显的创新。第一，对于旧谱中的一些篇目，由于其所代表的思想已经不适合当代的社会环境，新谱不再续编。第二，男女并书，体现男女平等思想。改革旧谱记男不记女的体例，实行男女并书。还力图体现男女平等的思想，如不论男女，只要达到标准，在人物传、科名录等都予记载，女儿、媳妇、女子出嫁也不用某氏，而用全名。第三，参考地方志的体例。当代新编族谱尽量借用地方志的体例，把新编族谱的体例向族史、族志、姓氏源流的体例靠近，以减少宗派色彩，姓氏文化特色凸显、许多已经成为地方史料的组成部分。一些族谱记述家族所在乡村的社会历史和现状，增设地方史、姓氏源流、大事记等篇目，地方文化色彩更加明显。第四，应用先进编纂方法。当代科学文化的成果也推动了新编族谱体例的创新。因此，在新编族谱中，体例上多有地图、照片、画像等。为联络的需要，一些族谱还设置宗亲通讯录和世系检索表，使谱牒成为人们可利用的一种社会资源。第五，区域性的族谱志书。如漳州市为界定编修与市地方志编修《姓氏志》开拓了新的研究平台。有利于进一步综合利用研究成果，解决历史遗留问题。当前福建谱牒文化对构建福建和谐社会既有积极的作用，也难免有消极的因素，表现在：封建宗法思想在当代仍有遗存，存在为亲者讳、假托始祖、美化先人、牵强附会、言过其实等情况。往往还传播宗派思想，而且男女平等还未真正实现。关键在于有关部门的引导与规范，使之兴利除弊，以促进福建和谐文化建设。

然而，谱牒研究依然有许多问题值得思考：

（一）研究机构成立还是处在初级发展阶段。虽然除了姓氏源流研究会等宗亲的横向民间组织以外，已经有闽台缘、漳州闽台族谱馆等专门机构成立，但是它们替代不了非政府的家族机构的研究和联谊，许许多多的工作依然需要家族去推动。没有合法的机构就难于开展深入的研究活动。福建省江夏黄氏源流研究会在福州成立，标志福建省成立第一个省级宗族研究会，这是一个新起点。但是多年以来依然是独此一家，别无分店。这就说明，目前家族性研究机构成立的瓶颈依然很多，有待各级党委和政府的支持和帮助。

（二）要支持和辅导民间谱牒修撰工作质量。福建当代编修的族谱数量很多，具体难以估计，过去新编谱牒基本是内部刊印，交流收藏，起到很好的作用。但是多数是民间自发行为，专业水平欠缺影响了谱牒质量。近几年江夏黄氏、上党连氏等姓族谱已经正式出版，标志着福建谱牒文化得到政府出版机构的认可，开始走上了"大雅"之堂。我以为，还要进一步支持和提倡各个姓氏宗亲族谱的正式出版，提高民间修谱的质量。出版部门应积极介入族谱的印刷出版环节，担负起编辑审查的责任。

（三）协助宗亲修谱工作变革观念与时俱进。主要有：第一，废除族权。在新编族谱中，坚决废除不符合当代社会道德原则的族规。对于旧谱中的族权规定，有的族谱作为资料保存，有的族谱予以删除并充实了许多时代特色；有的既保留旧谱中有价值的史料，更用新思想、新方法增加续修的内容。依然有许多有待研究进步发展。第二，尊重女性。闽台族谱都存在女性如何入谱问题，虽然在新修族谱中对于有成就的女性，也同男性一样予以记述，旧谱中歧视女性的现象已经基本消除，但许多问题依然没有解决。如，族谱世系图中女性入谱多数没有，闽台女性对此都提出异议。自古以来蔡氏女性入谱（女婿也入谱）这点传统就有利大家借鉴。第三，注重姓氏源流研究。在新修族谱中，对宗族源流研究的内容明显增加，许多族谱不厌其烦地考证姓氏、宗族的源流，及与其他宗族、甚至其他姓氏的关系。对于家族成员向外地、特别是向海外迁移的历史和现实十分重视，记载详细。对于海外的名人，特别是台湾的重要人物，一些族谱考证颇详。由于年代久远，多数对入闽开基始祖研究依然存在不少欠缺。

（四）综合提高谱牒研究成果解决研究瓶颈。过去修撰谱牒多为分散进行，研究成分不高。近几年来，随着姓氏文化研究的深入发展，宗族活动的范围也日益扩大，许多人不满足于家族内的联系层面，民间已经认识到一些局限，于是突破家族血缘的界限，以姓氏为依据寻求更大范围的联络，出现趋向通联，这是良好的开端。一是以县为单位编修姓氏统谱。二是以大市为单位编修姓氏统谱。三是以地区为单位编修姓氏统谱。四是以历史渊源为据编修多姓联宗谱。五是以省为单位编修姓氏通谱。六是以姓氏为单位编修世界范围的通谱。但多数只是"混合"，没有真正去解决问题。因此，争论最多的是说修谱存在"牵强附会"问题依然难以解决。表现突出的有：一是附会"随王审知入闽"问题。内容是在历史发展过程中不断丰富完善的。由于族谱的编修并无统一的标准，资料也在不断增加，因此族谱在初始阶段内容都很单薄，经过多次重修或编成宗谱、统谱以后内容才趋于完备。二是附会历史名人的问题。福建各家族在修撰族谱时，为了提高家族的声誉和族人的自豪感，往往把历史上的某些名人作为自己家族的祖先，有许多是确实有牵强附会问题。

第三节　族谱文献征集研究与利用

家谱是我国珍贵文化遗产之一，1984 年国家文化部、教育部和国家档案局联合发文指出：家谱是我国宝贵的文化遗产中亟待发掘的一部分，不仅蕴藏着大量人口学、社会学、民族学、民俗学、经济史、人物传记、宗族制度以及地方史的资料，而且涵盖族源的繁衍与迁移以及民族文化、道德等多方面的信息，对开展学术研究有重要价值。福建地区经济发达，儒风蔚然，文化昌盛。望族群居，名人辈出，历朝历代，闽内各姓各族以倡谱、续谱为重事，各家各户以请谱、藏谱为要务，呈"无族不修，无家不谱"之盛况。许多"根"在大陆的台湾同胞、海外侨胞的思乡之情日趋浓烈，他们也极需要家谱来寻根究底，查找自己的血缘关系。民间修谱再现高潮。通过已修的新谱，都较好地保留了古谱中的精华，同时将优秀的社会主流意识与古谱内容相结合，较好地体现出时代特征，并保持儒家思想的正脉传承。如何收集、管理、利用好族谱是摆在我们面前亟待解决的重要课题。

图书馆是社会公益事业单位，是图书文献收藏的主要窗口。切实把族谱收集工作列入与国史、地方志同等待遇，列为抢救工程，做好族谱收藏是摆在图书工作者面前的重要任务，也是势在必行的工作。历史上由于"左"的思潮影响，对族谱的认识存在很大的欠缺，导致了对家谱的收藏工作不够重视。如何加快步伐，抢救性地收藏闽台族谱，做以下探讨。

一、家谱的征集

要想充分挖掘家谱档案、家谱文化中的积极因素，使之服务于经济发展、社会进步的需要，首先要做的是重视家谱的征集、丰富家谱档案的馆藏。家谱具有个人性、私密性以及不可替代、不可再生等特点。因此，档案、图书工作者在从事这项工作时必须讲究方法和策略，利用全方位、多渠道、多途径的模式来丰富家谱档案的馆藏。

1.成立谱牒文化研究会，打造专业队伍，为征集家谱打下基础

由于图书馆缺乏谱学方面的专业人才，在谱学界和社会上的影响度和辐射面有限，因此，成立福建谱牒信息中心和谱牒文化研究中心是有必要的，该研究会旨在更好地传承和弘扬民族文化，为福建谱牒研究、谱牒编撰活动提供学术平台；同时也满足了福建群众对谱牒方面的知识需求。

征集家谱档案，除了要有紧迫感和责任心，打造专业队伍，建构全方位、多渠道、多途径的模式也很重要，是这项工作顺利实施的人才保证和机制保证。一是根据家谱持谱人的心理特点，可以灵活采用颁发收藏荣誉证书、开办寄存业务、免费扫描打印等形式，从个人手中征集家谱。二是善于从服务对象、熟人朋友、媒体等处获取、筛选家谱档案信息，发现线索要主动同持有人联系，"动之以情、

晓之以理"，动员其捐赠或者允许复制。三是委托征集，可委托兄弟部门、下级单位、古董商、文物收藏爱好者以及其他人士代为寻方线索，结识藏家，协助完成捐助动员。

2. 利用媒体宣传、知识服务等形式向公众广泛传播家谱文化

借助广电、报刊以及新媒体等传播渠道，可以使公众全面了解家谱文化的内涵和价值，使其认识到家谱也是一种重要的档案形式、档案资源，增强其对保护、捐赠家谱的认识。面向全国有偿征集（复制）家谱，如承诺将"根据家谱形成年代和家谱保存情况进行付费。如果您的家谱入藏福建图书馆，您及您的族人前来查阅，将提供免费服务"。

"以藏为用"是图书馆的重要理念，它肩负有信息服务、知识服务的重任，且与公众接触频繁，所以应充分利用这些机会向公众宣讲家谱的价值和意义，宣讲家谱的保护和利用等方面的知识，号召手中掌握有家谱的人士采用原件捐赠或者全本复制等办法将其纳入公共信息资源领域，或者提供相关征集线索。

3. 建立地方文献（家谱）征集与服务平台

充分利用现有计算机等现代化设施，建立地方文献（家谱）征集与服务平台，以改变传统的手工操作。通过向社会开放免费的家谱仿真复制服务，简便快捷地征集地方家谱。家谱因其独特的收录内容，将会随着时间的推移而具有更高的研究价值。如何在更广的范围使更多的民众方便快捷地共享地方文献（家谱）资源？如何更好地利用已有数字化地方文献（家谱）资源？可以通过打造"全省地方文献（家谱）云平台"来实现。该平台的设立将实现如下三个目标：

一是避免重复建设，节约支出，地方文献（家谱）云平台在充分利用现有资源基础上，可以有效地促进各地地方文献（家谱）资源整合，由省级公共图书馆发起建设后，平台将统一为全省范围内用户提供安全有效的管理、运维服务，一方面提升数字资源利用，一方面减少分散运维费用，可有效避免重复建设现象。

二是促进地方文献（家谱）资源共享，实现各地分馆的业务协同。通过云平台，建立"信息桥梁"和"信息交换"，将最大程度实现不同平台间的地方文献（家谱）信息整合与交换，应建立馆藏资源数据中心及联合目录，进一步扩大各

地市县图书馆地方文献资源的共享和工作协同，提高业界整体工作效率。

除了建立联合目录外，建立以原始文献资源的数字化内容为核心的交互传递应用系统，分馆以资源采集上传享有平台的数字资源服务，承担上传资源纸本仿真复制成本。一是通过文献的仿真复制服务带动民间纸本文献收藏征集；二是通过族谱数据库在线查谱、修谱等体验，征集族谱文献；平台涉及文献征集管理体系建设、资源数字化加工系统建设、数据库系统建设等工作。

三是优化资源配置，提升服务能力。通过"全省地方文献（家谱）云平台"，依托云网站、微信和移动客户端，突出了移动互联服务的功能定制，把云平台特有的资源共享、分馆导航、特色应用、大数据分析等核心功能，通过各类互联终端获取一站式地方文献数字文化服务。

二、家谱的管理

由于收集到的家谱很多都是不完整的版本，因此需要在整理的基础上，了解家谱的整体框架，制定一个整体的修订计划，这样能够方便编纂人员进行修改和整理。一些家谱由于时间较久远，很多善本可能存在顺序混乱不堪的情况，要进行整理保护，对错别字要进行勘校，因此加大了图书馆整理家谱的难度。图书馆整理家谱，不仅是为了保护历史文化遗产，更是利用家谱为人民服务，因此必须制定整体的修订计划，为读者提供便利，进而实现家谱对历史的价值。

1. 族谱资料的整理

（1）家谱的定义与标引规范

家谱，是记述某一同宗共祖的血亲集团世系及重要人物事迹的档案，是记录一个家族社会地位和历史变迁的记录和凭证。家谱档案中最重要的是世系图录，这是确认其是否是家谱的重要标志和与其他资料文献的主要区别，世系图录记载有始祖与始迁祖以来的本家族的历代先祖名录。家谱档案中的其他内容包括了姓氏源流、世系图录、家族迁徙、人物事迹、风俗人情等。

家谱通常包括世系、正文、附录三个部分：世系的部分相当于某家族的户籍档案，是其家族的血缘关系图；正文部分是家族中的名人传记与生平，这些人大多是为家族做出过重大贡献；附录部分是记载家族的财产状况，包括房契、地契、遗产分配明细等；相当于档案中的私家档案副本汇编。

家谱的基本著录要素：谱名、责任者、版本项、载体形态、附注、始祖、地区、装订、收藏者和备注。

（2）家谱的内容整理

家谱由本族人撰写本族人的事迹，记载内容广泛，是本家族的一部百科全书，并且记载体例多样，包括图、表、志、传等兼容并蓄。

现今保存下来的多为明清时期及以后的家谱，这些家谱档案所包含的内容丰富，虽然家谱多为本家族人私编，编纂形式有所不同，但一部完整的家谱大多包含以下的内容：谱名、谱序、凡例、姓氏源流、世系考、世系表、人物传记、祠堂、坟茔、家训族规、恩荣录、像赞、艺文、纂修人名、领谱字号等。这样的家谱往往是纵横百年，内容丰富，包罗万象，能充分反映家族与当时社会、政治、经济、军事、文化等多方面的关系。

2. 家谱数字化

家谱数字化是采用计算机技术，将常见的文字或图形符号转化为能被计算机识别的数字符号，从而制成家谱书目数据库和家谱全文检索数据库，用以揭示家谱中所蕴涵的极其丰富的信息资源，从而达到保护和利用家谱的目的。

（1）族谱数字化加工流程

对家谱资源版本信息及章节编目进行标引，进入 OCR 数字化加工体系，生成对照性颗粒数据并形成数据关联，为数据可视化提供数据基础。系统涉及数据资源的数字化加工软件开发、数据加工标准和流程制定，是数据中心的数据过滤与处理工具，数据采集与加工系统是根据业务需要进行设计，特点是智能化、界面化，达到非专业技术人员可操作可维护的要求。按照资源类型实际情况和需求，数据采集与加工系统将在家谱的 OCR 识别、定位制标、图片预处理、版面自动转换、版面自动生成方面做定制开发，开发基本方向是从家谱等文献的应用角度，通过信息标引建立数据链，如家谱树、姓氏源流、人口迁徙、宗祠宗亲关联等提供可视化数据基础。另外为项目的数据统计分析建设提供基础数据规范。加工流程如下：

①图像预处理

通过 OCR 智能识别系统提取指定目录中的图像，对不同格式的图像进行预处理，主要包括：版面切图、筆点去除、底色调整、大小以及水平位置调整。

②版面分析

将文档图片分段落、分行的过程就叫作版面分析，由于实际文档的多样性、复杂性，因此，目前还没有一个固定的、最优的切割模型。模型切割完成后，对原有图像（家谱）进行批量拼接，生成新的版面图像。

③图像的文字识别

对于已经预处理的图片进行文字比对识别，识别内容主要包括：文字、符号、数字以及表格等内容。现目前，OCR 智能识别系统的识别率高达 90% 以上。

④段落生成，版面恢复

识别后的文字，可保留原文档图片排列，段落不变、位置不变、顺序不变的输出到 word 文档或 pdf 文档中。通过图像文字识别后，生成段落，可保留原版的格式，也可自由选择需输出的格式。

⑤人工校对

为确保识别的准确率，需进行人工校对，对已完成识别的图片进行人工校对，实现无障碍的全文检索。校对方式可分为双层 pdf 与左右结构的校对方式，两个校对方式可轻松切换，达到高效率的校对模式。

A 双层 pdf 校对方式，下层是原始图像、上层是识别结果，上下位置一一对应，即保留了原始版面的效果，又便于建立索引数据库，进行科学的管理。

B 左右结构的校对方式，页面清晰，文字一目了然，便于阅览。

⑥世系树的二维关系维护与世系树的生成

对已经校对的谱系文字里的人物信息进行二维关系的维护，即对谱系人物的信息进行标引著录，人物及人物关系结构清晰化，形成完整家谱世系树。通过对人物的坐标定位，可关联至图像人物位置中。

⑦生成电子书：对于已校对完的所有图片，进行保存，制作成电子家谱。

⑧在线修谱：基于原谱数字化的基础上，可以对本家家谱进行新修及续修家谱。

⑨仿真复制，将电脑上识别校对完或自己续修的家谱打印出来，装订成册。

（2）建立家谱书目数据库和家谱全文检索数据库

基于地方文献（家谱）征集与服务平台，建立家谱书目数据库和全文检索数据库。

①家谱书目数据库

对于传统家谱档案的数字化可分为家谱书目数据库和家谱全文数据库，两者所包含的内容并不相同，一般来说建立家谱书目数据库的难度低于家谱全文数据库的建立，书目数据库是前提，最终目的是建立全文数据库。

家谱书目数据库是指在一个统一的机读目录格式下，将家谱档案信息按照相应的计算机标准和规范转化、存储，使计算机网络的形式向利用者提供相关数据检索服务和信息反馈的大型家谱目录数据库。与传统家谱相比，家谱书目数据库可充分地开发家谱书目著录的信息资源、提升图书馆的网络服务、实现文献资源的共享。

②家谱全文检索数据库

家谱全文数字化就是利用计算机网络技术对传统的家谱档案的全文信息进行数字化处理转换和存储，为利用者提供家谱档案的全文阅读、全文检索和数据分析服务。

数据库系统支持基本检索和高级检索两种检索方式，数据库支持对谱名、姓氏、编者、散居地、堂号、人物等字段检索，同时可在字段中选择"全部索引"对这些字段进行合并检索。当用户检索命中记录时，便进入结果浏览界面，浏览界面分类显示，一是族谱信息，包括显示谱名、编者、版本、散居地、堂号、始祖、全文等。二是如果当前显示的家谱有全文扫描 OCR 识别，则会显示谱文及谱系的全文链接。

（3）编撰《闽台族谱大全》。应该筹集资金编制一部相对完整的《闽台族谱大全》。全书收录闽台两岸的 50000 个族谱词条，2000 万字左右。其中台湾

10000 条，福建 40000 条。再附录中国修谱基本理论、基本常识。使《闽台族谱大全》作为台湾同胞、海外侨胞寻根的工具书。

三、家谱的利用

家谱记载的内容十分广泛，对促进学术研究，加强教化，寻根认祖，进而构建和谐社会等均有重要作用。

1. 家谱的作用

（1）家谱是我们的国粹，是对中华民族文化的一种有效传承。家谱可以弥补正史所没有涉及的内容，通过家族、家承、家规等来解决很多问题。家谱属于传统文化的范畴，是中华五千年文明史的真实写照。图书馆中增添了家谱资料，对弘扬爱国主义精神、构建和谐社会，具有巨大的意义。

（2）家谱是我国历史资料的重要来源，家谱资料是史料的重要补充。正史的记录是有限的，范围也太大，有许多方面涉及不到。家谱可以作为历史研究，尤其是家族史研究、地区史研究、社会史研究的重要补充，而且更加准确生动。家谱记录着一个家族的兴衰演变轨迹，涵盖着一个家族的繁衍生息、婚姻关系、文化教养、行为规范、处事原则等过程。作为一种情感的寄托，它是一笔精神财富，更是研究社会发展的重要史料。

（3）家谱资料具有追根溯、正清源的作用，它蕴含丰富的原始史料，不仅具有特殊的人文价值，还有无法估量的学术价值。当今开展对家谱的深入探讨与广泛研究，满足海内外炎黄子孙寻根谒祖的需求。正所谓"落叶归根"，海外游子看到祖国日臻繁荣昌盛，则他们必然会纷纷回国探亲访友，寻根谒祖的。家谱作为一个家族血缘关系及家族文化的总记录与传承，必能让海外华人与祖国亲人紧密相联。

2. 家谱的利用

对家谱档案进行科学研究，开发家谱档案信息资源，具有多种形式、方法和手段。编辑加工是家谱档案科学研究的主要方法。

家谱编研的利用成果主要有：

（1）资料汇编。其种类有全录式、节录式、全录节录结合式。全录式家谱档案汇编就是将全部家谱档案整理加工出版，它能全面、完整地向利用者提供家谱档案资料，为他们的研究提供完整的资料，以便进一步选择，去粗取精、去伪存真。节录式家谱档案汇编主要有名人望族家谱汇编、地区家谱汇编、时期家谱汇编、专题家谱汇编等，但它对全面利用家谱档案稍显不足。全录节录结合式家谱档案汇编的优点在于吸收了上述两种汇编的长处，又避免了它们的不足。

（2）年表。利用家谱档案编辑名人年表，也是编研成果之一。利用家谱档案资料，按年代、月份、日期的时间顺序，详细记载某人从出生到死亡的整个人生过程，就是某人的年表。年表对利用者了解某人生活经历和时代背景，具有重要的、不可替代的作用。

（3）图集。由于受古代科学技术落后的局限，我们已很难识古人之庐山真面目，而家谱档案中保存了大量古人相貌、住宅形状、墓地地势等图画，这些图画绘制精美、真实可靠，把它们从家谱档案中提炼出来，编成图集，是非常难得的珍贵资料。

（4）论著。开展家谱档案科学研究，撰写论文、著作，既是利用家谱档案信息资源的产物，同时又是开发家谱档案信息资源的工具，是最常见的编研成果。

（5）传记。家谱档案还是编撰人物历史传记文学、电影、电视的主要资料来源。人物历史传记的最显著特点是真实可靠、新颖独特、可读性强。要保持这些特点，都离不开家谱档案，家谱档案是传记的原型和基础。

（6）电子软件。把家谱档案编制成电子软件，输入计算机网络，也是科研成果之一。它与将家谱档案直接输入计算机的区别在于，它对家谱档案信息资源已经进行了加工，体现了编制者的意图，并非简单地把家谱档案从文字转换为电子载体。

后 记

家谱又称族谱、宗谱、家乘、谱牒、家传等，是记录家族迁徙、发展的轨迹和家族人物的世系、传记的史书，与国史、地方志构成我国三大志书。家谱是我国珍贵文化遗产之一，1984 年国家文化部、教育部和国家档案局联合发文指出："家谱是我国宝贵的文化遗产中亟待发掘的一部分，蕴藏着大量人口学、社会学、民族学、民俗学、经济史、人物传记、宗族制度以及地方史的资料。它不仅对开展学术研究有重要价值，而且对当前某些工作也起着很大的作用。"

许多"根"在大陆的台湾同胞、海外侨胞的思乡之情日趋浓烈，他们也极需要家谱来寻根究底，查找自己的血缘关系。因此，如何收集、管理、利用好家谱是摆在图书馆面前亟待解决的重要课题。本书以闽台的族谱收藏情况为例，通过对闽台族谱的收集、整理、分析、研究，以期为新时期族谱的收集和利用提供借鉴。

这本书得以面世，应当感谢一些机构和一些教授的真诚帮助。衷心感谢福建师范大学谢必震教授对本书的撰写提出的不少宝贵意见。衷心感谢福建社会科学院历史研究所所长刘传标教授对本书的资料收集所做的贡献。衷心感谢福建师范大学闽台区域研究中心为本书提供的资金资助。衷心感谢九州出版社为本书的出版提供的极大支持。由于研究深度有限，疏漏和错误之处定当不少，诚挚期待读者的批评指正。

作者　林艳

2020 年 8 月

参考文献

台湾省文献委员会.同宗同乡关系与台湾人口之祖籍及姓氏分布的研究.南投：台湾省文献委员会，1987.

台湾省文献委员会.台湾省通志.南投：台湾省文献委员会，1992-4.

连横.台湾通史.南宁：广西人民出版社，2005-9.

杨绪贤.台湾区姓氏堂号考.台北：台湾新生报社出版，1979-6.

赵振绩.台湾区族谱目录.台北：台湾区姓谱研究社，1987.

陈龙贵.台北"故宫博物院所藏族谱简目".台北：台北故宫博物院，2001.

林永安、许明镇.姓氏探源——台湾百大姓源流.台北：大康出版社，2009.

许明镇.闽台姓氏族谱与宗族.2014-10.

蔡干豪、林庚.闽台百家姓.福州：海风出版社，2011.

蔡干豪、林庚.人众谱牒学.福州：海峡姓氏文化研究院，2014.

蔡干豪、林庚.闽台姓氏地图.福州：海风出版社，2016.

蔡干豪、林庚.闽台寻根大典.福州：中国华侨出版社，2017.

何少川.闽台文化大辞典，蓝炯熹、蔡干豪.民族宗族卷.北京：商务印书馆，2018.

中国闽台缘博物馆文献信息中心.首届海峡两岸民间谱牒文化交流大会论文汇编.2013-7.

中国闽台缘博物馆文献信息中心.第二届海峡两岸民间谱牒文化论坛论文汇编.2015-7.

中国闽台缘博物馆文献信息中心.第三届海峡两岸民间谱牒文化论坛论文汇编.2017-10.

朱定波.泉港头北人·闽台同名村.泉州市地方志，2016-6.

许明镇.论台湾地区编谱、藏谱的现况与未来.

廖庆六.谈闽台关系文献：以〈卢氏宗图〉为例.

何金水.福建云霄何氏播居及迁台概况.

张文总.板桥张氏迁台源流初探.

张省民.晋江清河张氏分衍金台记略.

陆炳文.从"谱系两岸"谈到两岸谱系之我见.

许春安.闽台许氏同根同源.

许明镇、庄明月.台湾公私单位收藏家族谱之最新调查报告.

许明镇、庄明月.台湾地区许氏宗族大观.

林永安.从台湾姓氏源流浅论两岸同根同源——以台中开发与姓氏渊源为例.

何连堂、汤毓贤.云台何姓源流与族群互动.

林庚.济阳江氏　源远流长.

庄为玑、王连茂.闽台关系族谱资料选编.

陈炎正.加强谱牒建构与闽台社会传统研究.

张庆宗.唐山过台湾，族谱在台湾闽南籍家族存在情况——以台中市大甲区为例.

曾贵乙.浅谈族谱编修与屏东宗圣公祠之文化意涵.

张日庆.从谱牒看海峡两岸闽南人的渊源关系.

林瑞典.编修凤邑林氏渡台世系与寻根谒祖后记.

蔡相辉.容卿与笨港.